昆山非遗

杨瑞庆 主编

文汇出版社

目 录
CONTENTS

昆曲

（2001 年入选联合国教科文组织人类口头和非物质遗产代表作名录）

　　"昆曲"于 2001 年被联合国教科文组织列入首批"人类口头和非物质遗产代表作"名录。

　　昆山早期的昆曲史，魏良辅在《南词引正》中已广而告之："腔有数样，纷纭不类。各方风气所限，有：昆山、海盐、余姚、杭州、弋阳。……惟昆山为正声，乃唐玄宗时黄幡绰所传。元朝有顾坚者，虽离昆山三十里，居千墩。精于南词，善作古赋。扩廓铁木儿闻其善歌，屡招不屈。与杨铁笛、顾阿瑛、倪元镇为友。自号风月散人。其著有《陶真野集》十卷，《风月散人乐府》八卷行于世。善发南曲之奥，故国初有昆山腔之称。"

联合国教科文组织颁发的证书

　　据载，明嘉靖年间，魏良辅从江西南昌（古称豫章）投奔昆山，由于他擅长音律，经过多年研磨，终将昆山腔改良成"出乎三腔（弋阳腔、海盐腔、余姚腔）之上"的昆曲，由于流丽悠远，又俗称"水磨腔"。大致在嘉靖末年，功成名就的魏良辅将他的唱曲经验总结成《南词引正》，其中就写有这段披露昆山腔形成过程中的一些重要人物和事件：

千灯顾坚纪念馆中的顾坚塑像

　　其一，魏良辅把昆山腔的创立功臣定格在千墩（今千灯）顾坚身上，说他具有一精（精于南词）三善（善作古赋、善歌、善发南曲之奥）特长，因此有能力将原来比较简陋的昆山腔，改良成高雅的昆山腔。

　　其二，魏良辅认为，顾坚之所以能

今日绰墩遗址旁的黄幡绰雕像

将昆山腔打造出高雅格调，原来是"唐玄宗时黄幡绰所传"的缘由，因为其他南戏唱腔都被"风气所限"，而"惟昆山为正声"，那是由黄幡绰传来了唐宫官话后，顿使昆山腔变得更加优美起来。

其三，魏良辅认为，顾坚之所以能顺利改腔，是因为他与杨铁笛、顾阿瑛、倪元镇为友。这三人都是当时"玉山雅集"中的重要人物。顾阿瑛发家致富后投入文化，建造了具有24景规模的"玉山佳处"，杨铁笛和倪元镇是当时文坛才高学深的大家，又精通音乐，顾坚经常前往取经。由于与他们相交成友，对顾坚研磨昆山腔提供了有力的帮助，所以明初诞生了昆山腔。

昆山曲坛上最重要的人物是魏良辅（生卒时间不详），他的突出贡献众所皆知——把稚嫩的昆山腔改良成流丽悠远的"水磨腔"，从此昆曲独领风骚，后来成为"百戏之师"。由于旧时的史志对他缺少记录，所以有关魏良辅的生平只能在当时文人的笔记诗文中找到一些答案。

清初词人陈维崧在《赠袁郎》中曾有"是时玉峰（昆山别称）魏良辅，红颜姣好持门户"的诗句，说明魏良辅从南昌直奔昆山而来时，是带着女儿定居昆山的。清初曲家宋宗舆的《琐闻录》中又有"时良辅年五十余，有一女，亦善歌，诸贵人争求之，不许。至是，竟以妻野塘"的记载，说明魏良辅50岁以后，为待嫁女儿物色了时在太仓的北曲名家张野塘为夫婿后，就随女移居太仓的。昆山和太仓是魏良辅主要的活动基地，所以，明末曲家沈宠绥在《度曲须知》中说："（魏良辅）流寓娄东（太仓）、鹿城（昆山）之间"，应是那时魏良辅的行踪常态。

魏良辅到了昆山以后，首先向身边的曲家学习昆腔，再向邻县太仓的名师过云适学习南曲，再向女婿张野塘学习北曲，然后就对昆山腔进行了集南北曲之大成的改良。他的主要贡献是，将昆曲确定为曲牌体结构，选定曲笛为昆曲的主奏乐器，将昆曲语音改为"中州韵"，还确定了许多比较科学的唱法。通过多年磨合，终于把昆山腔打造成丝丝入扣的"水磨腔"。当时就出现了"时称昆山腔者，皆祖魏良辅"（钱谦益语）的追星现象，也出现了"四方歌者皆宗吴门"（徐树丕语）的风靡现象。所以,曲家沈宠绥在《度曲须知》中给魏良辅戴上了"声场禀为曲圣"的桂冠,褒扬他的昆曲贡献无与伦比。

当魏良辅年老体衰时,物色到高徒梁辰鱼(1520—1592,字伯龙)。清代曲家雷琳在《渔矶漫钞》说:"伯龙独得其传,著《浣纱》传奇,梨园弟子歌之。"说明梁辰鱼得到了魏良辅的真传后,创作出一部群起争演的《浣纱记》。梁辰鱼以吴越争霸史实为题材,讲究文采典雅,词格严谨,诞生了独具风采的"昆山派"。《浣纱记》在名师高徒的精心打造下终于横空出世。经彩妆、剧唱、合乐、演绎后,以全新的形式将昆曲的精美华贵展现在舞台上,引起了曲人的狂欢——喝彩一部文曲俱佳、唱演尽美的昆剧诞生了,因此,《浣纱记》被公认是一部从昆曲走向昆剧的具有里程碑意义的划时代作品。

从上可见,顾坚、魏良辅、梁辰鱼是昆山曲坛上三个承前启后的高人——顾坚创立昆山腔,魏良辅创立昆曲,梁辰鱼创立昆剧。这三人中,除了顾坚的史料较少外,当时,对于魏良辅和梁辰鱼的点赞好评如潮。现举本地一例就能略见一斑。

昆山评论家张大复(1554—1630),居昆山片玉坊(今南街)。他40岁时不幸双目失明,凭靠顽强毅力,留下了《梅花草堂笔谈》专著,其中就有对于魏良辅和梁辰鱼的中肯评语,由于记录他身边的曲人曲事,所以显得弥足珍贵。

评魏良辅:"……能谐声律,转音若丝。张小泉、季金坡、戴梅川、包郎郎之属,争师事之惟肖。而良辅自谓勿如户侯过云适,每有得必往咨焉,过称善乃行,不,即反复数交勿厌。时吾乡陆九畴者,亦善转音,愿与良辅角,既登坛,即愿出良辅下。"

评梁辰鱼:"梁伯龙闻,起而效之,考订元剧,自翻新调,作江东白苎、浣纱诸曲。又与郑思笠精研音理,唐小虞、陈棋泉五七辈,杂转之。金石铿然,谱传藩邸戚畹、金紫熠瀹之家,而取声必宗伯龙氏,谓之昆腔。"

由此看来,昆山曲坛上有闻名遐迩的演唱家顾坚、作曲家魏良辅、编剧家梁辰鱼、评论家张大复等,演出家却少有记录。但是,到了明末清初,昆山名伶陈圆圆脱颖而出,顿时在演艺界引人注目。

到了清代末期,经过"花雅之争"后,百戏开始兴旺,昆曲开始凋敝。清光绪末年,昆山曲人为了传承昆曲,而初创载旸社。后由于昆曲大背景萧条,曲社只能奄奄一息。到了19世纪末,为抢救即将消亡的昆曲,昆山曲人将名存实亡的载旸社合并了漱玉社、迎绿社,成立了东山曲社,以表东山再起的心愿。至20世纪初,由于内乱频发,曲社又陷衰落。进入民国后,昆曲日渐式微,曲人却有一份传承担当,他们重组曲社,准备唱响昆曲。玉山曲社就是那时的著名社团,成立于1922年,活动地点在杭宁绍会馆。坚持活动十多年,培养了一批造诣较深的"票友",他们义无反顾地拾起昆曲薪火,为传承昆曲而呕心沥血。其中,闵采臣、沈彝如、吴粹伦、殷震贤成为那时昆山的四大"名票",在曲坛上留下了许多可歌可颂的佳话。

闵采臣(1877—1939),玉山镇闵氏伤科传人,从青年起就对高雅的昆曲情有独钟,曾参与昆山多个曲社的活动。由于刻苦好学,而成为昆曲名票,走入曲界高层。后来,闵采臣经常往来于上海、苏州之间行医,有闲就经常参与两地的曲社活动。在上海,他参与了著名的"粟社"活动,擅演"二面"行当,由于精于做工,而在曲坛上留下了口碑。最拿手的折子是《水浒记·活捉》,塑造了出神入化的"活僵尸"形象。他还热心地将昆山曲家沈彝如,殷震贤推荐到上海谋职,使他们的艺术才华也得到了充分发挥。

沈彝如(1877—1946),玉山镇人。虽然生活清苦,但他仍深爱着优雅的昆曲。他不但擅长司笛、拍曲,而且还写得一手好字。平常在家喜好抄谱、唱曲、奏笛,整日痴迷昆曲。后被闵采臣推荐到沪上实业家穆藕初处从事整理唱谱的工作。在听曲过程中,沈彝如仔细辨析,不留含糊,随听随记,精细记谱,然后用工尺谱抄写清楚。经过数年努力,终于积少成多,可以出书了。但是,穆氏企业发生了经济危机,曲谱最后未能出版。但是,留下了一册记录那时曲事的《传声杂记》手抄本,成为后来了解那段曲社历史的珍贵资料。

吴粹伦(1883—1941),出生于昆山巴城,江苏师范学堂毕业后,在苏州草桥中学教书。在苏期间,他迷恋昆曲。后来,在有识之士的策划下,为了振兴昆曲,创办了"苏州昆剧传习所",曾选出由12人组成的董事会,吴粹伦是其中之一。1923年昆山筹建县立初级中学时,特邀吴粹伦担任首任校长。他赴任后,就在学校中组织昆曲兴趣小组,还让师生课余参加拍曲活动,吴粹伦曾亲自司笛教唱。后来他在上海澄衷中学任教时,也积极参加上海的昆曲活动。而且,他还擅长为唱词配曲,曾得到吴梅大师的高度赞赏。

殷震贤(1890—1960),出生于昆山正仪。青年时在亲戚处学习"闵氏伤科"。在家乡幽雅昆曲的熏陶下,精工巾生,已在当地小有名气。后经闵采臣推荐到上海行医,在参加曲会演唱时,被沪上曲界发现他的表演功力出类拔萃,特别是他演出的《金雀记·乔醋》,唱腔念白声声悦耳,举手投足妙若科班,故有"殷乔醋"之美称。后来,他与俞振飞同在"粟社"唱曲,被曲界称为"双璧"。殷长于笑功,俞精于揿腔(一种独特唱法),时人还给予了"殷笑俞揿"之赞誉。

民国期间,昆山除了建立曲社开展活动外,还建立了许多以唱奏昆曲为主的"堂名班",由十人左右能唱善奏的艺人组成乐班,为东家的喜庆场面营造欢乐气氛。届时,乐班在东家厅堂表演,时而演奏昆曲曲牌,时而清唱昆曲折子。在长期的演出实践中培养出许多著名"拍先"(拍曲先生),他们往往是操笛技艺精湛、视唱工尺熟练、掌握戏文丰富的高手。新中国成立后,昆山多名"拍先"先后被邀外出,传教正宗的昆曲昆韵,为传承昆曲做出了重大贡献。

吴秀松(1889—1966),原名王秀松,生于玉山镇北塘街的昆曲堂名世家。父亲王瑞祺为创建于清同治初年吟雅堂的班主。吴秀松自幼随父习曲练笛,幸得家传而功底扎实。1956年5月,江苏省戏曲学校慕名德高望重的著名曲家吴秀松,特邀他去学校担任拍曲教师。同时,他还被借调至江苏省苏昆剧团,为"继"字辈演员拍曲训练,特别对张继青、柳继雁、董继浩、朱继云等著名演员进行了细致辅导。他讲究格律音韵,教唱一丝不苟,造诣深厚,令人敬仰。

徐振民(1917—1988),昆山玉山镇人,自小爱好音乐,青年时拜堂名先师吴秀松学习昆曲。先后在著名的"永和堂"和"吟雅集"堂名班中谋生。1956年,北京著名曲家俞平伯先生主持的"北京昆曲研习社"特邀徐振民前往担任"拍先",他能奏善唱又谦逊和蔼,他知识渊博又循循善诱,因此深得北京曲友的爱戴。1960年,当时正值国家遭遇困难,曲社难以为继,他只得无奈返回昆山。1962年也被邀进入江苏省戏校任教,直至退休。

夏湘如(1919—1993),昆山陆桥黄泥楼(今属周市)人,出身堂名鼓手世家,自幼随父夏云卿学艺。特别擅长云锣演奏,成为他的独门绝技,在周围一带赫赫有名。20世纪60年代初,他曾跟随徐振民一起,先后到过北京昆曲研习社和天津戏校任教。当他大显身手时,获悉家人患病,出于孝心,他只能回家照顾亲人。由于夏湘如中途离职,造成他后来失去了在事业单位中退休的待遇。

高慰伯(1919—2008),昆山周市人,由于家境贫寒,从小送给城里高炳林家作养子,从此进入堂名世家。1959年,当江苏省戏校需要物色一位既能担任"拍

高慰伯在"昆曲论坛"上为昆曲演唱伴奏

先"，又能照顾昆山曲家吴秀松起居的人选时，立刻想到了高慰伯可以胜任。果然，高慰伯不负众望，他不但圆满完成了教学任务，而且，与吴老朝夕相处，既照顾了先生，又学到许多拍曲经验。退休后，他经常为昆山的小昆班和业余曲社伴奏和教唱，做出了很大贡献，所以，他曾获得了"贝晋眉传承奖"。

20世纪50年代，昆曲的生存空间更狭小，但经过一些老曲师的努力，还是将微弱的昆曲薪火在继续传承下去——1953年，在江苏省立昆山中学学生会组建了"昆曲兴趣小组"；1956年，在昆山县文化馆内组建了"昆曲研习社"。不久，都因故解散。后来遇上三年困难时期，又经过"文革"，昆山的昆曲演唱基本销声匿迹，直到改革开放后才开始恢复活动。

20世纪80年代中期，恢复了"玉山曲社"，经常在亭林园昆曲博物馆开展活动。2000年11月成立"玉峰曲社"，隶属于昆曲研究会。2013年由昆山市高新区文体站成立"昆玉堂"和"昆玉社"。2016年，为打造"昆曲小镇"，于巴城老街成立了"缘源昆曲社"……这些都是至今仍在坚持活动的主要昆曲社团。

20世纪90年代初，在有识之士的建议下，为了传承昆曲，可以先从娃娃抓起。于是在1991年，玉山镇一中心小学率先成立了小昆班。1998年中秋节，中共中央总书记江泽民到昆山视察，在昆曲博物馆中观看一中心小昆班的演出，还兴致勃勃地与小演员合影留念。

五年后，石牌中心小学成立了昆山市内的第二个小昆班，2007年7月成立了千灯小昆班。随后接连在新镇、淀山湖、周庄、张浦、锦溪、陆家、花

玉峰曲社方静和沈金凤演出《长生殿·小宴》

桥的中心校都办起了小昆班。至今,共培养昆曲学员5000余名,获得上百个国家级奖项,百余名学员进入专业院校深造,近20名成为优秀学员。2009年,昆山成立了"昆山市小梅花艺术团",成员就是昆山所有小昆班中的艺术尖子。2019年,昆山与上海戏剧学院合作,将定向培养39名昆曲学员。

改革开放后,昆山重视传承昆曲的硬件建设,如:

昆曲博物馆:坐落在亭林园玉峰南麓,建于1993年。古戏台和观演楼为其主体建筑。曾建有昆曲展览室,展出了昆山的昆曲发展史和昆山的昆曲名人。古戏台上常有粉墨登场的演出,特别在每年10月的金秋季节里,亭林园总要举办一年一度的戏剧节,当然,昆曲是必不可少的剧种。

顾坚纪念馆:坐落于千灯镇棋盘街,2002年由民国初期落成的谢宅改建而成。第二进是一个具有明清特色的演出观摩厅堂,常有昆曲演唱。二楼是介绍昆曲史的蜡像馆。内有昆山腔鼻祖顾坚塑像。沿墙的玻璃橱内介绍昆山腔的衍变过程和顾坚对创立昆山腔所做出的贡献。

周庄古戏台:位于周庄镇北市街,建于2001年。古戏台坐南朝北,为歇山式大屋顶造型。戏台周围建有露天广场、走马楼、砖雕墙门等附属建筑。古戏台上常年有来自昆山、苏州市区、上海、浙江等地专业院团的演员表演昆曲经典折子,以满足各地游客慕名观赏昆曲的需求。

千灯古戏台:位于千灯镇石板街中段的一座二层楼上,建于2006年。古戏台古色古香,两侧有《牡丹亭》和《琵琶记》演出场景图,立柱上还写有"汤翁牡丹艳百花推陈翻古调,高君琵琶怀千年出新谱今声"的对联,以表汤显祖和高则诚分别在昆山留下过完稿《牡丹亭》和改腔《琵琶记》的足迹。

除此之外,在全市范围内还有21个可以欣赏、分享、演出昆剧的小剧场。

党的十八大召开后,在创建"文化强市"的大背景下,2015年10月12日下午,"昆山当代昆剧院"在昆山文化艺术中心宣布成立,成为中

昆山当代昆剧院揭牌仪式

国的第八个专业昆剧院团，从此改写了昆曲故乡没有专业昆剧团体的历史。

昆山当代昆剧院大楼建在城区前进路和珠江路的交叉口，建筑面积达1.8万平方米，内有一座设施先进的"梁辰鱼昆曲剧场"和内容丰富的"昆曲文化展示厅"，还辟有昆曲活动空间，打造"昆曲回家""我们有戏""昆芽儿"和"良辰雅集"等系列品牌。昆山当代昆剧院成立五年多来，已排演了改编昆剧《梧桐雨》和新编昆剧《顾炎武》及其他一些创编剧目如《描朱记》《峥嵘》等，已获奖多多，渐入佳境。

昆山先后建起3个以昆山籍"梅花奖"演员命名的工作室：巴城老街上的俞玖林工作室、淀山湖镇老街上的周雪峰工作室、巴城老街上的顾卫英工作室。

为了宣扬昆曲所取得的艺术成就，改革开放后，昆山的10多位作者总共出版了30多种昆曲专著，以作家杨守松出版的著作影响最大。其中，2014年1月由江苏文艺出版社出版的《大美昆曲》，荣获2014年中宣部"五个一工程奖"。

为了保存昆曲资料，从20世纪80年代末期开始，昆山曾首先为堂名老艺人夏湘如录音，有幸留下了《北曲》和《细妥》两首大型吹打套曲的录音。再为堂名老艺人高慰伯录音，留下了《普天乐》《一枝花》《其一其二》《一江风》《忆多娇》5首曲牌的录音。2007年，还对高慰伯进行了抢救性录像，留下了《赐福》《游园》《长寿》三首曲牌的音像资料。2019年为昆玉堂录制了数年来积累的堂名曲牌音乐，计有《将军令》《普天乐》《山坡羊》《朝天子》《小开门》《汉东山》《迎仙客》《傍妆台》《水龙吟》《十八拍》10首乐曲。2020年为"陆家浜鼓手"录制了与昆曲曲牌有关的水乡婚礼六部曲——《快船迎亲》《抬轿接亲》《拜堂成亲》《洞房闹亲》《回门走亲》《添丁喜亲》。现已将这些乐曲制成光碟，成为永久性保存的档案资料。

《我的"浣纱记"》剧照

昆山电视台曾独立摄制完成了5集电视系列片《昆曲之声》（《花开牡丹亭》《昆曲兄弟》《虎丘遗韵》《姹紫嫣红》《昆曲长生》），并制作光盘，赠送嘉宾。2009年，昆山电视台摄制纪录片《昆曲问源》，于2010年9月在央视十套《探索·发现》栏目首播，2010年—2012年，昆山电视台分别摄制电视专题片《顾坚》《梁辰鱼》《顾阿瑛》，为宣扬昆山曲家的事迹,做出了贡献。

为了弘扬昆曲,昆山举办多个重要的演出活动,如由原文化部联合各级政府主办和承办的"中国昆剧艺术节"创办由2000年开始,每三年举办一届,至今已举办七届。2010年10月10日,在巴城"玉山草堂"中开演新编昆剧《我的"浣纱记"》;2014年5月5日,在昆山亭林园遂园开演实景园林版《牡丹亭》;2020年9月19日下午,为纪念梁辰鱼诞辰500周年,巴城镇人民政府和苏州昆剧传习所在巴城镇文体中心演出了巴城版的《浣纱记》。

昆山的昆曲普及程度已今非昔比,特别是千灯镇和巴城镇,由于昆曲底蕴深厚,先后举办了五届千灯"秦峰曲会"和巴城"重阳曲会",成为广大昆曲戏迷的盛大节日。

为了检阅中国戏曲的保护成果,在国家文化和旅游部与江苏省人民政府的支持下,在"百戏之师"昆曲的故乡昆山举办了规模空前的"百戏盛典"活动,分别于2018年10月29日、2019年7月21日、2020年10月11日拉开了帷幕,每次展演持续40天左右,已用3年时间,将全国范围内至今还存在的348个戏曲剧种以及木偶戏、皮影戏两种戏剧形态,分成3批,全部邀来昆山展演,大戏在昆山文化艺术中心大剧院演出,小戏在昆山文化艺术中心多功能剧场和梁辰鱼剧场演出,有时还送到镇区剧场演出,为昆山百姓提供了一场场丰富多彩的视听盛宴,见证了昆曲所引发出来的繁华的剧坛盛景。保护昆曲还任重道远,昆山还在做出更大的努力,使昆山真正能成为"百戏之师"的故乡。

(杨瑞庆 编文供图)

锦溪宣卷

(2014年入选国家级第四批非物质文化遗产扩展项目名录)

锦溪宣卷是昆山民间艺术中的一朵奇葩,以其浓郁的乡土气息和鲜明的地方特色,为当地百姓所喜闻乐见。几经沉沦,几经崛起,至今仍然活跃在村间场头。2014年,已批准为国家级的非物质文化遗产扩展项目[由同里宣卷、锦溪宣卷、河阳宝卷、胜浦宣卷组成"宝卷(吴地宝卷)"联合申报]。

锦溪是昆山南部的一个著名水乡古镇。因有"一溪穿镇而过,夹岸桃李纷报,晨霞夕晖,尽洒江面,水映桃柳,满溪跃金,灿若锦带"(镇志载)的美丽景色而被命名"锦溪"。据传,南宋初年,皇室陈妃眷恋那片风水宝地,死后以水冢形式葬于镇南五保湖中,后将镇名改为"陈墓"。1992年,为了打造旅游名镇,而恢复最早命名的"锦溪"。

锦溪与昆山的周庄、张浦毗邻,与淀山湖镇隔湖相望,南与上海青浦的商榻接壤,西与苏州吴中的甪直、车坊交界。全镇四周环水,水网密布。镇村依水而建,房舍邻水而筑。种稻麦、养鱼虾、烧砖瓦是锦溪名声在外的三大传统经济支柱产业。改革开放后,古镇风貌得到了全面恢复,新建了许多各领风骚的博物馆,因此锦溪拥有"中国博物馆之乡"的美誉。其中,就有展示锦溪宣卷底蕴的"宣卷艺术馆"。

2012年10月,锦溪宣卷艺术馆由原镇上的私家园林"锦苑"(金龙花园)改建而成。踏进艺术馆,绿树成荫,鸟语花香。主体展馆为两层楼房,底层陈列宣卷历史、宣卷唱本、宣卷乐器等内容,二层设有宣卷表演室,如有客人莅临锦溪,提出欣赏宣卷需求时,馆方就会邀请锦溪宣卷传人做现场表演。

锦溪民间的文艺形式既丰富多彩,又源远流长,其中的宣卷更具有深厚的文化底蕴。据明正德年间编撰的《陈墓镇志》载:"三月二十八日东岳庙进香看宣卷。"从这句话中可获得两个信息:一是宣卷至少在明正德年间就形成,至今已有500年的历史了,二是证明了宣卷常在庙宇中演唱,确与宗教活动密切相关。

宣卷是佛教文化中的一种唱念艺术。自从晋代从西域传入佛教后，就产生了宣卷。以宋元时期的宣卷最为兴盛。宣卷，顾名思义，就是宣唱卷本，以弘扬善爱忠孝为宗旨。由于宣卷唱腔优美，表演虔诚，而流行于民众之间。最初常用于宣扬教义，并与各地的民歌音调、戏曲音调、曲艺音调相融合，因此形成了各具地方特色的宣卷。锦溪宣卷只是众多宣卷中的一个支脉。昆山周围就有许多非常有名的宣卷，如江苏的靖江宣卷，浙江的四明宣卷，还有苏州的吴地宝卷等。各种宣卷的不同之处主要在于唱腔的不同。

锦溪宣卷在民间演唱

锦溪宣卷流行于本地及周庄、张浦（包括原大市、南港）等地区，1984年经昆山县文化馆调研得知，宣卷原在周庄的蟠龙村、龙亭村，陈墓的张家库、马援庄等地流行。据查，周庄的宣卷高手过时云（已故）于新中国成立前先将宣卷传授给陈墓的王秉中、王育中、周德刚、陆大奎等人，于是，陈墓掀起了"宣卷热"，所以那时的宣卷影响陈墓超过了周庄，以至改革开放后，致使"锦溪宣卷"再度唱响，直至脱颖而出。

宣卷与宗教相互依存，注定了宣卷的命运充满着坎坷。虽然旧时民间的宣卷活动十分活跃，但是到了新中国成立后，宣卷被看作带有迷信色彩的活动而遭禁演。随后，宣卷息唱了30多年，直到改革开放后才"东山再起"。这对于全靠口口相传的民间宣卷来说，是个致命的摧残。三十年看不到、听不见宣卷，致使宣卷已到奄奄一息的死亡边缘。待到可以"冰河解冻"时，有一个功臣将宣卷起死回生，他就是锦溪张家库的王秉中先生，成为新时期承上启下的传承功臣。

王秉中（1923—2004），由于从小喜爱文艺，他拜周庄的过时云为师，学唱宣卷。由于聪明好学，青年时代就能说会演，已在乡间崭露头角小有名气了。但是好景不长，新中国成立后由于宣卷禁绝，他只得离开家乡改行唱戏了，先后进入上海、苏州的专业沪剧团工作，他曲不离口，演艺日进。待到他20世纪70年代末退休回村后，由于对年轻时掌握的宣卷仍然情有独钟，而且看到宣卷的传播环境已经有所松动，使他有了重操旧业的打算，他想带徒传艺，盼望宣卷能够获得新生。

在随后的日子里，王秉中立下了两大功劳：一是他选准了传承苗子，将他的侄女（王育中的女儿）王丽娟作为传授对象。他循循善诱地亲自教授，终使王丽娟迅速成长，后来成为锦溪宣卷的省级传承人；二是他奉献了苦心积累的数十部宣卷唱本，有的残缺了——补齐，有的遗失了——回忆，有的过时了——改编。就这样，锦溪宣卷有人唱，又有本唱，才获得到了能够继续传承的好运。王丽娟从伯伯王秉中的手上接过了演唱宣卷的接力棒，由于聪颖好学，就迅速独当一面，长期活跃在当地民间，而且还带出了堵建荣和张莲根两位高徒。

王丽娟在说唱宣卷

王丽娟（1954—　），2014年被确定为江苏省级锦溪宣卷的传承人。20世纪80年代起随伯父王秉中学习宣卷，不久就能独立表演，她擅长说表情节，演唱曲调，表演声情并茂，功底扎实，因此得到了周边百姓的认可，享有较高的知名度，常被邀外演，每年演唱250余场次，为锦溪宣卷的传承做出了较大贡献。

堵建荣（1963—　），2021年被确定为苏州市级锦溪宣卷的传承人。17岁高中毕业后进入镇文化站工作，20世纪80年代开始结缘宣卷演唱，先后在师父王秉中、王丽娟的带领下，参与宣卷演出活动，由于长于说唱，善于舞台表演，因此经常代表锦溪镇参加宣卷演出，现在已是锦溪镇宣卷传承的中坚力量。

张莲根（1966—　），2014年被确定为昆山市级的锦溪宣卷传承人。1998年起跟随锦溪北管泾村老艺人黄锦文学唱宣卷，2000年开始面向社会从事宣卷演唱。常受邀参与民间婚礼、老人祝寿、小孩生日、庙会等活动演出，为传承锦溪宣卷做出了一定贡献。

最初的宣卷只唱不说，后来为了能使故事讲得更加生动，就采用了说唱并重的形式,所以宣卷属于曲艺范畴。由于运用丝弦乐器伴奏,因此有的称为丝弦宣卷。又由于运用木鱼作为主要打击乐器,因此有的称为木鱼宣卷。

宣卷常被邀请在庙会、祝寿、婚礼、生日等喜庆场合上演出,为活动、为东家营造喜庆的氛围,寄托美好的祝愿。每逢宣卷演出,村民就会兴味盎然地前往虔诚聆听,沉浸在祥和里,享受在甜美中。随着时代的发展,目前,私企庆典、挂牌仪式,村民造房、店铺开张等仪式,也会邀请宣卷演出,唱些吉祥段子,以盼带来好运。

宣卷表演常由一人主唱,一二人帮唱,另加三四人伴奏的小型演出队伍组成。演出场地可在帐篷内进行,也可在厅堂里进行。大多只需一张八仙桌即可。主唱者站立在八仙桌一边,手拿折扇、手绢、醒木,就能绘声绘色地唱念说做,其他帮唱演员围坐在八仙桌两边,时而附和伴唱,时而敲击木鱼,衬托主唱者声情并茂地演绎故事;伴奏小乐队坐在表演者的一侧,或进入抒唱伴奏,或进入清板停歇。

宣卷伴奏乐器以二胡、扬琴为主,木鱼是必不可少的打击乐器。演唱开始时,先由乐队演奏一些具有喜悦情绪的小曲,以求营造欢乐气氛,然后正式开始宣讲故事。

宣卷说唱内容丰富,需有曲折的情节和优美的曲调,而且还需富有较强表现力的口才,因此是一种能体现当地综合性内容的文化遗产,凝聚着当地民间的创造智慧和情感信仰,为提高百姓的素质和丰富百姓的生活,发挥出重要的作用。

宣卷有长篇、短篇、选篇之分,视邀请单位或邀请个人的需求而定。在寿庆场面上常宣唱短篇或选篇,如演唱《办喜事》《寿生卷》等内容的唱段,这些带有"好口彩"的小段子,可以博得东家好感。更多时候由观赏者自由点目宣唱,由于常能投其所好,因此常会博得满堂喝彩。庙会上可唱长篇故事,如《香山卷》《牛郎织女卷》《梁王宝卷》《孟姜卷》等都是经典长篇,如一场唱不完,可分场宣唱,就似电视连续剧在不断延伸,可吸引村民一场不落地前去观赏。

宣卷故事大多揭露邪恶,弘扬正义,具有借古讽今的教育意义。百姓不但能感染富有乡土气息的艺术形式,而且还能从中得到启迪,对塑造高尚的人格起到了潜移默化的教育作用。

为了让宣卷能吸引百姓,就要求宣卷唱本能有引人入胜的传奇性,必须追求故事的曲折生动。由于锦溪宣卷历史悠久,所以从老祖宗那里传下来的经典唱本很多，如《百花》《香山》《城隍》都是锦溪历史上久唱不衰的优秀唱本。传到王丽娟这一代，能讲的宣卷故事足有二三十部之多，大多是前辈王秉中传下来的唱本，经过多年的优胜劣汰，至今《顾鼎臣》《王华买父》《红鬃烈马》等，已成为王丽娟的保留卷目。这些唱本历经数代艺人加工、润色、改编，已经精益求精了。王丽娟特别爱说《顾鼎臣》，因为顾鼎臣是昆山籍状元，又是一位大清官，所以更受昆山百姓欢迎。这些年来，王丽娟对锦溪宣卷怀有深厚感情，经常走村串户，为传承锦溪宣卷立下了大功。

宣卷的主要特色在于唱曲，由于曲调特别优美，观众百听不厌。说来奇怪，一场一二小时的锦溪宣卷演出，只运用了一个叫《万福寿》的基本调，即使反反复复地演唱这个曲调，竟会产生百听不厌的感染力，是何原因呢？首先，这个曲名具有祈祷吉祥的喜感，具有追求福寿的赞美色彩，寄托了宣卷艺人的虔诚情感。其次，通过对曲谱的分析，大致能获得以下引人入胜的奥秘：

1. 结构方面：曲调由起腔、清板、落腔三部分组成，起、落腔富有抒情性，清板富有叙述性，清板可长可短，一上一下，一呼一应，上句落音自由，下句落音规整（总落调式主音1）。所以，观赏宣卷，既能感受到跌宕起伏的音乐性，又能感受到好似表白的宣叙性。这种结构与流行于苏南的各种滩簧（苏滩、申滩、锡滩的唱腔结构）一脉相承，也可以推断出，锦溪宣卷与说唱性较强的滩簧曲调密切相关。

2. 形态方面：曲调围绕主属（1、5）音展开，以五声级进旋法为主，间插少量跳进旋法，使旋律流畅、上口，富有口语化，节奏自然平稳，词曲结合规整，印象最深的是帮唱旋律设计了具有充分抒情功能的"一波三折"的长拖腔，这种具有夸张性质并有戏曲韵味的拖腔，成为锦溪宣卷的一大特色。

王丽娟在演唱宣卷

3. 演唱方面：宣卷曲调主要由主唱者完成，如起腔、落腔由主唱尽情抒发，清板也由主唱叙述，但是，两次拖腔是由帮唱完成的，一方面通过不同演唱形式轮换，可产生音色方面的对比，另一方面可让主唱者有一个喘息的机会，以利能长时间地说唱故事，而不至于产生声嘶力竭口干舌燥的疲劳感。

4. 伴奏方面：伴奏也能做到动静结合，起落腔和帮唱时丝弦齐鸣，这样可以加强宣卷曲调的音乐性表现，清板部分则用弹拨乐器作清淡的衬托，有时甚至停乐，让表现者清唱，以利清板的内容能清晰地表达。

由此可见，宣卷的唱腔具有浓郁的乡土气息和鲜明的地方特色。曲调兼有抒情性和叙述性特点，起腔和收腔后都有抒情性的帮腔伴唱，成为锦溪宣卷的一大特色。经过历代艺人对这个基本曲调进行尽善尽美的细腻处理，真可谓精雕细刻，用心良苦，才使《万福寿》产生了百听不厌的艺术效果。除此之外，锦溪宣卷还运用其他一些曲调，主要来自以下四条途径：

一条是由锦溪宣卷伴奏高手盛征采录的。他原是民办教师，由于酷爱音乐而弃教从艺，转行在民间操琴。由于他对演奏、记谱、作曲都有一定水准，因此在1984年时被抽调加入苏州地区演出队的乐队，担任演奏员晋京演出。在长期为宣卷伴奏的实践中，经常记录各种流派的宣卷曲调，并经常采用于作品中。

一条是作为锦溪宣卷稍年轻的传承人堵建荣，由于他经常外出观摩其他地方的宣卷，只要与锦溪宣卷风格相近的旋律优美的曲调，也经常被借鉴、被移植运用。

一条是王丽娟在演出实践中，经常吸收一些苏南小调和锡沪剧中的曲牌，对刻画人物，烘托情绪，增强了丰富表现力，对拓展宣卷曲调大有裨益。

一条是来自1963年江苏省音乐家来昆山采风时，曾编印《昆山民歌选》，其中有十多首宣卷曲调，但大多带有"阿弥陀佛"的佛教色彩，所以必须改良后运用。

堵建荣和张凤仙伉俪表演的《老两口搬家》和《自作自受》

长期以来，锦溪镇除了重视继承传统宣卷外，对创编现代题材的宣卷节目做出了较大努力，早期创作的宣卷剧《夫妻开河》和《拒烟》，对于宣卷反映现实生活进行了有益的尝试。

在20世纪80年代初的昆山市群众文艺会演中,当时的昆山县大市乡文艺宣传队的顾建生首先将宣卷搬上了舞台。当大家听到细腔慢调的旋律,看到唱伴结合的形式,在绘声绘色地叙述故事时,令人耳目一新,引来满堂喝彩。事后,昆山县文化馆十分重视此项发现,认为昆山宣卷独具特色,魅力迷人,应该充分挖掘,发扬光大。于是就在昆山的流行地区——陈墓(现改为锦溪镇)、大市(现并入张浦镇)、周庄分别召开了宣卷艺人座谈会,采录了唱腔,记录了曲谱,对宣卷的历史风貌有了初步了解。

1984年,苏州地区文化局要组织一台群众文艺节目晋京演出,昆山县文化馆接受了创作宣卷节目的光荣任务。这是一次对外宣传的好机会,昆山县文化馆决定集中"精兵强将",打造出优秀宣卷节目,争取在京城舞台上一鸣惊人。

毕竟传统宣卷形式陈旧,如果原封不动地全盘照搬,就要与时代气息格格不入。当时还处在改革开放初期,思想还未彻底解放,宣卷可能还会被另眼看待,甚至会招致复旧指责,难以通过层层审查,所以,那时对宣卷元素的运用还显得小心翼翼,十分谨慎。昆山县文化馆的程锦钰先生是创作曲艺的行家里手,经过深思熟虑,写出了宣卷坐唱《天堂哪有人间好》,将"仙人下凡"看到人间美景而自叹弗如的传奇故事和宣卷音调巧妙"联姻",无疑是门当户对珠联璧合的"嫁接"。

进入排练时,文化馆导演徐春林先生对宣卷的表演形式又做了创新设计。为增强舞台的美感,增加演唱的对比性,《天堂哪有人间好》将主唱确定为两人,分别敲击木鱼和碰铃,且安置在前排坐唱;将伴唱确定为8人,分别敲击铃鼓,时而坐于后排帮唱,时而起立伴舞。这样的表演形式比传统形式丰富得多,又美观得多了。

而且,笔者当时还对传统的宣卷曲调进行了适度改编。既定方针是,一方面不动大手术,尽量完整地展现宣卷原貌,让人一听入迷,一听钟情;另一方面要淡化一些单调的重复性旋律,增加一些富有变化的趣味性旋律。如将原曲调两次相同的长帮腔只保留后

锦溪镇表演的宣卷说唱《天堂哪有人间好》

帮腔,减短了前帮腔长度,使两次帮腔产生对比;将原来一段唱腔中的两次帮腔增加为四次帮腔(在清板中也设置了两次短帮腔),男声主唱的唱法还糅合了白口、翻唱等手法,使宣卷在保留基本旋法的基础上,产生了新鲜的魅力。清板的设计也努力追求新鲜性,使反复运用的曲调同中有变,变中有新。特别是,删去了原有"阿弥陀佛"的帮腔旋律,使新设计的唱腔音调更具有与时俱进的时代风貌。

由于在脚本内容,表演形式,唱腔设计各方面都进行了丝丝入扣的改良,一个经过精心"包装"的《天堂哪有人间好》终于精彩亮相,从昆山演到苏州,从南京演到北京,还演进了中南海怀仁堂。演出后,《中国农民报》专为《天堂哪有人间好》召开了座谈会,当时美誉接踵,好评如潮,都说锦溪宣卷美妙动听,是一种沁人心脾的吴侬佳音。

那是一次充分张扬锦溪宣卷魅力的成功尝试,既有原汁原味的原生态底蕴,也有鲜为人听的创新性风采。从此,锦溪宣卷被更多人知道,被更多人喜爱。当2008年纪念改革开放三十周年时,锦溪镇文体站复排了宣卷说唱《天堂哪有人间好》,作为群文舞台上的经典节目,仍然散发出好听好看的馥郁芬芳。

这些年来,昆山市文化馆和锦溪镇文体站形成了一个共识——这么优美动听的锦溪宣卷,可以融进各种文艺形式,让更多人领略到锦溪宣卷的迷人魅力,让更多人享受到锦溪宣卷的诱人风采。近几年中,曾创作了反映农村新生活的男女说唱《老两口搬家》,故事说唱《自作自受》,歌舞《锦溪的桥和锦溪的窑》,表演唱《摇起快船唱宣卷》《家有好官》,宣卷情景剧《拜年》等节目,经排练后,先后搬上舞台,使古老的宣卷能多侧面地反映当代生活,让时代青年也能爱上源远流长的锦溪宣卷。特别是,锦溪镇作为东道主已连续承办了五届"江浙沪宣卷邀请赛",推动了锦溪宣卷的传承和发展。

锦溪宣卷还可以作为独具地方特点的音乐素材,融进各种音乐作品。每当昆山需要创作体现地方性特点的音乐时,常会运用锦溪宣卷音调,创作出富有昆山风格的当代音乐作品和舞蹈音乐,使宣卷音调能进入更加广阔的传播空间。笔者曾多次运用宣卷音调进行音乐创作,如舞蹈音乐《阿婆茶》、男声二重唱《稀奇歌》、表演唱《琼花谣》、独唱《美丽的长三角》等,都鲜明地打上了独具锦溪宣卷韵味的烙印,从而扩大了锦溪宣卷的影响力。

王丽娟在她伯伯王秉中的手上接过了唱宣卷的接力棒,她聪颖、好学、争气,早已独当一面,深受当地百姓欢迎。现通过她多年的宣卷演出,已培养了一大批忠实听众,使宣卷在锦溪农村有了生存的土壤。现在,她还在培养她的妹妹王惠娟,及镇文广站的堵建荣、张凤仙等稍年轻的一代在学唱宣卷,使宣卷在锦溪土地上生生不息,薪火不断。

目前,锦溪宣卷仍在农村鲜活地存在着,有传承者,也有追随者,但还显得势单力薄,年轻的演唱者凤毛麟角,听唱者大多是老年人,如果不下措施加以保护,锦溪宣卷仍有消亡的危险。为此,锦溪镇政府已采取措施,在小学生中加以推广,在锦溪中心校中建立了锦溪宣卷传承班,每周抽出时间,邀请传人王丽娟、堵建荣经常前去教唱,曾编排了《锦溪儿童学宣卷》《我是锦溪小导游》等宣卷表演唱,努力开创锦溪宣卷后继有人的新局面。

(杨瑞庆 编文供图)

千灯跳板茶

（2009年入选江苏省级第二批非物质文化遗产名录）

古镇千灯是长三角地区的一颗璀璨明珠，至今已有2500多年的悠久历史。自古钟灵毓秀、物华天宝，素有"金千灯"之美誉，是一个文化底蕴十分深厚的名镇。在这块人杰地灵的土地上，孕育着灿烂的文化——少卿山蕴藏良渚，秦峰塔屹立千年，延福寺展露虔诚，石板街演绎厚重，小桥流水风光秀美，水乡婚俗礼仪盛行。

在千灯露天舞台上表演老版《茶盘舞》

由于当地崇尚热情好客的民风，因此还产生了独具江南特色的"跳板茶"风俗。

所谓"跳板茶"，顾名思义，就是在跳板上敬茶；所谓"跳板"，就是架在船与岸之间供人行走的狭长木板，可想而知，在跳板上敬茶，动作一定是矫健的、惊险的。20世纪50年代中期，经当地民间艺人挖掘，说是看到旧时婚礼上有人能在跳板上起舞，看上去非常优美，只是难度太高了，可能已经失传，无人会跳了。经当时在千灯供销社工作的俞巧生推荐，正巧在当时供销社食堂担任炊事员工作的沈金宝年轻时曾经表演过"跳板茶"，但是，已经停演了五六年，功力肯定退化，那就退而求其次吧，要求他改在平地上表演也可。由于跳板茶风俗本身动作优美，如果搬上舞台表演，也会吸引观者眼球的。

经过反复动员，沈金宝表示愿意尝试。由于表演离开了跳板，节目干脆取名为《茶盘舞》。通过沈金宝的回忆和磨合，终于练就了一套舒展、圆润的动作，然后新制了服装、新做了道具、新配了音乐，赶赴昆山中山堂，参加了县里的文艺会演。由于舞蹈富有民间色彩和表演技巧，富有引人入胜的观赏性，一经亮相，千灯的《茶盘舞》立刻引起了轰动。后来，曾经数次复排、数次展演、数次获奖，为千灯、为昆山争得了许多荣誉。在20世纪90年代初进行的全国民族民间舞蹈普查时，昆山县文化馆曾对千灯《茶盘舞》进行了细致采录，邀请画师根据舞蹈的造型变化和队形布局绘制成一系列分解图例，后来，《茶盘舞》脚本先后发表在《中国民间舞蹈集成·江苏卷》和《苏州民间舞蹈志》上，从此，千灯《茶盘舞》名声在外。

跳板茶是流行于千灯及周边地区的一项民间风俗，始于清末，盛于民国，是水乡传统婚俗中的一项重要表演内容。由于富有江南水乡特色，因此深受当地百姓喜欢。屈指数来，跳板茶已在昆南地区流传了一百多年。当20世纪90年代初进行民间舞蹈普查时，传人沈金宝还健在，他为普查人员提供了许多亲见亲为的素材。当2007年编写《昆山民族民间文化精粹·文艺卷》时，写作组曾专程到千灯去采访了传人沈金宝，当时他还能摆出表演跳板茶的主要动作，因此留下了一张珍贵的留影（见下图）。是他率先把跳板茶风俗搬上舞台表演《茶盘舞》，为跳板茶的传承做出了至关重要的贡献。

跳板茶传人沈金宝留影

沈金宝（1928—2011），出生于千灯镇大潭村，世代务农，他父母亲生养了两男两女四个孩子，沈金宝为老大。在多子女家庭中，长子自然必须承担更多的养家责任。由于家中贫困，成年后的沈金宝只得跟随本村厨师唐和尚做下手，先烧火、切菜，再上灶、烹饪，一年四季走村串户，经常为农村的婚丧喜事服务，经历了辛苦奔波的学徒生涯。有一次，在婚庆场面上，他看到有位"茶担"在表演跳板茶的舞蹈，动作优美，场面惊险，每次表演后，不但观众喝彩，而且东家还会赏赐礼金。沈金宝看在眼里有点羡慕。为了多挣一点报酬贴补家用，沈金宝就偷偷地自学跳板茶，经过一个阶段的刻苦练习后，终于学会了各种难度较高的动作，已能独立表演了。不过，这种在跳板上跳舞太危险了——"平衡木"下就是河水，一旦掉下河去，后果不堪设想。但是，为了多一点创收，他只得冒险表演。由于沈金宝总能一举成功，因此渐渐在当地传出了功力不凡的好名声。

千灯地区水网密布，民国期间，当地经常采用搭彩船和摇快船形式来完成婚娶仪式——接新娘的婚船到达新郎家宅的河埠时，就会架起一条长长的跳板，供客人走上河岸，再步入男方厅堂，这时，热情的"茶担"先要在跳板上表演献茶绝技。至新中国成立后，能在跳板上表演献茶动作的"茶担"越来越少，为了杜绝生发不吉利的掉水事故，因此，大多东家只要求"茶担"在客厅里表演献茶舞，所以，后来就流行起具有异曲同工之美的"茶盘舞"了。

当苏州市2003年编撰《苏州民间舞蹈志》时，一些民俗专家认为"跳板茶"才是"茶盘舞"的本来面目，建议一定要将入选"省卷"的《茶盘舞》项目恢复《跳板茶》原名。他们认为只有换名，才能名正言顺地符合千灯的这项民间风俗的本来风貌，因此从那时起，民间舞蹈"跳板茶"重新登堂入室，2009年，"千灯跳板茶"入选江苏省非物质文化遗产的保护名录。

流行于旧时千灯民间的"跳板茶"属于传统民间风俗，何以能入选省级保护名录？因为"跳板茶"具有丰富的审美内容——

跳板茶是旧时婚庆人家邀请"茶担"中的一项表演项目。千灯地区每有结婚人家，只要达到一般性的经济水平，都会邀请"厨师"和"茶担"两个半专业性质的组织（忙时种田，闲时兼业），为东家喜庆场面服务，"厨师"负责配烧菜肴，"茶担"负责煮水供茶。

"茶担"由数人组成。班主需购置高一米多，直径半米左右的圆柱形铜炉，专用于烧开水。另外备有上百套造型别致的瓷质小茶壶和小茶杯，再备有用于装饰婚礼厅堂和桌椅台凳的大小"堂面"。以大红基调为主，绣有龙凤、花卉图案，以表吉祥喜庆。然后邀请烧水工、配茶工若干为东家效力。"茶担"中特别拥有一位身手不凡的敬茶舞者，如能在跳板上灵巧地表演出各种惊险的献茶动作，将为"茶担"的声誉锦上添花。

婚礼上的跳板茶项目，常由一名20岁左右的年轻男子表演，头戴青色礼帽，身着青色长衫，双手各托一个直径约20cm的红漆木质茶盘，盘中各放一只高10cm左右有托底，有茶盖的精致茶碗，然后加水、泡茶。当新媳妇从船上的轿子中走出时，立即由伴娘搀扶着站在船头上。这时，东家邀请的"茶担"就会走上跳板，热情地表演优美的献茶舞蹈，时而翻转双手左右摆动，时而扭动腰身前俯后仰，即使翻

千灯表演的广场舞《茶盘舞》

翻起舞,上下翻转,但手中茶盘上的茶杯纹丝不动,杯中的茶水点滴不泼,围观者叹为观止,简直妙不可言。

跳板茶的表演者必须具备刚柔相济的腰功,翻弯自如的手功,既需要身体柔韧的协调性,又需要笑容可掬的亲和力,才能讨人喜欢,赢得满堂喝彩。表演者必须经过长期苦练,才能拥有这项绝技。据老人说,先在老师傅的教授下学习基本动作,再根据自身特点,练就过硬的手功和腿功。为了圆满表演,一般先在"砻糠"堆上勤学苦练(不致掉下来的瓷碗打碎),待等熟练后,才有底气外出赚钱。表演时,茶杯中泡有真茶真水,然后双手托盘,走上狭长的跳板,胸有成竹地舞动起来,一旦圆满成功,都会令人赞叹不已。

被邀请来的"茶担",一般隔夜就会报到东家,需要事先布置堂面,安置铜炉,洗刷茶具,并准备好表演献茶的道具(两只茶盘及两只精美茶碗),除了熟悉跳板的长度和宽度外,还要了解厅堂表演区的大小范围,考究人家还需在客厅地面铺上红地毯。一切准备停当后,待等翌日良辰吉时的降临。

结婚正日的九时左右,舞者经过化妆穿戴,备盘斟茶,然后养精蓄锐,等待表演。大致下午三时,只听鞭炮齐鸣,男方接新娘的彩船已经到达东家场头了,船工立即架好跳板,"茶担"就在跳板上开始表演了,然后新郎背上新娘,穿过跳板,走进厅堂,此时的"茶担"更是大显身手地放手表演了,他们手托茶盘在厅堂的红地毯上表演成套的敬茶绝技——

表演者双手悬托茶盘,翻转起舞。基本动作是左右手托举茶盘上下翻舞:先右手从下肋外旋至头顶,再下转到腹部,当右手外转到头顶时,左手开始由内再上旋到头顶,此时右手已转到下腹,这样左右上下不停地反复地相对飞舞,这就是循环往复的"正云手盘"和"反云手盘"动作。表演内容主要是三拜九叩,行礼献茶。

千灯茶盘舞群舞

通过茶盘的高低翻动和前后旋转,让观赏者享受到男方家庭给予女方家庭的隆重礼仪。基本舞步为"进三步退一步",还有"圆场""扯旗""云手""探海""托月"等一系列成套动作,水平较高的舞者还能吸收戏曲身段和民间杂耍,甚至还有"大鹏展翅""金鸡独立""鹞子翻身"等高难度动作,以求博得热烈掌声,可以获得东家更多的赏赐。

表演过程大致在十分钟左右,喜场里的跳板茶和茶盘舞一般没有伴奏音乐,能使观众在凝神、屏息的赞叹中获得美的享受。献茶表演结束后,"茶担"手托双盘,行至桌前作单腿跪礼,双盘分左右举过头顶,这时新郎将茶盘中的喜茶分别敬给新媳妇和新阿舅(新娘的兄弟),同时,新郎侍从将红包喜钱放入茶盘中,献茶仪式就告完成。这些表演只是千灯地区的常见流程,还会有因地而异,因人而异的程式表演。每个地方的流程不尽相同,由于表演者的水平有高低,动作的难易程度也会不同。

跳板茶一般只在男方婚庆场面表演。为取悦嘉宾,通过献茶绝技,将喜庆的气氛渲染得高潮迭起,将东家的敬意表达得淋漓尽致。跳板茶热情洋溢,神采飞扬,充分表现出吉庆祥和的气氛。表演跳板茶时,厅堂中的亲朋好友也在品茶。"茶担"表演结束后,就要收拾茶具摆开婚宴了。

长期以来,千灯曾为再现跳板茶的迷人风采,在历任文化站负责人手里都做出过努力,通过持之以恒的挖掘和传承,已取得了可喜成绩——

20世纪50年代初期,西宿乡在农村合作化运动中走在了全国前列,当时的唐巷村管金英在排练《秋香送茶》折子时,就运用了传统跳板茶中的一些舞蹈语汇而一举成功,此节目曾抽调到苏州会演,并获得好评。

20世纪80年代末,在昆山市民间舞蹈会演时,千灯镇文化站抽调了管凤娟、沈金育等10个女青年,运用了传统的跳板茶语汇排练了群舞《茶盘舞》,并在苏州市的民间舞蹈会演中荣获一等奖。时在千灯文艺工厂的管凤娟由于具有一定的舞蹈基础,所以在传承《茶盘舞》时,发挥出了重要作用。

1997年,在昆山电视台的演播厅里,举办迎接香港回归的专场文艺晚会时,昆山县文化馆的陈琴女士曾将千灯茶盘舞素材改编为《请喝一杯家乡茶》的舞蹈,由于赋予传统舞蹈新的含义,因此令人耳目一新。

在跨世纪时,为了推荐节目参加苏州市的文艺会演,陈琴还是看中了跳板茶这个具有丰富表现力的民俗,建议千灯加工后继续参赛。于是,请人重新创作了

管凤娟为普查人员摆出跳板茶的示范动作

在第八届中国国际民间艺术节上表演《跳板茶》

在上海世博会上演出舞蹈《跳板茶》

具有江南风韵的音乐,抽调了镇上爱好文艺的一群女青年,在陈琴的带领下,苦练舞盘基本功,因此提升了舞蹈的演出质量。有些遗憾的是,由于个别演员的功力还欠缺,因此使整个舞蹈的质量功亏一篑。

2007年,在策划展示昆山"非遗"的专场文艺《玉出昆冈》时,千灯跳板茶民间舞蹈又被纳入主创者的视线,经过了外请导演的全新包装,音乐糅合现代风格,道具改为单手托盘,演员改用舞艺较高的文化馆舞蹈队人员,演出质量有了明显提高,后在上海世博会上演出,获得广泛好评。

到了2016年,当昆山市要举办首届"非遗"文艺会演时,千灯还是抓住跳板茶这个项目,制订了重新包装跳板茶的方案,决定以更大的魄力投入,进行再挖掘、再改编、再创作、再排练。还是在陈琴女士的领衔下,重新物色编导和音乐主创人员,挑选更加理想的演员队伍,经过多轮修改和磨合,终于在昆山市文艺会演中取得了名列前茅的成绩。但是,有专家建议可以在"跳板"上再多做些文章,相信这个苦苦追求数十年的民间舞蹈还有很大的提升空间。

当2017年昆山举办首届"琼花奖"群众文艺比赛时,千灯文体站施建林站长决意要把这个民俗舞蹈继续加工,争取推向更高的平台。于是邀请专家,再进一步对跳板茶进行修改。既定方针是继承传统,将"跳板"道具贯穿整个舞蹈,时而将跳板搭成新房,时而将跳板连成桥梁,时而演员跳在新房里,时而演员跳在桥梁上,表现出一对新人在婚庆过程中获得了温馨和甜美的享受,成为一个名正言顺的《跳板茶》舞蹈。经过"十年磨剑"这一轮的深加工后,终于梦想成真,当年先是获得第二届苏州市群众文化"繁星奖",翌年参加第十三届江苏省"五星工程奖"评选活动,终于夺得了五星工程金奖。

请茶是与人交往、与人沟通的常见形式。香茶一杯胜过美酒,千灯人就是以这种特有的形式向嘉宾献茶——吃了这杯"三拜九叩"的茶水定会回味无穷。在现代生活里，人与人之间见面请茶的礼节司空见惯，这是追求情感和谐的"催化剂"，如果以特殊的"跳板茶"形式敬茶，当然更能让客人感激不尽。欣赏《跳板茶》舞蹈，就会被她的祥和气氛所感染，被她的矫健舞姿所折服，被她的和谐意境所打动，舞蹈虽根植于传统风俗，但也透出现代气息，因为当代人也以请茶为常用待客礼仪，所以容易引起欣赏者的共鸣。

传承跳板茶就是传承这方水土孕育的民风，保护跳板茶就是保护这方民众创造的生态，所以，保护跳板茶风俗有着深远的现实意义：一是跳板茶为江南鲜为人见的独舞形式，动作优美，内容吉祥，场面热烈，是一种富有技巧性和观赏性的民间舞蹈，具有美不胜收的艺术价值；二是跳板茶是苏南水乡婚礼风俗中一项独具特色的表演内容。通过敬茶，表达爱意，体现出营造和谐追求美满的社会价值；三是跳板茶以特有的方式表达热情，体现出特定区域的一种鲜为人见的生态风俗。这一切都可以看出跳板茶与当今创建和谐社会具有一脉相承的联系，所以很有保护价值，因此引起了各级政府的重视，特别是得到了千灯镇政府和千灯文体站的重视，这些年来传承成绩显著，有目共睹。

但是，这种优秀的民间风俗逐渐与年轻人疏远了，这是社会发展的大势所趋，应该正确面对——因为现在提倡婚事新办，根本不会去举办传统婚俗，不见新娘坐花轿，不见接亲摇快船，更不见有人表演跳板茶绝技了，所以，聪明的千灯民间艺人早在20世纪50年代，就将"跳板茶"改为"茶盘舞"了，不变的是保持舞盘请茶的底蕴，一样热情地笑容可掬，一样优美地舞动双盘，所以仍然受到专家的认可和百姓的喜爱。而且，原来跳板茶是男性独舞，这给传承带来一定难度，因为业余界的男性往往不擅长舞蹈，聪明的千灯民间艺人早在20世纪80年代就将传承跳板茶的任务移交给当代女性完成，这是与时俱进的传承状态，值得肯定。

传承作为省级保护项目的"跳板茶"是千灯有关保护单位的长期任务，所以，千灯镇文体站除了建有一支以青年舞蹈爱好者为骨干的《跳板茶》表演队伍外，还在中小学生、年轻教师中进行普及和训练，只有使跳板茶表演者的功力不减，才能保证久演不衰。目前，无论是市里的非遗展演上，还是镇上的重大活动上，常能看到跳板茶舞者的矫健身影，已成为千灯的一道亮丽风景，精彩悦目，引人入胜。

（杨瑞庆 编文供图）

奥灶面加工制作技艺

（2009年入选江苏省级第二批非物质文化遗产名录）

今日奥灶馆外景

昆山位于上海与苏州之间,东与太仓相连,北与常熟比邻,地处长江三角洲的太湖平原,河网密布,气候温和,物产丰富,是著名的江南鱼米之乡。但是,面食也较受昆山百姓喜爱。旧时,几乎家家都会自制面条——只要有一杆约长1米的擀面杖,利用平整饭桌即可自制——先把面粉放在容器里,用水和成面团,然后放在饭桌上,用擀面杖反复滚压成一大张薄薄的面皮,再在台板上用菜刀切成细条,放入开水中煮熟,即可食用。因光面淡而无味,通常要加些蔬菜或咸菜,做成"菜下面"或"咸菜面",殷实一些的人家还会煎个"荷包蛋"做浇头。只有到了逢年过节时,或家中来了客人,才在下面后加上鱼肉鸡鸭等荤浇。有点商业头脑的人家,还将面条做得富有特色而外卖,奥灶面就是名声在外的著名面条。

奥灶馆坐落在玉山镇亭林路尽头的半山桥南塃,先后被评为"中华老字号""中华餐饮名店""中国十大面条名店"及"中国特色面条名店"。"奥灶馆"品牌还获得了"江苏省著名商标"的称号。

奥灶馆的前身是天香馆,原址在半山桥西北塃,初创于清咸丰年间。因赵姓家中有个绣娘叫陈秀英(小名阿康,年壮时称康姐,年老后称康太)聪明伶俐,擅长绣花和烹饪,因此深受主人欢喜。陈秀英后来嫁于颜家老三为媳,故陈秀英又称颜陈氏。赵家主人为回报陈秀英长期照顾东家的付出之情,就把那个原赵家的天香馆小面店赠予陈秀英管理,让其日后具有自谋生计的能力。

陈秀英接手面馆后,就将天香馆更名为"颜复兴",意思是既表明面店新主人是颜家媳妇,还想保持原天香馆拥有的好名声。那年"颜复兴"开店的时间为清光绪三十四年(1908)。由于陈秀英在经营中经常听取顾客意见,不断改进烹饪技艺,她烹调的红油爆鱼面特别受欢迎,因此生意兴隆,门庭若市,同时也引起了同行的妒忌,有人说她的面汤是用鱼、鳝、虾等下脚料所制成,汤水虽鲜,但那是不干净的懊糟面。只因面条的味道特别鲜美,仍有挡不住的诱惑,所以顾客并不计较,反而使懊糟面的名气越来越大,吃客越来越多。

到了1956年,颜复兴面店实行了公私合营,为了继承原店特色,年已76岁的陈秀英仍被新单位留用。但她年老体衰,有点力不从心了。就在这时候,她的媳妇陈巧林成为承上启下的继承人,而且,颜老太还让儿子颜连生放弃了铁路职员的工作,也进店协助妻子,

20世纪60年代初的奥灶馆旧景

一起经营面店业务。在他们的共同努力下,生意依然红火,成为当时昆山较有名气的面店。

到了1958年,为了扩大业务,面店从半山桥的西北堍搬到了半山桥的东南堍,从此拥有了五开间平房的面积,店堂稍宽敞了,店貌更像样了,为了打响新店品牌,由时任玉山镇党委书记戴燕梁利用原有贬义的“懊糟”谐音,将面店改名为具有“奥妙灶头”褒义的“奥灶馆”,还把原在“一家春”门店享有红案名厨美誉的徐天麟调到奥灶馆掌勺,不但保留原由颜老太首创的“红油爆鱼面”,而且还增加了由徐天麟擅长制作的“白汤卤鸭面”。

1959年,为了迎接国庆十周年,徐天麟怀着对毛主席的敬爱之心,与颜连生、刘锡安(时为学徒)等一起,经过反复实践,终于把汤料熬制成膏状,把柔细面条晒成卷面,制成像现在的“方便面”模样,然后打包邮寄北京,敬请毛主席品尝。事后,还收到国务院第八办公室的感谢信。徐天麟由于技艺超群,1985年退休后,仍被奥灶馆聘请为顾问。

刘锡安曾在奥灶馆中拜徐天麟为师。由于他聪颖好学,技艺大进,成为制作奥灶面的行家里手。在1983年初,刘锡安还挑起了承包奥灶馆的经营重担,为奥灶面的重振雄风做出了重要贡献。在那个阶段,经过刘锡安监制的红油爆鱼面和白汤卤鸭面又恢复了老味道。大家奔走相告,生意又红火了,甚至出现了吃面排

队的兴旺景象。

为了满足市场需求，经多方呼吁，1988 年 4 月，一座古色古香的奥灶馆大楼终于拔地而起，奥灶馆获得了旧貌换新颜的显著变化。

20 世纪 90 年代初，由于当时时兴中外合资经营模式，所以奥灶馆曾经一度由新加坡客商接手管理。由于随后的奥灶面口味难以令人满意，因此，到了 1998 年，奥灶馆从外商手中收回了经营权，并由饮服公司内部职工承包了制售业务。

当时，回归经营的奥灶馆先后请回了冯章勇、沈勇健等师傅掌勺奥灶面制作。1998 年 3 月，还把原在玉峰大厦工作的特级厨师马建玲也调到奥灶馆任厨师长，他们相继为奥灶面的传承做出了重要贡献。

马建玲：特三级烹调师，1953 年出生，从事烹饪工作 40 多年，1998 年 3 月调入奥灶馆。曾带队到北京中南海献艺，为中央领导人制作奥灶面，并获好评。

冯章勇：一级厨师，1962 年出生，1979 年进入奥灶馆当学徒，曾拜颜连生为师，2008 年 6 月被评为苏州市级的制作奥灶面传承人。

沈勇健：一级厨师，1961 年出生，1979 年在昆山饭店工作，1991 年转入奥灶馆，2021 年被评定为苏州市级制作奥灶面的传承人。2019 年开始，他依靠昆山市"奥灶面"制作传承技艺名师工作室这个平台，通过"传、帮、带"的方法培养了多位传承人。为进一步提升奥灶面的影响力，他经常参加奥灶面制作的展演活动，因此使奥灶馆获得了非遗传承基地的称号，奥灶面也获得了"2020 江苏十大面条"的光荣称号。

另有两位奥灶馆制作奥灶面的新人也有突出贡献——

张羽：1977 年出生，毕业于四川农业大学酒店管理专业，1993 年入职于昆山宾馆担任副总经理分管餐饮部。2017 年担任奥灶馆公司副总经理，在他带领下，创立了"奥灶面"制作传承技艺名师工作室，培养了一批优秀的技术骨干。先后获得"中国烹饪大师""优秀工匠"及"江苏省三带新秀"等荣誉称号。

浦建强：1977 年出生，自 2017 年入职奥灶馆后，刻苦钻研，在师父沈勇健的传教下，奥灶面的制作技艺已烂熟于心，多次被委派至南京、苏州等地

奥灶馆虹祺路分店店面

献艺,为奥灶馆赢得"新中国成立70周年江苏餐饮业卓越企业"等多种荣誉。他也曾被评为"昆山奥灶面制作技艺非遗美食促消费代言人"称号。

从2014年开始,奥灶馆划归昆山文商旅集团管理,始终秉承"顾客至上"的经营宗旨,坚守为消费者打造安全健康、合规合法的经营理念。优化管理体系,做优"奥灶"品牌,实行标准化配送老汤及面条的制作工序。打造"奥灶面"制作传承技艺名师工作室,弘扬工匠精神,开展"师父带徒弟"的传授活动及"走出去引进来"的交流活动,培养优秀的制作奥灶面的技术骨干,壮大非遗传承队伍。开拓经营市场,擦亮奥灶品牌。为满足各地群众需求,近几年来升级改造了亭林总店,再依次开设了南京店、虹祺路分店、周庄店、大戏院店、苏州李公堤店、慧聚店,扩大了昆山奥灶面的影响,并且创新系列产品,升级换代红油爆鱼面及白汤卤鸭面的方便面制作,还拓展"奥灶"旅游产品伴手礼盒、湿面礼盒等产品陆续上市。

由于刘锡安具有制作奥灶面的显著特长,为了发挥一技之长,于20世纪末,租借了中山路上的一座老房子,复名"天香馆",也开张销售奥灶面了。经过多年的努力后,刘锡安制作奥灶面的声誉越来越响,因此于2014年被评为江苏省级的第四批非遗传承人。2005年9月由原劳动部授予"高级技师"称号,2015年9月由中国烹饪协会授予"注册中国烹饪师元老级刘锡安"称号,2017年10月获得进入"中国烹饪大师名人堂"的待遇,其烹饪制作事迹曾在多种媒体上被报道。为使奥灶面制作后继

江苏省级奥灶面传承人刘锡安

有人,他把儿子刘剑峰也培养成昆山市级的奥灶面制作传承人。

刘剑峰,1982年就读于苏州高级餐饮技术学校,1987年毕业后担任昆山奥灶馆厨师。2013年创办了刘剑峰奥灶面餐饮有限公司。2016年起,先后在上海长春路、遵义路、安亭等地开办奥灶面直营店。生于1993年的刘剑峰之子刘思骅,现任天香馆总经理,接任爷爷刘锡安的经营业务后,也在从事奥灶面的传承。

一百多年来,奥灶面已形成了鲜明特色。首先,要选好面粉原料。面粉的好坏直接关系到面条的质量。奥灶面用的面粉是特一级高级面粉,由于筋力足,制

成的面条口感较好。其次，要用清水调制面粉。待水分被面粉吸干时，就用双手反复搓拌，直至揉成光滑的面团。再次，将面团用擀面杖反复滚压成薄面皮子，把皮子反复折叠，然后用刀切成细条。

随着时代在发展，技术在进步，现在这种手工制面早已被机制方法所替代。和面达到要求后，就要机器轧制面条：第一道工序是把拌粉机箱箱底阀门打开，让拌好的面团漏到粉箱内，开动滚筒碾压，将面团轧成皮子。然后自动进入第二道、第三道工序碾压，碾得一次比一次薄。最后一道工序通过面刀把皮子轧成面条，奥灶面用细条面刀，轧成的面条又细又长，俗称"龙须面"。

然后，就要进入下面工序了——先把水煮开，再把生面抛入滚水中，稍等片刻就要捞面了。由于奥灶面用的是精致龙须面，所以要在"快"字上下功夫。左手执勺斗(也称抓滤)，右手用长筷(约2尺)，将熟面快速捞出(俗称"出锅")，放入已兑好热汤的碗内。形成了热碗、热汤、热面的奥灶面特色。

"红油爆鱼面"和"白汤卤鸭面"可谓是奥灶馆的两颗"掌上明珠"。为满足顾客需要，他们按红、白两案设两口大锅，掌勺师傅分别下面，以免颜色和味道相混淆。

人说奥灶面的奥秘是"妙在其灶"，所以，灶具和炊具在奥灶面的制作过程中也发挥出重要作用。现在使用的灶具，炊具已不是过去那种二眼灶、三眼灶的传统灶头，而是具备了下面条、温浇头、烫碗具、盛面汤等多功能的现代化的灶头和炊具。目前采用的是大面灶两台，每个灶台上放两只大口圆底大铁锅用作煮面，铁锅上面靠墙处装有自来水龙头，便于随时加水调节锅中的温度，另有圆桶式不锈钢锅具五只，分别作盛放汤料和浇头等加热之用。都用天然气(管道煤气)做燃料。另有电机大蒸车一台，用蒸汽为洗净的面碗、筷子高温消毒。还有小灶多台，为宾客烹制其他菜肴所用。

俗话说"不到火候不揭锅"，因此厨师们历来注重火候的掌握，把它看成是烹调中的关键技术。火力的种类很多，有文火(慢火、小火、微火)、武火(猛火、旺火、大火)之分，又有明火(直接用火)、暗火(间接用火)之别，各个火力之间，还分成若干层次，根据需要或递增或递减。有的先旺后小，有的先小后旺，或交叉变化，十分复杂。特别在用火时间上，有的长达数小时，有的则以分秒计量。所以如果没有丰富的实践经验，确实是很难掌握火候的。

奥灶面在煮面过程中必须掌握的火候是：先要用旺火把水烧沸,然后下面。把生面放到锅里时,水温会骤然下降,那时就要用最大的火力,让锅里面条快速煮沸。如果火力不足,面条就会糊烂、涨烂,变成"锅浆面"。待面条煮沸浮到锅面上后,又要高速降温(可用铁锅上的水龙头打开放冷水),否则,也会把面条煮成"烂糊面"。这时,掌勺师傅要凭经验——用眼睛看,用鼻子闻,用耳朵听,然后来辨别火候,适时调整火力。为了适应复杂的用火要求,必须有个好炉灶。灶门、炉扉、炉膛、炉眼都有讲究,使之供火灵活,文武由之。奥灶馆现在使用的是两眼大面灶两台,每一台面灶都有两口大铁锅,一只锅用的是强烈的主火,作下面用,另一只锅用柔和的温火,用作热冲汤料。还有数台小灶,用小火或微火来热浇头等用。

俗话说："艺人的腔,厨师的汤。"说明汤是重要的,也是难做的。鲜汤对面食的质量影响极大。尤其是面条,必须依靠鲜汤增加美味。奥灶面之所以好吃,很大程度上就是依靠汤的鲜味。奥灶面主要有红汤,白汤两类。

红汤的制作首先要制好原卤。原卤亦称卤汤、老汤。制卤的原料品种比较多,大体可分为四类：

第一类是主料。有鸡鸭鱼猪肉,及其杂碎鸭头鸭掌、鸡爪鸡骨猪蹄猪骨头等。

第二类是辅料。有鱼鳞、肉皮、鳝骨等。鱼鳞必须先制成鱼膏,才能用作汤料。制膏的方法是用大鳞鱼(如青鱼、草鱼等)刮下的鱼鳞洗净后,放入清水中用高火炖煮,鳞与水的比例为1:1,不加任何佐料,炖至鱼鳞色变白并卷曲时,说明其营养成分已溶于汤中,就可捞出鳞卷不用,再将汤汁过滤,加适当食盐,冷却凝结成胶状物后,即成鱼膏,可用刀切成条或块后备用。鳝骨是用已划去鳝肉剩下的骨架。以上除肉皮外,都是作为废物丢弃的,是把废物变成宝,作为制汤的宝贵原料。

第三类是香料。香料也称作料,它在烹调中具有特殊的地位。在烹调中常用的香料有陈皮(又叫橘皮),砂仁、八角茴香,白果(又叫银杏)、丁香(又叫公丁香)、花椒、草果(又名草豆蔻)、肉豆蔻(又叫作肉豆扣)、山奈、甘草,肉桂(又叫作紫肉桂)等等,根据制作需要选择而用。在奥灶面红汤即老卤的制作中,就加入山奈等香料。山奈,又称沙姜,为散寒、除湿、温脾胃的中草药材,香气特异,味辛辣,是制作卤汤的重要调味原料。

第四类是调料,也即调味品。包括酸醋、砂糖、食盐、辣椒、黄酒、味精等,是酸、辣、苦、甜、咸五种基本味,以及除腥去膻和增加鲜味的基本原料。

厨师具体运用上，各有巧妙不同。黄酒是常用调料，因黄酒能除腥去膻，还能为菜肴带来芳香，增加鲜味，所以是理想的调味品。但还有例外，对一些腥膻气特重，又用红烧烹制的原料，也可用白酒做调料。

红汤制作具体操作过程分为两步：

第一步，制作老汤。过去用昆山蓬朗万源酱油2坛共计100市斤，现在用品牌酱油加入老抽。加入原料：猪大骨5斤，猪脚5斤，猪肉皮5斤，鸭头颈5斤，鸡骨架5斤，黄鳝骨5斤，草鱼头8个，牛大骨3斤，草鱼鱼鳞、鸭掌鸡爪各少许，加入黄酒、生姜、红干椒、茴香、春花、山奈、肉蔻、草果、小茴香。草鱼头预先经过油炸，其余食材原料(除鱼鳞、黄鳝骨外)，需经焯水，然后将所有原料放入一大锅内，黄鳝骨需用纱布袋包好再放入，用大火烧沸，再改用小火保持小沸状态6小时后，老汤即制作完成，过滤后待用。

第二步：兑制面汤。用原料：猪脚2斤、猪大骨2斤、菜鸽2个、甲鱼2个、河虾1斤、老母鸡1只、光鸭1只、清水135斤、老汤4.5斤、黄酒1斤、白糖1斤2两、盐4两、葱姜各少许，所有食材原料(除河虾外)，先焯水，河虾装入纱布袋中，然后一起放入一大锅内，大火烧沸，撇去浮沫，小火半小时后取出河虾纱布袋，再小火1小时加入白胡椒粉，至此面汤制作完成。

白汤的制作比红汤的制作简单一些，是用"白煮法"烹调。所谓"白煮"，就是把各种肉类或禽类原料先焯水，然后放在盛清水的锅里，先用大火烧沸，撇去浮沫，再用小火或微火炖煮，煮至汤味浓厚，原料软烂时，加适量食盐，即成白卤，白卤与红卤的区别是，加盐不加酱油，一般也不加糖。兑成白汤后，能保持原料的原汁原味本色。白汤制作的具体操作过程，也分两步：

第一步：选用昆山大麻鸭，通过宰杀、褪毛、去内脏、洗净后，把鸭体放进沸水锅内(水要没过鸭体)，然后用铁制的"老鹰扎钩"把鸭体反复翻动转身一二遍，就可捞出鸭体，排净体内血水，放入另一容器内，用冷水洗净，用葱、姜塞在鸭肚内，同时，再向锅内加些冷水降温，然后加入适量食盐。因为微量的食盐，能提高汤内蛋白质的水化能力，从而提高汤的鲜味。这时用勺顺时针方向转动锅中之水，目的是使汤中杂质在加温过程中逐步凝聚。在水将沸未沸前，撇去浮在面上的浮沫，将洗净鸭体继续放在锅内，用旺火烧沸后，再撇去少量浮沫，转用小火煨煮(锅内水保持微开)半小时至一小时，白汤的卤汤(老汤)就制成，同时，卤鸭也制成。

第二步:兑汤。到食用前,把卤鸭放入锅内,再兑入清水,并加入猪骨头汤,烧沸后就成为可口的卤鸭味的白汤了。在制汤(不论红汤、白汤)过程中,火候恰到好处是关键。火力大,原料中的蛋白分子在高温的汤中会结合凝固成白色微粒,使汤变成"闷汤"而失去鲜味。火力小则使原料内部的可溶性物质不易充分分解而鲜味不足。因此,制汤的火力应掌握在汤面微开翻小泡状态为最佳。

无论采用哪种制卤方法,均应注意保存好原质卤汤,即为人称的"老汤"。卤汤越陈越好,因而每次将用剩的卤汤撇去浮油,捞尽葱姜和骨渣、肉渣后,放在阴凉处封存。如一时不用,须采取保鲜措施——夏秋季节要两天烧开一次,冬春季节要四天烧开一次。否则,就会变酸变味而不能再用。

最具地方风味的"红油爆鱼面"和"白汤卤鸭面",好似双胞胎,又似并蒂莲,争奇斗艳,具体制作方法是:

1.红油爆鱼面

浇头:采用肥嫩的青鱼提汤做浇。煎氽爆鱼前把鱼身开片,厚薄均匀,浸汁入味,葱姜提香,曲酒解腥。倒入旺火热锅的植物油中氽至嫩黄,再加葱、姜、冰糖、黄酒烩煮至棕红色即可保温待用。

红油:氽过爆鱼的油吸足葱姜鱼体之汁,色红味鲜。

汤料:精心选用鱼头、鱼鳞、肉皮、猪骨、蹄髈、牛骨等十几种原料及独门特制的香辛料包,经过六个小时熬煮而成。

红油爆鱼面　　　　　　　　　　白汤卤鸭面

2.白汤卤鸭面

浇头:采用闻名于世的本地大麻鸭做原料,通过细致加工处理,依次下锅,再用旺火紧烧再转为文火慢煨,最后经过"套油烧鸭"烹制而成,食用前先切块做面浇。白汤卤鸭面汤清面爽,鸭肥肉嫩,原汁原味,清而不浊,与红油爆鱼面相得益彰。

（蒋志南　编文供图）

郑氏妇科疗法

(2011年入选江苏省级第三批非物质文化遗产名录)

    昆山世医中最为著称的乃自宋末以来、世代相承、绵延近八百年的昆山郑氏三十世女科(妇科之古称),成为中外医学史上罕见的奇迹。2011年9月2日,郑氏妇科疗法被江苏省人民政府公布入选第三批省级非物质文化遗产名录。

    据家谱和旧方志记载,昆山郑氏祖籍河南开封,乃西周宣王姬静的弟弟姬友(郑桓公)之后裔。先代累世策名仕籍多不胜数,王侯卿相蝉联栉比,是北宋时赫赫有名的皇亲国戚和王公贵族。宋太保、燕国公郑居中(1059—1123,追封华原郡王,谥文正)的次子郑亿年(宋政和八年进士、资政殿大学士)于北宋末兵难时,率家族百余口南渡,定居昆山,在县城通德坊(大致今西寺弄一带)建第宅,为迁昆始祖。郑亿年的五世孙郑公显,为宋末元初昆山县城人,得其妻之外祖薛将仕所传医术,开始行医,专精女科。薛将仕,南宋末昆山县城人,擅女科,凡经、带、胎、产诸症而求治者,均能应手奏效,故而声震东吴,人称"薛医产家"。因无子嗣,传医术予女婿钱氏,钱氏复传医术于女婿郑公显,郑氏遂世代业女科,将仕乃郑氏女科世医之始祖。郑氏后裔累世业医,代代相承,历29世,无有间息。

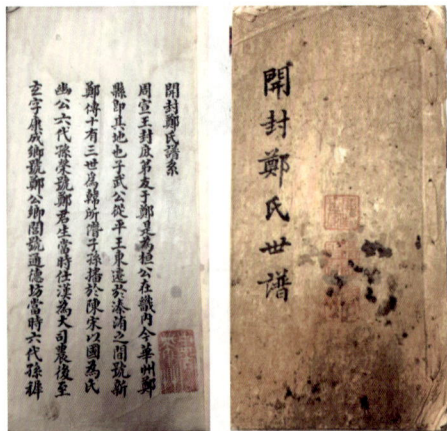

郑氏家谱封面、扉页

    郑氏因子孙繁衍,逐渐迁居吴中各地,均成当地妇科名医。而发源地昆山以县城乐输桥支、蓁葭(今陆家)韩泾滩支、周庄支三支最为突出。仅据现存文字记载,历代业医者总数有100多人。七世孙郑壬(1382—1448),明洪武、正统年间人,以医术鸣于吴中,永乐十二年(1414)以儒医荐征为南京太医院医士。洪熙元年(1425)召入北京太医院,赐三品服俸。卒后从祀北京三皇庙。八世孙郑文康(1413—1465),明永乐、成化年间人,正统十三年(1448)进士,名儒医,入祀苏州沧浪亭"五百名贤祠"。九世孙郑育,明弘治五年(1492)征授昆山县医学训科(地方医官)。十一世孙郑宗儒和郑云,分别是明正德嘉靖年间太医院院判和冠带医士。十二世孙郑若皋,明中叶人,太医院吏目,医术高明,曾治愈明世宗宠妃重病,后因弹劾奸相严嵩父子误国,被严氏关入大理寺监狱迫害致死。十四世孙郑玉珮,明末太医院医士,遇难于清军攻陷昆山之役。十五世孙郑之郊,明末太医院御医,医名满天下;郑任(1600年7月13日—1675年5月21日),明末清初人,克绍祖业,名扬遐迩。十九世孙郑祥徵(1758年12月28日—1832年8月13日),清乾隆、道光年间人,深研岐黄,医道大行,踵门求治者室常满,编有《灵兰集义》《女科集义》《医方括囊》《医学指南》等医著。二十四世孙郑陆骅(1954年8月20日—),扬州大学医学院副教授、副主任医师,曾任中医学系临床教研室主任,第四、五届扬州市政协委员、扬州市第六届市人大常委会委员。二十七世孙郑士才(1888年7月—1949年2月),郑氏昆山蓬莨镇韩泾滩支后裔,医技高超,业务兴盛,享誉昆山、嘉定一带;郑伯钧(1890—

2016年,二十四世传人郑陆骅副教授在昆山周庄老宅舒雅居整理祖传古医籍

1934),郑氏昆山县城乐输桥支后裔,民国名医,悬壶于乐输桥本宅和上海平桥路1838号分诊所,轮流应诊,门庭若市,屡起沉疴,享誉苏沪。二十八世孙郑鸣智(1914年6月28日—2013年2月4日),士才女,从父学医,1934年在韩泾滩家寓自设女科诊所开业,直至1952年3月参加蓬莨联合诊所,1956年9月被吸收入蓬莨卫生所(陆家人民医院前身),任中医妇科医师,医德医术享誉遐迩,1961年起曾当选为昆山县第四、五、六届人大代表。1976年12月退休后,犹病者盈门,享百岁高龄;郑绍先(1920年7月3日—2004年11月8日),伯钧长子,主任中医师,毕业于民国苏州国医专科学校,行医60余载,学验俱丰,医学造诣精深,屡起顽症沉疴,被誉为"女科圣手"。郑绍先为人事部、卫生部、国家中医药管理局批准的全国首批继承老中医药专家学术经验指导教师、江苏省名中医、昆山市中医医院首任名誉院长、昆山县第一至第七届政协常委,出版专著《郑绍先妇科经验集粹》。又积极

主持筹建昆山中医机构,组织昆山中医学术团体,悉心带教学生,为桑梓的中医药事业殚精竭虑,做出了卓著的贡献。入门弟子有郑天如、王晓元、李钰璆、储婷婷、许柏泉、吴纪祖。二十九世孙郑天如(1944年2月2日—   ),鸣智长子,昆山市中医医院妇科副主任中医师,1962年—1966年、1991年—1994年两次从师郑绍先学习妇科,为郑绍先之学术继承人,传承郑氏祖业。培养了方艳、陈晶晶、陶熠丽、陈翊等4名传承人。2000年,郑天如被评为首届"昆山名医";2010年6月23日,被认定为第二批苏州市非物质文化遗产代表性项目代表性传承人;2020年11月18日,被认定为第五批江苏省非物质文化遗产代表性项目代表性传承人。二十九世传人吴纪祖(1943年1月30日—   ),昆山新镇人,昆山市中医医院妇科副主任中医师,1991年—1994年从师郑绍先学习妇科,为郑绍先之学术继承人。1986年,吴纪祖被授予1985年度苏州市先进工作者;2000年,被评为首届"昆山名医";2010年6月23日,被认定为第二批苏州市非物质文化遗产代表性项目代表性传承人。二十九世传人许柏泉(1940年10月22日—   ),昆山张浦人,昆山市第一人民医院妇科副主任中医师,1991年—1994年从师郑绍先学习妇科,为郑绍先之学术继承人,出版《昆山郑氏妇科医论精华》。1997年,许柏泉被授予1994—1996年度苏州市劳动模范;2000年,被评为首届"昆山名医";2010年6月23日,被认定为第二批苏州市非物质文化遗产代表性项目代表性传承人。三十世传人陆爱芳(1978年4月20日—   ),昆山南港人,南京中医药大学中医学本科毕业,昆山市中医医院妇科副主任中医师,2006年起师承吴纪祖老师。2015年2月13日,陆爱芳被认定为第二批昆山市非物质文化遗产代表性项目代表性传承人;2021年3月26日,被认定为第五批苏

1992年,二十八世传人郑绍先主任中医师(右二)与三位弟子在门诊应诊

2011年,二十九世传人郑天如副主任中医师在收徒拜师仪式上

2011年,二十九世传人吴纪祖副主任中医师在收徒拜师仪式上

2011年,二十九世传人许柏泉副主任中医师在收徒拜师仪式上

州市非物质文化遗产代表性项目代表性传承人。三十世传人陈翊(1979年4月8日—　　),江苏靖江人,南京中医药大学中医妇科学硕士研究生毕业,昆山市中医医院妇科主任中医师,2012年起师承郑天如老师。2015年2月13日,陈翊被认定为第二批昆山市非物质文化遗产代表性项目代表性传承人。三十世传人陆小兰(1962年6月19日—　　),昆山周市人,昆山市康复医院(周市人民医院)主治中医师,2011年起师承许柏泉老师。2015年2月13日,陆小兰被认定为第二批昆山市非物质文化遗产代表性项目代表性传承人。(二十九世、三十世传人以苏州市、昆山市认定为"非遗"传承人文件排名为序)

郑氏妇科学术思想和医疗经验,经后裔不断增益、修改、整理成《女科万金方》等多种医著,在家族内代代秘传。据《全国中医图书联合目录》所载,分藏于全国各地图书馆的郑氏妇科医著有宋薛将仕的《女科万金方》、明郑敷政编撰《薛氏济阴万金书》以及郑氏后人编撰的《产宝百问》《薛医产女科真传要旨》《坤元是保》等15种。大多以问答的形式论述妇女经、带、胎、产诸症的病因、病机和诊治方法,并分门别类地汇总家传的验方、良方与秘方。

郑氏妇科的主要学术思想:一是预防为先,戒所不可。郑氏医著中处处体现治未病思想,强调妇人疾病,预防为先。经期正气虚弱,抗病能力不足,要主动避免六淫、七情、饮食等各种病因的侵袭。过劳与恼怒对妊娠有着明显的不利影响,应当加以节制,把预防保养放在安胎的首位。二是女科要务,调经为首。郑氏认为女科之疾多由经候不能顺畅所致。因为女性日常最易情志失调而致月经紊乱,所以郑氏认为调理月经为女科首位要务。女子只有月经正常,才能保证安康。三

是病根于心,舒宁为上。妇人性善嫉妒,情感用事,病根于心。心情不舒,气机郁滞,百病由此而生。郑氏认为治疗妇人疾病,须时刻贯穿着"病根于心"之理,舒调气机、宁心解郁。四是经带胎产,四物为宗。郑氏认为但凡女科之病,尽管有经、带、胎、产之分,然都是阴血失调所致,四物汤则专为此而设,故将此方作为治疗女科疾病之首方,在临证中广泛运用并灵活化裁。五是顾护脾胃,益气升阳。脾胃为后天之本,气血化生之源,人的一切生理功能,必赖脾胃化生的水谷精微以滋养。郑氏认为,妇女脏腑之中脾胃的功能尤为重要,因为气血是月经、胎孕、哺乳之物质基础。脾胃健旺,则精血充沛、血海充盈,经候如期、胎孕正常,产后乳汁亦多;反之,则化源不足,气血失常,导致妇科各种疾病的产生。故要注重调补脾胃,益气升阳,从而保持女性的健康。

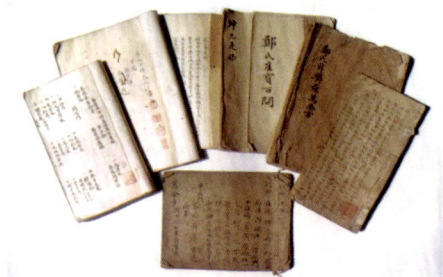

昆山境内流传的部分郑氏医著

郑氏妇科的主要医疗经验:

一、济心养肾,调理冲任治乱经。乱经,即月经不调。郑氏认为女子月经的来潮、周期的形成和转变与心、肾、冲任切切相关。气血是月经的主要物质基础,心、肾二脏对气血的形成和运行有着密切关系。调经先重于调气血,善用补血养血活血为功效的四物汤。在治法上,郑氏遣方用药多以清心滋肾,宁心补肾,舒心养肾,调理冲任使经血充盈,冲脉血盛,任脉气通,月经按时而下。

二、辨寒识热,通调虚实治痛经。郑氏认为痛经的发病机理是"不通则痛""不荣则痛",不通者当条达通畅之,不荣者当调气血阴阳濡养之。痛经也与患者体质密切相关,有气血、肾气之虚,同时有寒邪、湿热、瘀血等病因夹杂,故痛经临床证型不一,在治疗时先辨别病证属寒、属热,再按病人体质虚实的不同加以补虚泄实,以达到标本同治之效。

三、健脾补肾,通养气血治闭经。郑氏认为闭经的发病机理有因脏腑功能失调而致冲任气血蓄溢失常,有因化源不足而无血可下。但其发病原因不外乎虚实两端。虚者,都因肾气不足,肾精亏虚,脾胃虚弱,气血乏源,冲任血海空虚,胞宫源断其流,无血可下,治疗当养血为先,理气为要,通补兼施;实者,多为气血阻滞,痰湿流注下焦,是血流不通,冲任受阻,经血不得下行,治疗中气郁血滞型用疏肝解郁,理气养血;痰湿瘀滞型健脾化痰,祛湿通络;寒凝血瘀型温经散寒,行血调经。

四、健脾升阳,除湿泻实治带下。带下病相当于西医学的各类阴道炎、宫颈炎、盆腔炎、内分泌功能失调等病,也往往合并有月经不调、阴痒、阴痛等。郑氏认为带下病多为脾肾之虚,湿邪所致,湿邪伤及任带二脉,使任脉不固,带脉失束,湿热流注下焦而为带下。治疗选用参苓白术丸健脾以除湿热,以升阳燥湿之品约束带脉。又配用燥湿清热杀虫之药(如蛇床子、地肤子、五倍子、苦参、百部、土槿皮、枯矾)煎汤外洗或坐浴,同样能得到标本同治的效果。

五、固肾保精,温通奇经治不孕。郑氏提出女子不孕主要是由于肾气阴精不足,或冲、任、督三脉气血失调所致。治疗不孕过程中,注重调节奇经的重要功能。这些奇经的血气流畅与月经的来潮以及月经周期中的排卵都有密切关系,临床施方中常配伍龟板、鳖甲、鹿角霜、川断等药。根据女性月经期、排卵期、卵泡期、黄体期不同生理期,肾阴、肾阳的相互转化,选用不同中药进行调整子宫内在环境,激发体内生殖功能,以促进怀孕。

六、温胆和胃,护摄安胎治恶阻。郑氏认为妊娠恶阻发病缘由主要是妊娠1—3个月,血尽养胎,不能兼养肝胆,肝胆无制,胆火上逆,胃亦随之,呕恶泛酸吐苦水,在治法上以温胆和胃,柔肝安胎为主,并佐以芳香悦胃,切忌行气破气滑利之品。郑氏妇科《济阴万金方》之家传秘方还有三十八号安胎和气饮、三十九号罩胎散、四十号保胎和气饮、四十四号活胎和气饮,这些药方既可保养腹中胎儿,又可温胆和胃,降逆止呕治疗妊娠恶阻。

七、补气养血,调和营卫护产后。薛氏《女科万金方·产后问答》中对37种产后病的病机、病因和使用方剂均做了详细论述。认为多由于分娩时的产创和出血,导致亡血伤津所致,用药上多以补气养血为主的四物汤、八珍汤随证加减,并加以调和营卫之法。二十八代传人郑绍先指出:产后引起的虚损衰弱之证,若不及时以调养其营卫、精血之气,则难以康复,只有调其不足,使羸弱之质渐成为壮健形体方能病愈。

八、滋肾泄火,清宁冲任治崩漏。崩漏,西医妇科称之为子宫功能性出血。郑氏认为崩漏本质为肾之亏虚,变化在气血。郑绍先根据女性多思善郁的生理特点,又提出清心泻火之法,对于崩漏的病因,也考虑到了“瘀”的因素,对崩漏后期淋沥不尽者,常用加味四物汤以活血养血止血,使补中寓通。流传至今的郑氏验方"加味逍遥散",体现了郑氏妇科对于崩漏滋肾清火、通补兼施的独特治疗方法。

九、调经理气,祛瘀软坚治症瘕。妇人下腹结块,伴有胀、痛、满或异常出血者,成为症瘕,女性生殖系统肿瘤、子宫肌腺症、盆腔炎性包块等都属于症瘕范畴。郑氏区别了症瘕之不同,一般多先有气聚成瘕,日久则血聚为症,但两者都与气血密切相关。大致可分为瘀热内阻、肝郁血瘀、阴虚痰瘀、寒瘀互阻、肾虚肝郁五个类型,其治疗方法也灵活多变,有清热化瘀、疏肝理气化瘀、滋阴降火化瘀、温经散寒化瘀、补肾解郁化瘀等治法,屡获良效。

十、补肾宁心,调整阴阳治脏躁。郑氏认为脏躁病的发生和女性的生理特性密不可分:一是妇人多性情内向,情志抑郁,忧愁思虑,积久伤心,劳倦伤脾,心脾耗伤,经血津液化源不足,脏阴亏虚;二是妇人因经孕产乳,精血内耗,则五脏失于濡养,五志之火内动,上扰心神,发为脏躁。五脏失养则五情异常:心失濡养则病变为过喜,肝失濡养化火为怒,脾失濡养在情志病变为多思,肺失濡养在情志为悲,肾失濡养在情志为恐。郑氏强调五脏的元阴是"肾阴",注重安定心之"虚火",故在用药上多用甘润滋养之品,通过养心血,润肺燥,解肝郁,清痰火等方法达到宁心之效,标本同治,虚实兼顾,以达到人体阴阳的平衡则病证自愈。

郑氏妇科以中医理论为指导,运用祖传医术和秘方,辨证论治,施以中药内服、外用,中药调治各类女科疾病,均疗效显著,患者因服用郑氏妇科处方药而痊愈者和不孕妇女经其治疗而喜得贵子者从古至今不计其数。郑氏妇科世医源远流长,在全国中医药界有着较大影响,具有极高的文化、医学和学术价值,并深受远近百姓的信赖。为了保护好这一宝贵的非物质文化遗产,昆山市中医医院做了大量工作,也投入了一定的经费。在院内开设郑氏妇科名老中医工作室和郑氏妇科经典病房(2018年启用,设32张床位,配备有中医传承教研室和中医特色治疗室),另建有苏州市级"非遗"保护示范基地——金杏国医堂,由郑天如、吴纪祖、王晓元三位主要学术继承人各主持一个工作室,医院以师带徒形式为他们配备徒弟,确认陆爱芳、陈翌、方艳、施艳四位传承人,培养了一支具有一定临床和科研能力的传承队伍。郑氏妇科传承人们以其良技治病,每日受益之妇科病人均达百人以上,郑氏妇科年门诊量达10余万人次,院内制剂的应用达40%,疗效显著。

昆山市中医医院根据郑氏妇科祖传秘方、验方研制出了一些行之有效的中药自制制剂,如:治疗部分产后病的宫得康,治疗外阴病和阴道炎的洁阴洗剂,子宫肌瘤保守治疗的安坤片I号、安坤片II号，治疗青春期功血的青春I号、青春II号，治疗放置节育环后出血的置环I号、置环II号，治疗女性卵巢功能障碍所致不孕症的阴转合剂等，应用于临床，取得了良好的社会效益和经济效益。

2016年7月至2017年12月，"郑氏妇科疗法"作为江苏省非物质文化遗产项目数字化采集保护试点。昆山市中医医院组织专人采集文字材料20余万字，各类文献、笔记100多本；扫描老照片、古籍、报纸、证书、图片3000余张；录制视频、音频4000余分钟。根据国家非遗数字化保护相关要求，形成了完整的文字、图片、视频、音频等相关资料档案成果。

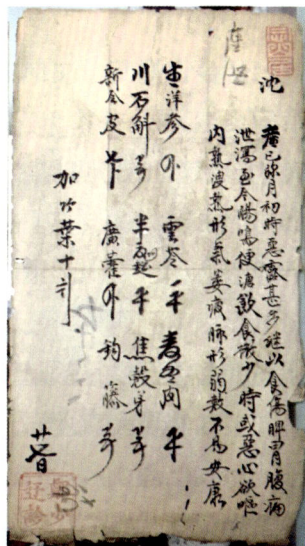

十九世纪传人清名医郑祥徵处方笺

1987年起，笔者在国内率先进行郑氏妇科世医研究，经过长达十年的查阅各地图书馆、档案馆有关郑氏的文字资料与医著抄本，走访郑氏后人与学生，在搜集到的大量资料中精心考证，去芜存精，去伪存真，终于厘清了郑氏女科世系，编写了郑氏女科历代医家事略，考辨了见存的郑氏女科医著，为"郑氏妇科疗法"的传承与发展研究奠定了坚实的学术基础。1997年出版《昆山历代医家录》，内含大量郑氏医家与郑氏世医内容；1999年在《中医文献杂志》发表论文《昆山郑氏妇科世医起源和医著考辨》；2000年在《中华医史杂志》上发表论著《昆山郑氏妇科二十九代世医考》，在国内首次考清了郑氏妇科世医的起源、世系和医著。1990年代，郑绍先主任中医师成为全国首批继承老中医药专家学术经验指导教师后，国内期刊陆续发表了一些有关郑氏妇科的论文，但大多是介绍郑氏在临床诊治和用药方面的经验，鲜见其学术思想的归纳总结与临床经验的全面透彻挖掘之文。直至进行郑氏妇科"非遗"数字化工作时，2017年由笔者参阅借鉴各种文献，撰写了《昆山郑氏妇科的主要学术思想和医疗经验》，然后仍较粗浅。昆山市中医医院仅设郑氏妇科名老中医工作室，而没有研究室，能满足群众治病求医需要，但学术研究能力较弱。同时，至今还未举办过郑氏妇科学术思想与医疗经验专题研讨会等学术活动。这些，均有待于今后"郑氏妇科疗法"传承发展中日臻完善。

（马一平 编文供图）

闵氏伤科疗法

（2011年入选江苏省级第三批非物质文化遗产名录）

昆山中医伤科中最享盛誉者当推白塔港闵氏伤科，自清道光元年（1821）前后第一代闵籍开始行医起，传承至今已六代达200余年，因其治伤的卓绝疗效，蜚声苏沪浙。2011年9月2日，闵氏伤科疗法被江苏省人民政府公布入选第三批省级非物质文化遗产名录。

闵氏先代世居新阳县积善乡白塔港村（今属昆山市玉山镇共青村）。清雍正二年（1724），清廷以江南省苏州、松江、常州三府赋重事繁，将该三府所属十二州、县各一分为二，而两个县（州）治仍驻一城。昆山县析西南、西北至东北境的174个图，设置新阳县，县城也一分为二，大致以南北大街（即今人民路）为界，西为昆山县城，东为新阳县城，两县同城分治，均隶苏州府。直到辛亥革命胜利后的当年（1911）农历九月，江苏都督府民政司决定昆山、新阳两县合并，仍名昆山县。

第一代医祖闵籍（约1801—约1874），字坚亭。自幼喜爱武术，经过多年苦练，武艺高强。因练武身体各部位容易受伤，同时研究治伤术。为了对身体骨骼有更精确的了解，经常帮善堂收埋暴露在外的尸骨，从而对人体骨骼关节部位非常熟悉。慢慢地，他的治伤技术也逐渐成熟。后又因收留照料一位病倒在白塔港的山东高僧，得其指点传授武艺和治伤绝技，益精点穴术，更蒙高僧赠以治伤秘方，形成了疗效卓著的治伤方药和伤膏药。于是，在白塔港老宅专业伤科，不论跌打损伤、骨折脱骱、扭腰曲筋等来求治者，总能手到病除，深受百姓盛赞。闵坚亭因年过半百才生儿子，恐来不及亲授，乃破例（旧时有一技之长的人家均有"传子不传婿"的传统家规）传医技给女儿（殷闵氏，俗称闵姊），再由她传予幼弟。然而坚亭寿颇高，在儿子迪甫十多岁时，其精力

闵籍画像

尚好,仍亲授子医术与武艺。后至74岁去世。

第二代传人闵姊,清道光、光绪年间人。得父传授医术,并练武艺。学成后随父襄诊,医术渐进,慢慢也掌握了一手治伤绝技。出嫁到本县正仪殷家后,即在殷宅悬壶应诊,也以伤科为业。后又迁至苏州思婆巷挂牌行医,治伤每获良效,声著遐迩。其晚年,有一农民不慎从树上坠下,致脊椎(尾部)脱位而不能直立,求医于闵姊。时老人端坐圈椅中,边嘱两人左右扶伤者坐长凳上。老人熟视良久,起身趋前,飞起一脚猛踢,正中伤者尾尻骨,但听得伤者痛吼一声,顿时直立而起,脱位已复原,即叩头谢不绝口。抬架而来,立行而出,伤者家属和待诊病人都啧啧称奇,叹为绝招。闵姊将医术传给了子殷企范、殷仲良和侄殷震贤,故殷家伤科技术源自闵氏。

闵思启(约1852—约1915),字迪甫。由父传授伤科医技,全面掌握父亲医疗经验,在白塔港老宅继承父业。由于也兼精武术(特别是点穴术),尤擅柳枝接骨秘技,医效卓著,病者盈门,名播江浙。光绪十年(1884),邻县松江府青浦县金泽镇遭遇特大风灾,很多房屋倒塌,数以百计居民骨折,应青浦知县聘请,前往夜以继日地医治病人,并坚拒报酬,医德崇高。因医疗业务好,岁获万金,常捐资公益慈善事业,深得百姓爱戴。光绪二十五年(1899),闵迪甫举家迁居苏州娄门内仓街89号(今128号)开业应诊。64岁时去世。子三,万青、采臣、蕴石,俱善继父业。

闵思启画像

第三代传人闵万青(1875—1910),名钟杰,以字行。迪甫长子。自幼从父学医,光绪二十五年(1899)随父迁居苏州仓街诊所行医。清光绪末年迁寓至上海白克路(今凤阳路)永年里479号设伤科诊所,发展医务。可惜未及数年,因患痢疾盛年而逝,仅36岁。无子,以长侄廉伯(采臣长子)为嗣子。

闵采臣(1877年11月19日—1939年1月10日),

闵采臣像

043

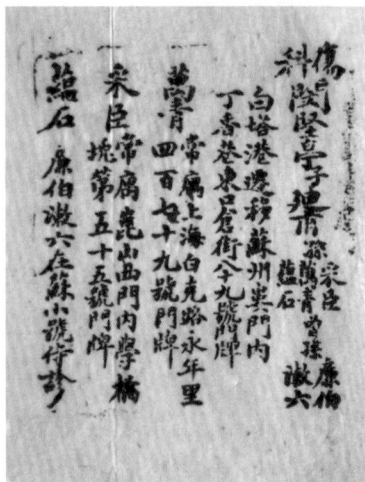

闵氏伤科药袋戳印标纸

名钟文,以字行。迪甫次子。由父亲授医术,先在苏州应诊。民国初返回昆山,在县城小西门内学桥堍建房(即南街55号)设诊行医。灵活运用祖传治伤绝技和秘方伤膏药医治跌打损伤、骨折脱骱、扭腰曲筋者,疗效卓著,蜚声苏沪浙,各地求治者接踵而至。后买宅苏州潘儒巷,平时在昆行医,定期回苏应诊。业余爱好昆曲,擅演丑角,为昆曲名票之一。1937年8月17日被日军飞机炸坍住宅砸伤左腿,二年后病逝。子五,廉伯、漱六、贯玉、幼逵、锡安,均继伤科祖业。

闵蕴石(1897年5月31日—1959年初),名钟璆,以字行。迪甫幼子。自幼从父学医,留守苏州仓街伤科诊所先随父襄诊,父亡后独立应诊,与两兄上海、苏州、昆山三足鼎立,继承伤科祖业。临证运用祖传医技和秘方伤药,疗效显著,诊务繁忙,享誉遐迩。1956年参加联合诊所。子石生,继医业。

第四代传人闵廉伯(1896—1918),名清×(名佚),以字行。万青嗣子,采臣长子。从父学医,嗣父病逝后,赴上海白克路永年里伤科诊所接替应诊。不幸因患肺结核而英年早亡,仅23岁。

闵漱六(1902—1934),名清华,以字行。采臣次子。随父学医,1918年学成后恰长兄廉伯病故,上海诊所无人,即至上海应诊,继祖业。但后来也不幸因患伤寒而盛年早逝,仅33岁。

闵贯玉(1915年6月29日—1966年3月25日),名清麟,以字行。采臣三子。随父和二兄学医,1934年起因二兄漱六病故,与父及弟幼逵轮流去沪诊所应诊。1938年起固定在沪开业,并定期回苏州潘儒巷家寓应诊。1953年参加上海北站区第七联合诊所(后发展为开封路地段医院),任中医伤科医师。

闵幼逵(1916年11月29日—1959年11月14日),名清鸿,以字行。采臣四子。1931年苏州晏成中学初中毕业后,次年起在昆山从父学医5年,1936年赴上海白克路永年里11号伤科诊所应诊。1938年后回昆山在南大街李大成布号借屋居住并开业行医,至1954年。1955年1月加入城区大仁联合诊所,任所副主任。

1958年10月联诊合并成立马鞍山公社医院(次年改玉山公社医院),任中医伤科医师。1957年5月起任昆山县第一、二届政协委员。1958年在全国献方运动中,献出祖传伤膏药和治伤秘方,受到县政府表彰。次年患食道癌病故。其妻马诒慧(1916年12月13日—1989年4月3日),出身喉科名医世家。1935年20岁与闵幼逵在苏州结婚。1944年起从夫学伤科,1955年1月加入大仁联合诊所,随夫襄诊。1958年合并成立马鞍山公社医院(1966年改玉山镇卫生院),继续襄诊。次年其夫病故后,接替伤科业务,继续应诊,直至1982年11月15日退休。

闵锡安(1917年12月7日—1979年11月3日),采臣幼子。苏州桃坞中学毕业后,从父学伤科医术,1939年父亲病故后,迁居常熟县城太平巷开业应诊。1956年组织民安联合诊所,任主任。1959年10月联诊合并成立虞山镇卫生院,组建骨伤科,历任门诊部主任、副院长等职。曾当选为常熟市第二、三、四届人大代表,农工民主党常熟市支部副主任委员。治伤医术较高,尤以手法著称,应用复位椅治疗肩关节脱位,效果显著。

闵石生(1926年6月8日—2016年6月13日),名清凤,以字行。蕴石子。中学毕业后又请家庭老师补习古文,然后从父学伤科,1942年起随父在苏州行医。1956年参加临顿路联合诊所,1958年该联诊合并成立平江区联合医院(1979年改平江区人民医院),任中医伤科医师。1969年—1980年下放至吴江县黎里卫生院伤科工作,1980年调回平江区人民医院伤科。1987年晋升为主治医师。同年退休。经区卫生局批准,在家中设诊所应诊。

第五代传人闵慰曾(1923年10月1日—　　),名康,以字行。漱六子。幼早孤,14岁起在上海从祖父采臣和叔父贯玉、幼逵学医,在上海白克路永年里11号伤科诊所襄诊。1953年参加上海新成区第三联合诊所,1958年调黄浦区第二联合诊所(后发展为牯岭路地段医院),任中医伤科医师。1988年晋升为主治医师。同年退休。

闵光(1943年12月7日—2007年7月13日),锡安子。1962年常熟县中学高中毕业后从父学医,1964年下乡至白茆卫生院工作。1977年回城任常熟色织厂厂医。1979年调入虞山镇卫生院(2003年12月并入常熟市第二人民医院)伤骨科工作。1989年南京中医学院函授大专毕业。1993年晋升为主治医师,2002年8月晋升为副主任医师。2003年退休。

闵华(1946年8月20日—2012年7月3日),幼逵三子。1963年昆山县第一中学初中毕业后从母亲马诒慧学中医伤科3年，1968年至蓬朗卫生院伤科工作，1978年调任县钡盐化工厂厂医。1985年调入县中医医院伤骨科。1991年晋升为主治医师，并任院门诊部副主任兼骨伤科门诊主任。后被医院内聘为副主任医师。长期主持市中医医院骨伤中心闵氏伤科诊疗工作。他在祖传家学的基础上，研究各种治疗方法，从医40余年，运用中医学基本理论辨证治疗各种内外损伤疾患，有独特疗效。他运用传统小夹板外固定治疗四肢骨折，患者痛苦小、疗程短，受到了广大患者的欢迎。在颈椎病、腰椎间盘突出症这两种疾病上也有自己的独特疗法。2010年6月23日，被认定为第二批苏州市非物质文化遗产代表性项目代表性传承人。

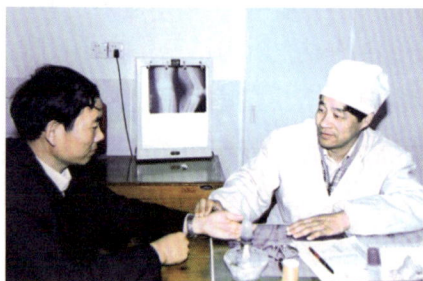

闵华在门诊诊疗患者

2006年1月9日，闵氏伤科第五代传人闵华（右）与学生张强（左）及院长赵坤元（中）在昆山市中医医院拜师签协仪式上

　　闵大权（1953年10月3日—　），石生长子。1969年苏州市第一初级中学毕业后，随父母下放至吴江县黎里卫生院，遂入院从父学医4年，又进修西医骨科1年。1986年调苏州市郊区娄葑卫生院（后改苏州工业园区娄葑中心卫生院、娄葑医院），任骨伤科主任。1994年晋升为主治医师，2006年晋升为副主任医师。2007年起开展"射频靶点热凝术"治疗颈、腰椎间盘突出症，疗效显著。

　　闵大联（1956年11月25日—　），石生幼子。1971年吴江县黎里中学初中毕业后，从父学医4年，1975年任吴江元荡水产养殖场场医。1983年—1986年入丹阳卫生职工中专医士专业读书。1987年调苏州市平江区人民医院（2003年8月改制为苏州平江医院）骨伤科，1996年任科副主任，同年晋升为主治医师。后任科主任。2006年晋升为副主任医师。2007年任副院长。对"腰椎间盘突出症"诊治颇有研究，取得满意疗效。完成的科研项目"体位加手法复位治疗胸腰椎骨折临床与实验研究"，2002年获苏州市科技进步三等奖。2010年6月23日，被认定为第二批苏州市非物质文化遗产代表性项目代表性传承人；2020年11月28日，被认定为第五批江苏省非物质文化遗产代表性项目代表性传承人。2021年出版《闵氏伤科正骨手法》。

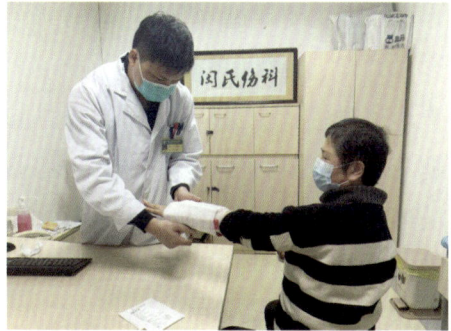
闵氏伤科第六代传人张强在治疗患者桡尺骨骨折作小夹板固定

第六代传人张强（1979年7月16日——），昆山南港人。1999年毕业于南京中医药大学中医专科，同年8月进昆山市中医医院骨伤中心闵氏伤科工作，并拜闵华主任为师，系统学习闵氏伤科医技。2004年起，闵华老师因身体原因在家休养，继续主持闵氏伤科门诊工作，每年接诊超过13000人次，治疗上以闵氏伤科家传医药和技术为主，对于腰腿痛、颈椎病、各种关节炎及骨折保守治疗与现代科技相结合，更好地发挥了闵氏伤科的特色。2014年5月，晋升为主治中医师。2019年，在院、科两级支持下，开设闵氏伤科传统医学病房，有床位15张，进一步发挥闵氏伤科医技在保守治疗中的优势。2015年2月13日，被认定为第二批昆山市非物质文化遗产代表性项目代表性传承人；2021年3月26日，被认定为第五批苏州市非物质文化遗产代表性项目代表性传承人。

闵氏治伤注重治气，认为一切骨伤病均由"气伤血滞"而成。故闵氏伤科用"补气以活血生血，理气以破结散瘀"的中医理论来指导治疗骨伤疾病，这是闵氏历代传人通过多年实践而得到的独家经验总结。"补气以活血生血"是指血液的生成依赖气的气化功能，气化是血液生成的动力，饮食物转化为水谷精气和津液，水谷精气转化为营气和肾精，津液相结合转化为血液，气能推动血液运行，气旺血旺则血液流动全身，生生不息。"理气以破结散瘀"是指气推动血液运行的基本动力，肺气宣发和布散能辅助心行血，肝气疏泄能促进血液运行，气又能固摄血液在脉中运行而不溢于脉外，脾气能统摄血液行于脉中，肝脾肺气顺则能推动血液流转周身而不停滞，气活则血液运行通达而不溢于脉外及溢于脉外之血得以及时消散而不留瘀，瘀血得去则郁结自除。骨伤疾病多因外力损伤及慢性疲劳损伤，导致人体或局部气血运行不畅而淤滞，不通则痛，补气使瘀去而新血生，理气使血活而不留瘀，气血运行通畅则病痛得除。

临证主要通过"望诊"(望局部,望肢体,望精神,望面、舌、苔色)和"切诊"(摸诊、切脉),来诊断各种跌打损伤、骨折脱臼、扭腰曲筋、腰腿疼痛等骨伤科疾病。望诊是对患者全身情况及局部病损的全面观察,掌握好疾病的第一手资料;切诊进一步确诊损伤是属于筋损、骨裂、脱臼以及骨裂脱臼的移位方向,慢性损伤是寒是热、是虚是实的性质。闵氏历代医家就是通过这简单的眼望、手摸就能有效准确地诊断清楚疾病,而且从不误诊。

治疗则通过一套祖传的闵氏正骨、推拿理筋手法和一张祖传闵氏治伤秘方(损伤万宝丹)、两张验方(化瘀定痛汤和腰痛愈汤)以及固定骨折的自制夹板来进行。正骨手法主要有牵、压、折、夹挤等,手法稳妥、准确、轻巧而不增加损伤,一次复位成功,复位后,外敷金黄散软膏,用闵氏自创木质小夹板或"马粪纸"夹板扎带缠扎固定。推拿理筋手法有点揉、拿捏、旋滚、扳拉四类,根据病种和症状而定,灵活运用。最后给予内服损伤万宝丹,或腰痛愈汤,或化瘀定痛汤,外治内服结合,取得显著疗效。

闵氏伤科秘方流传至今已200余年,配伍严谨,常重用黄芪、当归、丹参等补气补血化瘀之药,补气与补血并重,理气与活血并用,通经络,强筋骨,疗效卓绝。闵氏家传秘方主要有:

损伤万宝丹 配伍处方:煨天麻、印血竭、地黄根、南川芎、珍珠粉、陈皮白、青龙齿、佛手花、乳没药、土辰砂、胆南星、杭白芍、参三七、红降香、落得打、炒白芷、白降香、山钩藤;功能:醒脑安神定志,行气活血通络,祛风止痛;主治:新伤及陈伤的气滞血瘀疼痛,胸胁部损伤疼痛,头部外伤、脑震荡及后遗症头晕头痛。

闵氏治伤膏及所用部分药材

化瘀定痛汤 配伍处方:当归、乳香、没药、丹皮、桃仁、红花、丹参、山甲、白术、芍药、泽泻、木通、青皮、甘草;功能:活血化瘀,行气止痛;主治:跌打损伤及骨折之气滞血瘀的疼痛。

腰痛愈汤 配伍处方:穿山甲、炙蜈蚣、全蝎、延胡索、钻地风、全当归、狗脊、续断、虎杖、红花、桃仁、三棱、莪术、生黄芪、甘草;功能:祛风通络止痛,强筋健骨;主治:腰腿疼痛,腰背部劳损,闪腰。

闵氏治伤膏 配伍处方:生川乌、生草乌、威灵仙、官桂、当归、川芎、延胡索、乳香、没药、红白降香、青皮、樟脑、生天南星、白芷、三七、当归、续断、木瓜、松节、冰片、丁香、肉桂(与丁香组成丁桂散作引经药),将药物入油煎炸、下丹熬制成膏,并摊涂在裱背材料上即成;功能:活血行气,祛风通络,散寒止痛;主治:跌打损伤,扭筋闪腰,寒凝经脉所致经脉拘挛,腰腿疼痛等。

金黄散软膏 配伍处方:大黄、姜黄、黄柏、白芷、陈皮、苍术、天南星、厚朴、天花粉、甘草、独活、地肤子、芒硝、冰片、丹参、生草乌、皂荚,将中药碾碎成粉混合均匀,与凡士林按一定比例混合均匀成软膏;功能:清热解毒,活血祛瘀,行气止痛,消肿散结;主治:跌打损伤,筋骨扭伤,痈疽肿痛初起而见局部红肿硬块、灼热疼痛者。

闵氏伤科疗法的临床特点是治伤辩证重视整体,劳损宿伤甘温补气,风湿痹症针药手法并举,关节脱位手法整复立竿见影,骨折复位采用家传细腻手法,内治方药各有所长等。对伤骨科疾病采用"准""轻""滑"的治疗原则,以敷贴膏药和内服方药相结合,疗效显著。重视中医"外治之理即内治之理,外治之药即内治之药"的精辟见解,充分利用中医外治优势,巧妙利用祖传的闵氏秘方药和治伤膏及金黄散等敷贴膏药,使用方便,起效迅速,价格低廉,受到广大患者欢迎。运用中成药、手法推拿、颈部和骨盆牵引辅助治疗等方法,治疗颈椎病、腰椎间盘突出症有独特效果。

闵氏伤科世医通过"望诊""切诊"、一套祖传闵氏正骨、推拿理筋手法与祖传闵氏治伤秘方验方以及固定骨折的自制小夹板,外治内服结合,来诊治各种跌打损伤、骨折脱臼、扭腰曲筋、腰腿疼痛等骨伤科疾病,取得显著疗效。历五世传承,长盛而不衰,帮助无数患者解除了病痛,对发扬光大中医骨伤科学做出了较大的贡献,因此具有重要的保护价值。

昆山闵氏伤科疗法保护传承工作主要在昆山市中医医院进行,院内开设名老中医工作室及闵氏伤科专科门诊和闵氏伤科传统医学病房,闵华副主任中医师曾主持工作室,2004年起因病不能直接诊病,由其徒弟张强医师主持门诊。2012年闵华去世后,闵氏伤科昆山的传承人数还是偏少。

(马一平 编文供图)

昆北民歌

（2016年入选江苏省级非物质文化遗产扩展项目名录）

昆北民歌特指昆山北部巴城和周市一带的民歌。两地历来都以农耕为主,在长期的农业劳动和农村生活中,为了抒发情感,倾吐心声,就诞生了许多反映当地百姓草根情结的民歌,成为昆山非物质文化遗产中的宝贵财富。

地处昆山之北的巴城与毗邻的周市,曾属一个大乡,两地民歌都丰富多彩,且风格相近,故统称为"昆北民歌",2016年入选江苏省级的非遗扩展项目名录(由白洋湾山歌、阳澄渔歌、昆北民歌、石湾山歌组成的"吴歌"联合申报)。

经过不同时期的多轮采录,已发现了150多首具有昆北地方风味的小调和山歌,都已载入《昆山民族民间文化精粹·文艺卷·昆山民歌》专辑中。其中,巴城民歌《搭凉棚》《划龙船》,周市民歌《田中娘子》《嗨嗨调》名声最大,已成为昆山民歌的代表作。尤以《搭凉棚》最为出类拔萃。一首短小的田山歌竟会让唱者爱不释口、让听者如痴如醉,究其原因,是民歌的原唱者、发现者、改编者、推荐者、传唱者先后做出了重要贡献。

民歌是人们有感而发的口头创作,先是自编自唱,后是接力相传。由于受到当时历史条件的制约,大多没能记谱留存。直至新中国成立后,才有了采录机会。江苏省文化部门于1954年7月向昆山派来了民歌采风工作组,组长是著名音乐家费克,他曾创作《茶馆小调》而闻名遐迩,组员路行也是资深音乐家,他曾长期在江苏省歌舞团从事作曲工作。因为昆山是昆曲的故乡,那里一定蕴藏着丰富的民间音乐,于是一行音乐人乘车直奔昆山,盼望能有如愿收获。

当时,由两位昆山县文化馆副馆长接待省里的采风组。一位是渡江干部邱虹女士(已故),她本人擅长演唱,热爱民歌;还有一位是新中国成立初从宜兴支援昆山文化建设的蒋志南先生(健在),他爱好民歌收集,但只会记词,不会记谱。他俩根据积累的民歌信息,建议省里专家先到昆北采风,因为那里民歌丰富,一定能满载而归。同时,昆山县文化馆要求各乡镇文化站先期下乡调查当地的民歌演唱情况,如发现优秀民歌手立即上报,让省里专家可以针对性地及时下乡采录。时任巴城乡文化站站长的韦祖基(已故),他发现巴城乡有两位值得采录的民歌高手,一位是巴城联丰村的张爱宝(已故),一位是周市市北村的唐小妹(健在),都会唱很多民歌,请求省采风组立即下乡采录。

费克和路行先生听到这个消息后如获至宝,立即带上简陋的钢丝录音机乘船前往,约定在巴城文化站,为这两位民歌手现场录音。当时,两位民歌手都演唱了《搭凉棚》,粗听结构相似,都留下了悦耳动听的印象;细听音调有异,但都优美动听,省里的音乐家已有重点推荐的想法了。

周市民歌王唐小妹近影

回到南京后,费克对那首《搭凉棚》还记忆犹新,经过再次反复比较,决定采用巴城的版本进行记谱,盼能搬上舞台,扩大这首优秀民歌的影响力。费克记谱后又略做了一些加工(如添加前奏、间奏和结束句),就交给了与他一起采录的路行先生,请他立即找歌手练唱。路行一看歌谱,原是一首借用十二月花名抒发的情歌,觉得篇幅冗长,必须改词演唱,才有可能流行开来。随后,路行就选择了别的民歌中一首四季时序的民谣进行重新填词,顿使《搭凉棚》更加简洁,为日后传唱奠定了基础。

为使民歌保持原汁原味的方言风韵,江苏省歌舞团决定到昆山抽调青年农民歌手进行演唱。经当地文化站推荐,又经专家面试通过,最终来自巴城地区的孙小妹、荣月英、徐巧金、李惠琴、周蕴玉、毛凤娥六位姑娘,由于形象娇美、嗓音甜润而荣幸入选,于1954年底报到江苏省歌舞团进行集训。经过三个月的磨合后,《搭凉棚》得到了在全省范围内巡演的机会,从此,这首昆北民歌走出了昆山,走向了全国。

为什么《搭凉棚》能脱颖而出独领风骚?因为歌词特别生动,还得益于曲调特别优美,不但业余歌手喜爱演唱,而且专业歌手也青睐,如,著名歌唱家张也(中国音乐学院)、远征(天津歌舞剧院)、张敏杰(上海歌舞剧院)等,都曾出版过这首民歌的演唱录音。现根据《中国民间歌曲集成·江苏卷》中《搭凉棚》的谱式,剖析其独特的审美亮点:

搭凉棚

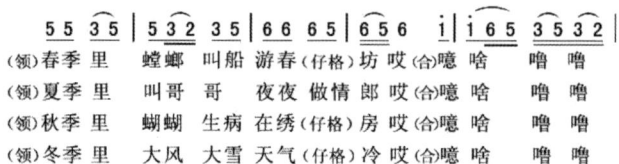

1=E 2/4

昆山民歌

```
5 5  35 | 5 3 2  35 | 6 6  6 5 | 6 5 6    i | i 6 5  3 5 3 2 |
(领)春季 里  螳螂  叫船 游春(仔格)坊 哎(合)噫 啥   噜  噜
(领)夏季 里  叫哥 哥   夜夜 做情 郎哎(合)噫 啥   噜  噜
(领)秋季 里  蝴蝶  生病 在绣(仔格)房 哎(合)噫 啥   噜  噜
(领)冬季 里  大风  大雪 天气(仔格)冷 哎(合)噫 啥   噜  噜
```

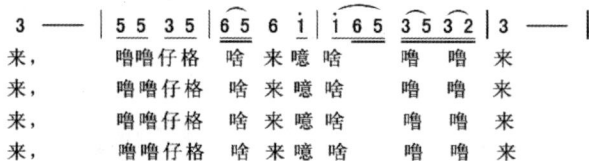

```
3 —  | 5 5  35 | 6 5  i | i 6 5  3 5 3 2 | 3  — |
来,    噜噜仔格  啥来噫 啥   噜  噜 来
来,    噜噜仔格  啥来噫 啥   噜  噜 来
来,    噜噜仔格  啥来噫 啥   噜  噜 来
来,    噜噜仔格  啥来噫 啥   噜  噜 来
```

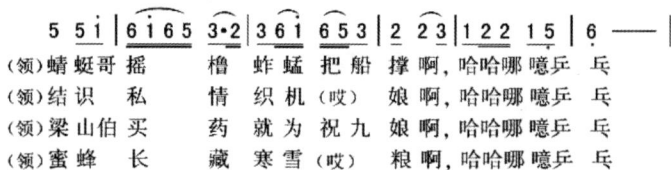

```
5 5 i | 6 i 6 5 | 3·2  3 6 i | 6 5 3 | 2  2 3 | 1 2 2  1 5 | 6  — |
(领)蜻蜓哥 摇     橹  蚱蜢 把船 撑啊,哈哈哪噫乒 乒
(领)结识 私      情  织机(哎)  娘啊,哈哈哪噫乒 乒
(领)梁山伯 买     药  就为 祝九 娘啊,哈哈哪噫乒 乒
(领)蜜蜂 长      藏  寒雪(哎)  粮啊,哈哈哪噫乒 乒
```

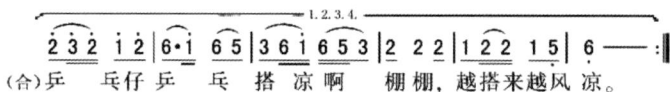

```
                                        1.2.3.4.
2 3 2  1 2 | 6·1  6 5 | 6 i 6 5  3 6 5 3 | 2  2 2 | 1 2 2  1 5 | 6  — :|
(合)乒  乒仔乒 乒  搭 凉啊   棚棚,越搭来越风凉。
```

1. 歌名

聆听《搭凉棚》的歌名就别有一番情趣。"搭凉棚"并不是歌词的内容,而是借用了演唱民歌时的常见情景——盛夏耘稻时是唱山歌的好时机。这段时间天气炎热,劳作辛苦,每当歇热休息时,就会哼唱山歌,以解疲劳,同时,展露村民的歌唱才艺。当时,在昆山农村的广阔田野上,常要搭建各种遮阳挡雨的凉棚。棚顶架有毛竹盖有稻草,四柱用石条支撑,无墙透风,大热天打坐其中,十分惬意。耘稻歇热的农民总欢喜聚集在凉棚里吃吃点心,做做针线,还常对歌比唱,其乐无穷。因此,民歌就用《搭凉棚》命名。歌词中运用了"乒乒仔乒乓搭凉棚,越搭越风凉"的衬词,这是别出心裁匠心独运的设计。这里的"乒乒乒乓"是象声词,可以联想到搭凉棚劈毛竹时的脆亮响声,还表达出动作利索,速度快捷;也抒发出凉棚搭得越多山歌唱得越多的喜悦心情。并且"乒乒乒乓"与全曲的"江阳韵"歌词一脉相承,产生出一气呵成的艺术效果。

2. 歌词

《搭凉棚》的歌词具有鲜活的浪漫色彩。歌曲由四段歌词组成,分春夏秋冬四季时序排列,条理清晰,层次分明。又运用了民歌中常用的"分节歌"形式,每段只有两句歌词,显得短小精悍,其余都由衬词镶嵌其中连缀而成,致使音节流畅,朗朗上口。最具闪光点的是,歌词运用了农村常见的昆虫——螳螂、蜻蜓、蚱蜢、叫哥哥、织机娘、蝴蝶、梁山伯、祝九娘、蜜蜂(其中叫哥哥、织机娘、梁山伯、祝九娘分别是某种昆虫的俗称),通过拟人手法,寄托了人们对美好生活的追求。如"螳螂叫船游春坊,蜻蜓摇橹蚱蜢把船撑",描绘出一幅春意盎然,热情好客的和爱图景;"叫哥哥夜夜做情郎,结识私情织机娘",描绘出一幅追求爱情,盼望圆满的甜蜜图景;"蝴蝶生病在绣房,梁山伯买药就为祝九娘",描绘出一幅体贴关怀,互敬互助的爱恋图景;"大风大雪天气冷,蜜蜂长藏寒雪粮"描绘出一幅勤俭持家,安居乐业的幸福图景。四段歌词没有连贯性,但全方位地表现出旧时农村生活的丰富多彩,充满着泥土气息和草根情结,而且比拟生动,因此产生了雅俗共赏的审美效果。

3. 旋律

这是一首二拍子的羽调式民歌,采用了领唱和合唱相结合的叠置手法,适应了一问一答、一呼一应的群体性喊山歌的演唱场面。速度中等,节奏规整,词曲结合自然,旋律具有平易近人的朴实形态。全曲的旋法以级进为主,中插同音进行和跳进,使旋律富有歌唱性。还在羽调式中强化"5"音的运用,使旋律在委婉中表现出热烈的气氛。曲式结构简练而不失丰满。说它简练,是一个带扩充的上下句呼应结构的单乐段;说它丰满,是在两句歌词的基础上再附加了许多衬词,构成了别致的三句体,而且每一乐句都是不规整结构,显得不落俗套而引人入胜。还有,11度的大跳音域具有异峰突起的听觉效果,是作品中令人称绝的点睛之笔。衬腔设计中,除了"乒乒仔乓乓搭凉棚,越搭越风凉"处理得高亢响亮直抒胸臆外,"噫啥噜噜来"的腔调也写得流畅上口,亲切悦耳。

保护优秀民歌《搭凉棚》,就要让其在当地世世代代地传承下去。目前,虽然难以在"凉棚"之类的"原生态"环境中演唱,但是,数十年来,通过多种形式,《搭凉棚》走出原野,走上舞台,走进了寻常百姓的心坎里。

1. 独唱:采用原始曲谱,常由当地民间歌手演唱。1990年,由巴城民歌手汪萍一演唱了《搭凉棚》,在苏州市民歌比赛中获奖。1992年,由昆山民歌手刘沪宁演唱《搭凉棚》后，在江苏省民族唱法比赛中荣获优秀奖。1999年，在庆祝昆山解放50周年的晚会上，由昆山业余歌手蒋奕演唱《搭凉棚》，并由长春电影乐团伴奏，尹升山指挥，昆山电视台录播。2010年，由昆山民歌手周俊莹演唱《搭凉棚》，在上海世博会的舞台上展示了30场，将《搭凉棚》推向了更广阔的空间。

2. 合唱：根据原谱编配成多声部作品，由合唱队表演。原始的单声部《搭凉棚》本身具有领唱和合唱的对置结构，已具有合唱的潜质，只要设计出多声部，就能成为一首具有传统底蕴的合唱曲。昆山先后有过两次成功的实践。一次是1995年由笔者编配，经昆山市少年宫合唱队排练后，在苏州市的比赛中获奖；一次是2013年，特邀上海著名作曲家屠巴海先生进行编配，由昆山市文化馆合唱队演唱，成为专场文艺《玉出昆冈》中的一个小合唱节目，获得广泛好评。

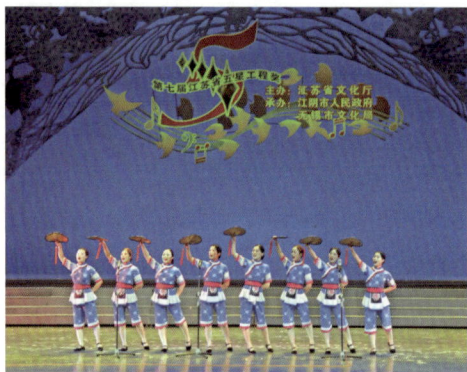

巴城参赛的民歌表演唱《乘风凉》

3. 群唱：采用原始曲谱作为教材，分别在各种群体中普及教唱。据蒋志南回忆，他于1955年参加了苏州地区文艺集训班，那时，就将《搭凉棚》作为优秀民歌加以推荐。1979年，笔者已到文化馆工作，当时曾选编了以《搭凉棚》为首的9首昆山民歌油印成册，并在文化站长的培训班上教唱。《搭凉棚》还曾作为昆山中小学生的乡土教材，在学生中教唱。昆山县文化馆编印的俱乐部活动材料上，常将《搭凉棚》作为说唱曲调推介，经填词后推广。20世纪80年代中期，《中国民间歌曲集成·江苏卷》出版，共选用了26首昆山民歌，其中就有《搭凉棚》。为此，文化馆曾请张浦民歌手王凤珍留下了《搭凉棚》录音，并上交省音协，作永久保存。

由于民歌是创作音乐作品的重要素材，所以每当创作具有江南风格、甚至创作昆山风格的音乐作品时，就会想到去运用《搭凉棚》的音乐素材。不仅江苏省、苏州市的作曲家经常借鉴《搭凉棚》音调，笔者也曾多次运用《搭凉棚》的音调创作音乐，均获得了令人满意的效果。

1. 声乐作品：创作于1980年的女声表演唱《唱唱昆山好地方》，由已故昆山民间文艺家邱维俊作词，笔者编曲，旋律吸收了《搭凉棚》的音调，在苏州地区文艺会演中获奖。创作于2005年的女声表演唱《农家搭棚》，也运用《搭凉棚》素材创作而成，编写了与时俱进的新词，成为一首歌唱新农村的表演唱作品。2008年，根据《搭凉棚》基调创作成一首女声小合唱《乘风凉》，经巴城幼儿园几位老师排练后，在江苏省文艺会演中荣获"五星工程奖"金奖和首届"茉莉花奖"。

2. 器乐作品：改革开放后，昆山有线广播恢复每天向农村播音，为了体现昆山特色，特约请笔者根据《搭凉棚》的素材编写开始音乐，由于音调亲切，而受到听众欢迎。创作于1995年由陆伟清弹奏的夏威夷吉他独奏《怀乡情》，是根据《搭凉棚》的旋律创作而成，是一次西洋乐器演奏昆山民族音调的成功尝试。创作于

巴城表演的表演唱《农家搭棚》

2015年的民乐合奏《农家乐》，是根据《搭凉棚》的音调写成的，曾由昆山市文化馆琼花民乐队演奏。

3. 舞蹈音乐：创作于1997年的舞蹈音乐《瑞雨》和《摇快船》，均吸收了《搭凉棚》的音乐素材，表现出鲜明的昆山特色。2010年，曾为张浦镇连厢队谱写了一段舞蹈音乐，基调也是活泼的《搭凉棚》，由于加强了节奏设计，顿使舞者得心应手。

进入新世纪后，昆山吹来了保护非物质文化遗产的春风。2007年，昆山市文广新局决定编撰《昆山民族民间文化精粹·文艺卷·民歌卷》。2010年，巴城镇出版了《巴城民歌集》。为了感恩新中国成立初将《搭凉棚》带到省城的昆山演唱功臣，2007年的3月28日上午，昆山市文化馆迎来了一批特殊的客人，他们是1954年赴南京展演巴城民歌《搭凉棚》的演唱组，经艰难寻找，孙小妹（74岁，前排左一），荣月英（70岁，前排左四），李惠琴（69岁，前排左二），徐巧金（71岁，前排左三）终于赴会，遗憾的是，周蕴玉已调离昆

2007年参加民歌座谈会人员合影

山、毛凤娥不幸离世。当年风华正茂的亮丽乡姑,已是白发苍苍的古稀老人了,时隔53年后久别重逢,既喜出望外,又感慨万千。老姐妹们按捺不住激动的心情,将思绪带回到了半个世纪之前的那次全省巡演活动,她们都感谢恩师费克先生和路行先生,让她们有机会在大舞台上展示昆山民歌,成为她们一生的荣光。

自从昆北民歌被评为省级的"非遗"项目后,巴城镇政府和周市镇政府更感到保护责任之重大,除了每年拨出传承经费外,还制定了一系列切实可行的保护措施,并付之于实施,已初见成效。

1. 营造传唱氛围:为使民歌长存民间,经久不息地演唱,两镇每年都举办民歌演唱活动,要求老歌手传带新歌手,女歌手传带男歌手,村中歌手传带镇上歌手,甚至本地歌手传带外地歌手,营造出人人爱唱民歌、爱听民歌的新风尚。周市民歌传人唐小妹老当益壮,经常在家教唱民歌,巴城省级民歌传人陆振良坐镇在老街上的民歌馆,经常向游客介绍传统民歌。苏州市级传人沈丽萍和昆山市级传人

巴城民歌邀请赛留影

王慧珍、孙龙凤肩负传承重任,经常参加民歌演唱活动。自2014年起,巴城开展昆北民歌进社区进校园,将民歌唱回百姓中,争取把民歌世世代代传承下去。

2. 搭建交流平台:为了加强横向交流,促进民歌传承,巴城镇政府每三年举办一届"江浙沪"民歌邀请赛,特邀长三角地区的优秀民歌手到巴城展演,不但学到了先进,同时找出了差距。自2012年起,巴城镇每二年举办一届"巴城杯"民歌邀请赛,此外,每年端午时节,都会举办端午民歌会。周市镇每年都举办民俗节,都要安排一场民歌演唱会,创造机会让民歌爱好者欢聚一堂,学唱民歌。不但演唱简洁的小山歌,而且还尝试复杂的大山歌,不但演唱原生态的老民歌,而且还演唱经过改编的新民歌。如巴城演唱过《阳澄湖畔对山歌》,周市演唱过《城隍潭边民歌王》等。

3. 重视展示机会:为了展示昆北民歌的风采,就必须把以《搭凉棚》为首的昆北民歌演唱得驾轻就熟,甚至炉火纯青,然后积极创造条件去参加各地的民歌演唱活动,既提高歌手的演唱能力,又扩大昆北民歌的影响。这方面,巴城民歌得到了更多机会的推广,如民歌手陆振良和沈丽萍曾参加了四川、香港的演出,甚至出

国展现,让各地有幸听到来了自江南水乡的优美的昆山民歌。

江苏省级民歌传人陆振良和他的徒弟苏州市级民歌传人沈丽萍在演唱昆北民歌

4. 发挥本地优势:巴城镇上有座古色古香的"东宝笛馆",主人陈东宝是一位颇有知名度的民间笛手,利用这份独特资源,就聘请他在巴城中心校开设了普及性的笛子培训班,为了在孩童中灌输地方音乐,他就用《搭凉棚》作为吹奏教材。陈东宝还将民歌《搭凉棚》改编成笛子独奏曲,随后走南闯北地登台演奏,有力地宣传了这首迷人的家乡民歌。

5. 组织传承队伍:历史在延伸,《搭凉棚》应该一代一代地传唱下去。现在,传唱接力棒已主要落入江苏省级传人陆振良的手中,在他的带领下,已有一批稍年轻的男女歌手围聚在他身边,成为新一代昆北民歌的传承者,女弟子沈丽萍就是其中的佼佼者。民歌王唐小妹也经常收徒,为传承昆北民歌而奋斗不息。

应该感恩所有为"昆北民歌"的传承付出心血的有功之人,他们从发现到加工,从演唱到推广,从保护到传

民歌王唐小妹收徒仪式合影,左一宦桂芳、右二戴学平、右一陈玉怡,左二为昆山市级民歌传人王惠珍

承,都做出了重要贡献。作为昆北民歌诞生地的巴城和周市,在不辱使命的追求下,已摸索到一套行之有效的传承经验:既需要体现原生态的演唱,也需要体现时代性的演唱。在传承中创新,在传承中发展,争取传承有序,盼望后继有人。

(杨瑞庆 编文供图)

花桥江南丝竹

（2016年入选江苏省级非物质文化遗产扩展项目名录）

花桥镇素有"江苏东大门，上海后花园"之称，是一个立于"长三角"中心地区的小镇，现已辟为花桥经济技术开发区，展现出一派欣欣向荣的现代化气息。由于受到临近沪、苏、杭丝竹音乐的影响，也使富有民间特色的江南丝竹音乐在这块土地上生根开花，并已成为花桥镇上的一颗璀璨明珠，因此，"花桥江南丝竹"于2016年入选江苏省级第四批非遗扩展项目名录。

江南丝竹，顾名思义，就是流行于江南的丝竹音乐，不过，不是长江以南的大江南，而是以上海为中心包括苏南和浙北地区的小江南。乐队以"八音"中最为普及的丝(二胡)竹(曲笛)乐器为主，再组合扬琴、琵琶、三弦、中胡、笙、阮、箫，及一些板、铃之类的小型打击乐器，采用叠置衬托，协调穿插的演奏手法，产生出温馨、细腻的独特韵味。乐队人员虽然大多在10人左右，但是乐曲音响幽雅、隽永，成为深受江南城乡百姓喜爱的新乐种。说它"新"，是因为诞生时间不长，多数学者的观点说是始于20世纪初，至今只有一百多年的历史。

江南丝竹的曲调优美淳朴，曲折缠绵，绮丽曼妙，清新悦耳，其奏法丰富多彩，灵活多变，讲究"你繁我简，你高我低，加花变奏，嵌挡让路"等手法的运用。由于提倡乐手能扬长避短地即兴发挥，追求温馨愉悦的曲趣展露，因此表现出"小、细、轻、雅"的艺术特点，给人别具风韵、独领风骚的美感。

江南丝竹的历史虽然比较年轻，但是承前启后潜移默化的渐变过程却相当漫长，得益于苏浙沪民间艺人长期以来前赴后继地不断探索和不断实践，才使江南丝竹的乐队编制基本定型，并接力打磨特色乐曲，直至百听不厌，引人入胜。常说江南丝竹"八大曲"（《梅花三弄》《中花六板》《行街》《四合如意》《云庆》《欢乐歌》《慢六板》《慢三六》），就是这个乐种的代表性曲目，当然也在花桥流行。

清《康熙昆山县志稿》载："陶岘，开元中，家昆山。生知八音，撰《乐录》八章……自制三舟，备极坚巧。一以自载，一置宾客，一贮饮馔，与客……共载，逢佳山水必穷其胜。……岘有女乐一部,善奏清商之曲,吴越之士号为水仙。开元末名闻朝廷,经过郡邑,靡不招延。"

据考,陶岘是晋陶渊明第九代嫡孙,唐开元二年(714)时,他从江西九江移居昆山,落户于今千灯陶桥村。从县志上的这段话可知,陶岘擅长音乐,还能撰写乐著,而且他家拥有一班"女乐",陶岘经常邀友一起乘坐家船,荡漾在村边的淀山湖上,然后聆听女伶演奏"清商曲"。由于"女乐"演奏的音乐十分动听,所以常被朝廷邀演。有学者说,"清商曲"和"水仙"就是"江南丝竹"音乐的前身,这个观点正确吗? 如要搞清这个问题,首先就要搞明白昆山县志上所说的"清商曲"和"水仙"与"江南丝竹"究竟有何关系? 应该说,直接联系肯定没有,因为唐开元时还没有"江南丝竹"音乐一说,充其量只有间接关系。据查资料,"清商曲"源自北魏相和歌,这种音乐调式别致鲜为人听。"水仙"即"水仙操",是一种高雅的古代琴曲,说明陶岘由于遗传了陶氏家族的名门文脉,所以奏出的音乐也具有高雅品格,而独树一帜,最终脱颖而出,震动乐坛。由于没有留下当时的曲谱和音响,今人很难推断"清商曲"和"水仙操"嫡传了后来的"江南丝竹"。

但是,不能说陶岘的音乐与江南丝竹音乐一点关系都没有。由于"清商曲"源自"相和歌"已有共识,而且"相和歌"是汉时综合了秦声、赵声、齐声、郑声、楚声等传统音调编织而成的

2008年的花桥江南丝竹乐队在演奏

新音乐,其主要特点就是"丝竹更相和"(《晋书·乐志》),所以,就将那时的新音乐命名为"相和歌"。如果从这一点去审视,陶岘那时的音乐已经开始重用丝、竹乐器演奏音乐了,为后来江南丝竹音乐的出现做出了可供借鉴的实践范例,所以说,陶岘确实为江南丝竹音乐的形成做出了开创性的尝试。

陶岘的子孙后来又移居到了昆山花桥陶家村,这个古村落至今还存在于花桥镇境内。由于陶岘的子孙寄寓花桥了,具有丝竹底蕴的音乐又在花桥土地上继续传承下去。到了民国初期,由于受到周围音乐新风的影响,花桥民间接连不断地出现了多支小有名气的江南丝竹乐队。据查,花桥的江南丝竹最初由鸡鸣塘村组

织的"小青班"始创,后由"新鸡国乐社"接续。新中国成立后再由"周泾丝竹班"过渡,最后由"友卫丝竹班"继续传承。至今,花桥丝竹班已有十个之多。每当节庆或婚庆时,花桥丝竹班总会活跃在村头、厅堂、舞台,为当地百姓送去了欢乐。

　　具体流变过程是:民国三十六年(1947),有个鸡鸣塘村的"小青班"很有名气,是由沈文学、顾剑秋领班组建的,最兴旺时由16人组成,由于阵容整齐,水平出众,而改名为"新鸡国乐社",为了继续提高知名度,就聘请上海殷学峰为师,这位丝竹高手经常莅临花桥进行现场指导,新鸡国乐社的演奏水平在逐步提高。正当班子要向更高目标攀登时,至1948年年底,由于"新鸡国乐社"的几位当家师傅另谋生路离社而去,不仅人心涣散,而且群龙无首。在班社将要散伙的无奈时刻,周泾村的季明扬先生挺身而出,他背着父母,借了债务,买了乐器,并拜丝竹行家钱燕斌为师,在原班子剩余人员的基础上,再吸纳了冯士益、邓文喜、蔡珍宝等爱好丝竹的民间艺人,重新组建了"周泾丝竹班",才将花桥江南丝竹的薪火得以保存了下来。班子人员虽然生活艰苦,但还是志同道合地痴迷于江南丝竹的演奏。这个班子断断续续地活跃在20世纪五六十年代里,一直为周边地区的婚庆人家送去了欢乐。

　　历史进入到了"文化大革命"时期,由于大力提倡婚事新办,丝竹班子已经没有了用武之地,就只得偃旗息鼓,彻底解散了。直至改革开放后,由于生活改善,民间婚礼又有了邀请丝竹乐队助兴的需求,才有东山再起的可能。

　　大致在20世纪80年代末,由原在花桥镇人民医院工作的汤琳率先在单位中组建了"花桥丝竹班",后来改名为"友卫丝竹班"。由于长期坚持活动,而且不断提高演奏质量,终于奏出了"花桥江南丝竹"的好名声。先后在昆山市民间音乐比赛、苏州市民间艺术会演、周庄国际艺术节、昆山市旅游行业会演、亭林园首届琼花艺术节、苏州寒山寺听钟声活动、巴城阳澄河大闸蟹开幕式、昆山对外贸易洽谈会、全国小城镇试点工作会议上演出过,不仅获得了广泛好评,而且还获得了许多奖项。

江苏省级传人汤琳在拉奏二胡

　　20世纪90年代初,昆山开始了关于民族器

20世纪90年代花桥江南丝竹乐队在坐堂表演和行街表演

乐曲的普查,文化馆就组织力量对花桥江南丝竹的遗产进行了深入挖掘。在花桥镇二胡高手沈健元的推荐下,重点采访了当时还健在的冯士益先生。因为沈健元从小就拜冯士益为师,对江南丝竹乐曲也有丰富的积累,并经常目睹"周泾丝竹班"的演奏活动,据沈健元透露,冯先生虽然识字不多,但他勤奋好学,记忆力惊人,能背奏较多具有花桥独特风格的传统丝竹乐曲。采风组闻风而动,立即带上录音机,为冯先生录下了用二胡演奏的11首由花桥丝竹班子传下来的乐曲:《一点金》《春天的快乐》《渔翁落道船》《花快乐》《燕双飞》《望妆台》《小朋友》《月落》《走马》《愉快曲》《闭幕曲》。这些乐曲大多用于婚庆场面,有的供坐堂演奏用,有的供行街表演用。后经沈健元根据录音记谱,全部登载于《昆山民族民间文化精粹·文艺卷》的"器乐曲"栏目,成为花桥江南丝竹音乐曲库中的宝贵财富。所以说,花桥能幸运地留下这些传统乐曲的资料,冯士益先生功不可没,沈健元先生也做出了重要贡献。

花桥江南丝竹乐曲与传统的"八大曲"相比,显得短小简洁,节奏明快,旋法单纯,气氛热烈,因此更加受到百姓的欢迎。尤其是其中的《一点金》《燕双飞》《花快乐》等乐曲,更是花桥丝竹音乐中盛演不衰的优秀曲目。

当时采风后,立即得到了文化站的重视,马上成立了镇级丝竹队,抽调了冯士益、滕文熙、季明扬、冯世清、蔡士珍、周福兴、王菊明等乐手,排练了采风中留下的那些传统乐曲,还新制服装和新买彩头,因此,留下了以上两张珍贵的演奏照片。独具花桥特色的是,每件乐器上分别挂上"彩头"进行装饰,并各有含义,如,竹笛、二胡上悬挂"二龙戏珠"的图案,表示新郎新娘亲密和爱;中胡、大胡的琴杆上挂起"双蝶起舞"的图案,表示新郎新娘比翼双飞;笙挂"凤凰"、阮挂"鸳鸯",都象征甜蜜爱情;琵琶、三弦挂上"聚宝盆"造型,寓有发家致富的追求。最具水乡风味的

今日花桥江南丝竹乐队在行街演奏

是，乐队常陪伴新郎新娘"走三桥"，作招摇过市的"行街"表演。乐手各执乐器，边走边奏，总引来无数知音驻足聆听。"八大曲"中就有一首《行街》乐曲，专为适用这种演奏场面而诞生的名曲。花桥江南丝竹班子当然也擅长演奏这首乐曲，至今仍活跃在乡村民间，常能看到他们的乐器上挂上各色"彩头"，兴致勃勃地操琴吹笛，喜气洋洋地吹拉弹唱，同样会引来无数知音驻足聆听。

花桥江南丝竹乐队常被婚庆人家邀请。每逢出行，丝竹班子人员衣着整洁。仪式隆重时，还需穿戴统一服装，旧时穿长衫，最近穿唐装，也有与时俱进地穿西装戴领带的。自带乐器、彩头，当今还需带上扩音设备等。一般八点半报到东家，开始奏曲《一点金》《花快乐》《三六》等，以示乐队水平和营造婚庆气氛。然后，在娘舅、舅母铺床时，两位笛手步入新房，演奏《小开门》，为铺床衬托喜悦背景。出行前，老相公或老娘娘前来关照许多注意事项，丝竹班人员的乐器上要挂好吉祥彩风，然后列队站在大门两旁，前面是笛手，后面是琴手，再后是弹拨和打击人员。

鞭炮声中，婚姻介绍人领路出行，这时，丝竹班奏起《一点金》，缓缓步行送新郎去女方接亲。如果乘上喜船去接亲，丝竹班子就会在船舱里演奏一些欢庆乐曲，特别是经过村口镇中时，丝竹班子更会起劲地高奏乐曲，以求招摇过市，吸引围观眼球。如果乘车去接亲，迎亲队伍一到女方住宅附近，丝竹班子就下车步行，相帮人即放鞭炮，这时，新郎兴冲冲地走向新娘家门，介绍人在前引领，新郎及男女傧相随后，丝竹班子就奏起《花快乐》乐曲。迎亲队伍行至新娘大门后，新郎及伴郎立即坐下，丝竹班子的演奏才告一段落。

接着，东家端出糖果、瓜子、糕点，相帮倒茶、请茶，这时，丝竹班子就奏起幽雅的乐曲。群情振奋后，介绍人催促迎亲队伍要回转出发了，新郎立即上楼去接新娘。稍停片刻后，新娘身穿华丽婚纱由新郎挽着下楼，在男女傧相拥簇下站在堂屋中留影。这时丝竹班子列队在门外又奏响音乐，在愉快的乐曲声中再放鞭炮，然后，接亲队伍步出新娘大门，回到新郎家中。

接亲队伍行至新郎家的时候，相帮又放鞭炮，示意迎亲队伍已回家门。这时，新郎的娘舅、舅母出来接新娘，由介绍人引领，此时，丝竹班子琴笛齐鸣，在音乐声中，新娘步入新郎家，甜蜜地品尝茶水，然后共进中餐酒席。

中餐过后的下午二点左右，举行隆重的结婚仪式。丝竹班人员整装坐席，奏响结亲曲。婚礼台上点燃龙凤花烛，摆满鲜花糖果，婚礼司仪开始出场主持。这时，丝竹班子又是大显身手的时候，一曲接着一曲地联奏，寄托着花好月圆，百年好合，郎才女貌，永结同心的美好祝愿。在这个喜气洋洋的场面上，丝竹悠扬，经久不息，为婚礼增添了热烈的气氛。最后，新郎新娘进入新房，这时，奏乐、升炮，欢乐气氛达到了高潮。晚餐后，丝竹班子圆满地完成了奏乐任务，告别东家，各自返回。这是流行在花桥地区婚庆人家的丝竹演奏大致流程。

花桥江南丝竹是开放在昆山器乐曲百花园中的一朵独具风采的鲜花，至今，在花桥的这片土地上，仍

花桥丝竹乐队在姜里庙会上展演

然活跃着许多自由组织的民间乐队，为婚庆人家奏乐助兴。如果说附近的"陆家浜鼓手"在婚庆仪式上演奏的是粗犷喜乐，那么"花桥江南丝竹"在婚庆仪式上演奏的是细腻喜乐。两种音乐异曲同工，都奏出了一首首或喜滋滋或甜蜜蜜的乐曲，都为婚庆仪式增欢添乐。相比之下，丝竹乐曲轻巧，丝竹乐风轻盈，因此流行更加广泛。

花桥丝竹乐队除了注重继承传统乐曲外，还不断丰富创新曲目。当"花桥江南丝竹"入选江苏省级保护名录后，他们认为更有责任把丝竹音乐传承得更加悦耳动听。文化馆曾多次派员下乡辅导，帮助他们精选曲目、修订曲目，把长曲减短、把慢曲加快，使乐曲结构更紧凑、乐曲情绪更热烈。文化馆曾向他们推荐了一首比较新颖的《龙虎斗》，并做了简单的演奏处理，顿使乐曲生动活泼。还为他们创作了一首《花溪水》新乐曲，曾参加了市里会演，获得了好评。

目前，在江苏省级传人汤琳的带领下，花桥友卫丝竹班常年坚持活动，水平逐步提高。他曾采录了一些新发现的乐曲，经记谱出版，并在乡间推广。

汤琳（1948—　），从小热爱民间音乐，擅长二胡演奏。1989年，在花桥镇人民医院工作之余，组建了"花桥丝竹班"，当时聘请上海市青浦区沈雪宝、邵正华两

位老先生前来花桥指导，并一起加入乐班参与演出。20世纪90年代末，为了发扬光大花桥的江南丝竹音乐，就把"花桥丝竹班"更名为"友卫丝竹班"，由于长期坚持活动，已在当地小有名声。2008年8月，汤琳退休后，将更多的精力投入到花桥江南丝竹的传承上。近年来，他领衔的乐队每年为本地百姓结婚演出20多场次，并积极培养新人，现演奏琵琶，竹笛、中阮乐器都后继有人了。

十多年前，花桥江南丝竹的传承工作还开辟了新领域，在昆山市级传人江惠娟女士的带领下，成立了"女子丝竹乐队"，经过多年磨炼，现已初具水平，成为花桥江南丝竹乐队中的后起之秀，并渐入佳境，不断提高水平。

花桥女子丝竹队在演奏

江惠娟（1957—　），1976年任乡村医生，后在花桥镇人民医院工作。2000年拜汤琳为师，进入"友卫丝竹班"学习中阮弹奏，经过刻苦练习，逐步掌握了基本乐理和弹拨技巧，能在乐班中独当一面，胜任演奏了，所以，她经常在各项公益活动中参加演奏，还为结婚人家助兴演奏。2011年，为了培养更多丝竹人才，经师父汤琳建议，组织了"女子丝竹队"，特聘昆山资深老师周贵堂执教。在汤琳传承人的带领下，现在"女子丝竹队"可以单独参加各种演出活动了。目前，她是花安社区卫生服务站的一名社区医生，在业余时间中，还热心于丝竹乐队的排练和演出，由于成绩显著，现被评为昆山市级传承人。

今日"花桥江南丝竹"的乐队中，还是以"友卫丝竹班"的演奏水平为最高，因此经常代表花桥镇外出交流、展演、比赛，乐队基本人员为汤琳、江惠娟、陆爱琴、薛建忠、陶建平、吕芳、夏建兴、龚炳礼、沈泉龙等。经常演奏的乐曲有《一点金》《花快乐》《龙虎斗》《燕双飞》《小开门》《望妆台》《行街》《欢乐歌》等，他们在为传承"花桥江南丝竹"的音乐努力地进取着。愿花桥江南丝竹音乐像花溪水一样，永远流淌在花桥这片厚土上。

（杨瑞庆　编文供图）

陆家段龙舞

（2016年入选江苏省级非物质文化遗产扩展项目名录）

　　菉葭苍苍，源远流长，龙腾盛世，幸福吉祥。作为中国民间艺术（舞龙）之乡的陆家，以"段龙舞"享誉全国。曾入选《中国民族民间舞蹈集成》，2016年入选江苏省非物质文化遗产扩展项目名录。

　　享有"龙舞之乡"美名的陆家镇位于昆山市东南部，地处上海与苏州之间。陆家原名菉葭，曾是民族英雄韩世忠和太平天国的重要活动基地。

　　段龙舞的产生缘于一个美丽的民间传说。相传远古时期，有一年陆家大旱，庄稼枯死，民不聊生，龙王七太子不忍百姓遭殃，违反天规，私降大雨，天庭恼怒，将其斩成九段。陆家百姓为了感谢七太子，建了汾水龙王庙，用竹篾编成龙头、龙体、龙尾，糊上白纸，用笔为龙画鳞点睛，供在龙王殿上，并将每年的农历三月十八定为七太子祭日。祭祀结束，百姓舞起段龙，敲起锣鼓，从此，段龙舞在陆家应运而生。

　　龙的形象源于中国古代图腾，被视为中华民族的象征。传说中龙能行云布雨，消灾降福。演出的时间，一般都在农历正月初一拜年、十五闹"元宵"、农历二月初二"龙抬头"等节日，这种传统的舞蹈已经与当地的传统节日紧密地联系在一起。

　　段龙舞因舞蹈者持传说中的龙形道具而得名。龙舞中的龙，由龙头、龙身和龙尾构成，龙身较长，是龙的主体。在制作这种表演的段龙时，用竹篾或者铁丝为架子，外面抹上纸或者是布，龙身的节与节之间，是分开而不相连接的，这就是陆家段龙舞与其他舞龙相区别的地方。龙身彩绘，下部安置木柄，方便舞龙者用手抓握。

　　在陆家百姓进行舞龙表演的不断演变过程中，段龙的制作规格逐渐定型，一般为9至11节，每节长1米，直径在35~50厘米。段龙舞表演时，由舞龙者每人各举一节木柄，左右挥舞，使龙体在空中悠悠蠕动。表演中以跑阵为主，有双龙交错跑,有四边形的"开四门",有龙头向前、龙体左右对称盘圈形的"凤凰展翅",有双龙相对、扭"8"字形的"长蛇阵",有对角盘扭的"八宝""三碰头""卧龙搅珠""三环套两环"等。表演时,段龙追逐着宝珠,时而昂首如飞腾于云天之上,时而低回若游于波涛之中。

段龙舞的精彩看点是形断而神不断,龙体在空中悠悠游动,看似相连,实则断开,既表现出传统舞龙文化的魅力,又融合了现代音乐、舞蹈等多种元素,深受群众喜爱。

聪明的陆家人,把段龙舞与传统的舞蹈相结合,创造出了丰富多彩的龙舞形式,配以热烈的鼓乐,更加富有龙的神韵和震撼人心的效果。段龙舞在传承和发

陆家段龙队在表演

展中不断吸收中华舞龙文化的精髓,表现出陆家段龙舞的独特魅力,是苏南节庆风俗中一项独具特色的表演形式,是一种非常有技巧性和观赏性的民间舞蹈,表达了群众祈祷国泰民安、风调雨顺的愿望,欢度佳节、欢庆丰收的喜悦心情,以及舞者对贵宾驾临的敬意和热情,体现出追求和谐美满的社会价值观。

随着历史的演变,段龙舞的表演时机也由最早的祭祀活动向传统的节日庆祝扩展,再到后来人们把舞段龙作为祝福、喜庆、欢乐的观赏项目,与陆家群众的生产、生活息息相关,并且逐渐在江浙沪一带产生了一定的影响。

段龙舞自诞生以来,因其带有祝福、喜庆的吉祥寓意,故深受百姓的喜爱,段龙舞在民间一直延续发展。到了民国时期,陆家的舞龙活动由保长、甲长组织开展,大多在庙会场地进行表演。新中国成立后,舞龙仍然是陆家老百姓喜欢的运动之一。"文革"时期,舞龙活动逐渐消弭。

陆家女子段龙队在表演

到了20世纪80年代,社会经济建设大力发展,许多民间文艺活动也重新焕发新生。为了传承和发扬本地的民间传统艺术,繁荣本地群众文化,抢救濒临绝迹的段龙舞,陆家镇党委、政府先后投入大量的人力、物力和财力,对段龙舞这一

民间艺术进行了挖掘整理,并逐步建立了一套较为完善的推动龙舞文化发展的组织保障机制,将龙舞文化与群众性文化活动更加紧密地结合在一起。

在段龙舞的挖掘整理和传承发扬过程中,有一个人发挥了至关重要的作用,他就是人称"舞龙总教头",后来被评为江苏省非遗传承人的施波生。

施波生(1957—),2020年被认定为江苏省级段龙舞非遗传承人。他是个土生土长的陆家人,初中文化,20世纪70年代,曾在陆家镇黄巷村务农。1979年,因为爱好文艺,多才多艺的施波生被招入陆家镇文艺宣传队,开始"亦工亦艺"的生活。施波生能说会道,又有一口好嗓子,很快成了队里的骨干。施波生演唱过各类戏剧、曲艺,尤其擅长锡剧、上海说唱。1984年,中宣部、文化部邀请江苏省苏州地区的农村文艺宣传队赴京作汇报演出,经层层选拔,施波生被选为宣卷《天堂哪有人间好》

陆家段龙舞传人施波生

的主演之一。随后,不仅使施波生"一炮打响",也让他有了"从艺"的底气,更增添了他献身群众文化和民间艺术的勇气。

随着社会经济的不断发展,陆家镇政府对段龙舞的传承高度重视,对于如何保护和发扬好段龙舞,成为陆家镇文化部门的一项重要工作。

由于种种历史原因及时代的不断变迁,段龙舞在不同时期经历了起源、发展、兴盛、衰落的过程,尤其是"文革"期间,一度濒临失传,到了20世纪80年代初期,原有的舞龙艺人大部分已经亡故,第一手资料就无从得到。想要恢复陆家段龙舞以往的独特韵味还有相当大的难度。

当时,在陆家镇文体站工作的施波生主动挑起了这一重担,毫不犹豫地投入到对段龙舞的抢救性发掘工作中。在民间走访中,施波生得知陆家镇车塘村的沈志英老人擅长制作各种龙具及精通舞龙套路,便主动前去拜师学艺。

为了能搜集到更多的信息,施波生先后走访了陆家镇车塘村、夏桥村、泗桥村等各个村庄,采访了许多老人,请他们讲述当年所见到的段龙舞场景。按照这些老人的讲述,施波生摸索着画出了段龙的图样。根据图样,施波生亲自动手,劈篾、搭龙架、树龙脊、剪纸、粘贴……经过多次失败，反复修改，最后，施波生终于制作出了像模像样的段龙，并得到了这些老人的认可。

有了段龙的龙具还不够，必须让段龙"活"起来，舞起来。施波生在沈志英的指导下学习段龙舞的基本套路，又按照老人们的讲述，摸索舞龙的姿势动作。他做一会儿，琢磨一会儿；再做一会儿，琢磨一会儿，并对做过的动作进行记录、修改，直到将一个个动作连贯起来，并使之自然、美观、大方，又形成气势。

功夫不负有心人，施波生终于掌握了段龙的制作技艺和段龙舞的动作套路。为了大力推广舞龙，施波生主动当起了舞龙倡导者和宣传者。2005年，陆家镇运动会举办前夕，他竭力向领导倡议，将舞龙列入比赛项目。

当时陆家镇有8个单位11支队伍参赛，因为是第一次参加舞龙比赛，很多人都不懂舞龙的技法。施波生就自告奋勇站出来，当了舞龙教练。在短短的一个月时间里，他既要设计动作，指挥排练，还要联系定做服装，配合音乐，一个人乐呵呵地干起了几个人的活。

是年6月，当一条条巨龙在菉溪河畔腾空跃起，观众报以雷鸣般的掌声和热情的欢呼声时，施波生心里的"石头"才落了地。历史悠久的舞龙文化，终于在陆家这块热土上得到了薪火相传。

从此，施波生的命运就与舞龙"黏"在了一起。陆家镇的每一次舞龙活动，都会出现施波生的身影。他把半生精力都放在传承和发扬段龙舞事业上，向年轻人传授舞龙技艺，编写《舞龙特色课程教材》，编排段龙舞节目，带领舞龙队参加各类比赛和展演。从1985年至今，施波生带领舞龙队参加省、市各类舞龙比赛和展演活动500余场，他累计培养舞龙队员2000余人，培养了徐华、崔光国等徒弟，成为陆家镇名副其实的舞龙"总教头"。2021年，陆家镇成立了非遗传承人工作室，施波生作为江苏省非遗传承人，被聘为非遗传承人工作室（段龙舞项目）的艺术顾问。

徐华（1965—　），2020年被评为苏州市级非物质文化遗产代表性传承人。

他于2007进入陆家镇文化体育站工作，同年拜施波生为师学习段龙舞技能。徐华擅长舞蹈创作和舞蹈编排，并多次带队参加省、市地方各类比赛演出活动，培养舞龙队员500余人。徐华创编的《新段龙舞》，先后荣获"东吴人寿"杯苏州市第十四届体育运动会农民组"中国银行"杯舞龙比赛第一名，在江苏省第十九届运动会群众比赛舞龙项目比赛中荣获传统项目第三名,江苏省文艺大奖·第五届民间文艺奖·优秀民间艺术表演奖终评活动优秀民间艺术表演奖等荣誉奖项。

崔光国(1989—),2013年拜施波生和徐华二人为师学习舞龙技艺。毕业于上海体育学院的崔光国有一定的武术基础,经过多年学习,他已经熟练掌握陆家段龙的各项技艺,会修复段龙舞龙具,能做到龙具损坏时及时修复;会编排舞龙套路,能艺术展现"形断神连",步伐轻灵;能带领团队,调动队员的积极性。自2014年开始,崔光国开始带徒传授舞龙技艺,他于每周一下午在陆家中学进行教学,周五下午在陆家小学教学。并且每周一、三、五晚上开展陆家舞龙队、陆家女子段龙舞团队的教学活动。崔光国近年来开展舞龙教学200余次,300多个小时,带徒数量700余人。崔光国带领的团队在全国舞龙公开赛中获三等奖,在江苏省荣获农民运动会舞龙比赛团体第四

20世纪70年代的陆家段龙舞

名,苏州农民运动会第一名等成绩,第十九届江苏省运动会舞龙项目第三名。

陆家段龙舞的传承方式属于团队性传承。新中国成立前的段龙舞团队因历史原因已无法统计。1960年前后,以沈志英等一批民间老艺人为骨干,陆家有一支民间段龙舞团队。1985年至2010年前后,以施波生为骨干,建立了段龙舞团队。2010年至2015年前后,以徐华为骨干建立了段龙舞团队。2015年至今,以崔光国为骨干建立了段龙舞团队。

段龙舞从20世纪80年代开始,经过三十多年的传承和发展,舞龙活动在陆家已经成为老少皆宜的一项群众性文化活动,群众参与热情高涨,舞龙技艺得到不断地改进和发展。舞龙团队在陆家不断发展壮大,全镇各村、社区和企事业单位先后组建了舞龙队30多支,舞龙手近千名。

在沈志英、施波生、徐华、崔光国等人的传授和学习中,段龙舞这一民间文艺在陆家得到了很好的传承和发展,经过不断探索和学习,几位段龙舞传承人已经熟练掌握并精通担龙、曲线对龙、扣地龙、伏地舞龙、摇身对龙、腾龙、拜地舞龙等各类舞龙套路,在传承和发展中不断吸收中华龙舞文化的精髓,并能将段龙舞与

现代舞蹈相结合,创造出更加丰富多彩的龙舞形式,并赋予省级非遗项目段龙舞新的内涵和生命。

近年来,陆家镇文体站致力于对陆家段龙舞的弘扬宣传和保护,通过举办舞龙比赛和参加交流,不断提高陆家段龙舞的影响力。由施波生、徐华和崔光国三位传承人指点、创编、排演的《段龙舞》《新编段龙舞》《盛世中华·女子段龙舞》等舞龙节目多次参加昆山市非物质文化遗产展示活动、"大好昆曲、大美昆山"宣传片拍摄、昆山市"非遗"文化展示展演暨姜里庙会及全国、省市级各类比赛和展演。

陆家段龙队在全国比赛的舞台上

龙舞文化在陆家有着深远的历史渊源和深厚的群众基础,成就了陆家最响亮的文化名片。为进一步传承、弘扬中华民间龙舞文化,丰富陆家龙舞文化内涵,陆家镇先后举办了三届全镇舞龙大赛、两届江浙沪舞龙邀请赛、两届全国性舞龙大赛、舞龙广场文艺200多场次,并参加上海"吕巷杯"长三角龙狮邀请赛、两届全国舞龙展演暨中国民间文艺山花奖·民间艺术表演奖评奖活动、上海世博会昆山世博主题宣传片拍摄、上海世博会昆山主题日演出、昆山历届元宵花灯节演出、苏锡常花苑杯舞龙邀请赛等活动,观众人数达上百万人次。

同时,陆家镇持续推进段龙文化建设,筹建陆家龙舞文化展示馆;传授段龙舞技艺,培养舞龙传承人;开展龙舞文化理论研究,编著《龙吟陆家》《陆家段龙》等龙舞文化相关书籍,组织举办"陆家杯"全国龙舞文化摄影大赛、"童趣杯"全国青少年龙舞文化征文比赛、"龙吟陆家,童趣飞扬"端午诗会等与龙舞文化相关活动赛事。

近年来,在陆家镇党委政府的高度重视下,在陆家镇文体站历任站长吴国元、施振芳等人的带领下,人们对龙舞文化的挖掘、整理越来越重视,其中以段龙舞的继承和发展尤为突出。陆家的舞龙运动日益活跃,龙舞表演日益精彩,让人们深刻领略了昔日江南水乡的风土人情和传统龙舞文化的独特魅力。

2018年,由陆家镇选送的新编《段龙舞》荣获江苏省"五星工程奖"表演艺术类广场舞蹈金奖。这是段龙舞节目在各类比赛中获得的最高奖。

为了创编好这个节目,让舞龙文化的精髓更完美地表现出来,同时具有更高的可看性和欣赏性,陆家镇文体站在镇党委政府的支持下,联合市文化馆,特地邀请了苏州、昆山的音乐、道具、舞美等专业老师对《段龙舞》的舞美效果、演员的舞台表现等方面进行了改进和提升。最终,陆家镇新编《段龙舞》代表苏州地区参加了第十一届江苏省"五星工程奖"比赛,新颖独特的节目给观众和评委留下了深刻的印象,终于《段龙舞》在江苏省"五星工程奖"广场舞比赛中一举夺魁,荣获表演艺术类广场舞蹈项目比赛的金奖。"五星工程奖"是省文化厅设立的群众文艺类政府最高奖,是江苏省群众文艺的重要品牌赛事,每两年举办一届,能获得其金奖着实不易。

近年来,陆家段龙舞作为非遗文化,经常参加各类公益活动,如昆山非遗文化展示、海峡两岸中秋灯会活动、中国非物质文化展演等。每年新编《陆家段龙舞》参加各类文艺比赛,先后荣获第十一届中国民间文艺山花奖·民间艺术表演奖银奖;江苏省第十一届"五星工程奖"广场舞金奖;江苏省文艺大奖·第五届民间文艺奖·优秀民间艺术表演奖等,受到了领导的肯定和群众的欢迎。

在现代生活中,陆家的段龙舞文化与群众性文化活动已经紧密地结合在一起,人们通过多种形式的活动,使陆家段龙舞文化得到进一步的普及和推广。在陆家的节日庆典、文化艺术节、文化下乡等活动中,都能看到段龙舞的精彩表演,

"陆家杯"舞龙邀请赛的比赛舞台

舞龙文化进一步得到了弘扬。陆家镇文化中心广场也因此被命名为"全国特色文化广场"。

段龙舞最初为"断龙舞",因其特点是龙体一节一节分开而来,在相当长的一段时间里,陆家人一直沿用着这个"断"字来生动形象地表现。

随着龙舞活动在陆家日益活跃,"断龙舞"渐渐走出陆家,走向全国,人们对于"断龙舞"这一独具魅力的龙舞形式有了更多的关注和了解。经过有关专家对龙舞文化尤其是陆家"断龙舞"的研究和考证,以及陆家老百姓喜闻乐见的常用说法,大多数人都认为正确的写法应该是"段"而不是"断"。"段"是形象字,既能生动形象地表现龙体的分节特点,又比"断"这个生动字更具有吉祥意味。众所周知,龙是中华民族的吉祥象征,老百姓喜欢舞龙是为了表达祈祷国泰民安、风调雨顺的愿望,欢度佳节、欢庆丰收的喜悦心情,以及舞者对贵宾驾临的敬意和热情,体现出追求和谐美满的社会价值观。故自2012年起,陆家开始弃"断"用"段",无论是在内部资料还是公开媒介上,都一律使用"段龙舞"这个词。如今,"段龙舞"作为陆家的一张文化名片,在全国享有盛名。在陆家镇党委、政府的大力支持下,陆家龙舞文化展示馆正在积极筹建中。"段龙舞"——这朵诞生于陆家的文化奇葩,在时代的洪流中散发出愈来愈绚丽的光彩。

(李红 编文供图)

传统砖瓦制作技艺

(2016年入选江苏省级非物质文化遗产扩展项目名录)

　　砖瓦是砖和瓦的合称。据史料记载,砖的应用始于战国时期,到了秦代砖的制作技术已相当成熟;瓦产于西周初期,战国时期使用已相当普遍。秦汉时期砖瓦制作技术有了显著发展,古称"秦砖汉瓦"。锦溪素有"砖瓦之乡"之称。旧时这里的砖瓦烧造和石灰生产闻名遐迩。从周庄太史淀出土的砖质"井栏圈"为西晋之物,白莲湖出土的上书"康(西晋元康)七年二月叶"字样来推断,或许早在秦汉和两晋时期,锦溪已有了烧制砖瓦的窑。

　　《明史》载:"烧造之事,在外临清砖厂,京师琉璃、黑窑沧厂,皆造砖瓦……嘉靖三十七年……是时营建最繁,近京及苏州皆有砖厂。"据正德《姑苏志》记载,明中期以后,宫殿营建最为繁忙,近京都及南直隶、苏州等处皆建有砖厂。苏州窑负责烧造二尺和一尺七寸两种型号的细料方砖。朝廷还派官于苏州府立窑募夫,选拔技术熟练的匠作烧造。

　　当时,苏州的窑业以陈墓、徐庄最为著名,皇宫正殿的细料方砖及工部所用官砖大都在此烧造。而黑、白二窑(黑窑也称"乌窑",生产砖瓦;白窑也称"石灰窑",生产石灰)齐头并进的锦溪,仅次于上述二地。清代中期,锦溪的窑业大有与陆墓、徐庄匹敌之势,不仅窑的数量多,而且生产的方砖在江南的富宅豪庭内大量出现。

　　清代康熙、乾隆年间编纂的《陈墓镇志》"风俗卷"中有"本镇居民稠密,务农者恒少……男子做佣工,半籍窑业以糊口"的记载,说明当时锦溪的窑业很兴盛。志书"物产卷"中称:"窑作、扛窑、装窑、烧火、出灰,俱男工。"可见当时的窑业已分工明确,生产有序。志书中所说

锦鼎陶艺仿古砖瓦厂

的"灰",即指石灰。石灰与沙泥拌成灰沙用于砌墙,与稻草拌和敲打成夹墙面的纸筋。志书上还称,陈墓(锦溪)的石灰因"用稻柴或菜萁"烧成,用水融化时"灰细如面",故远胜于当时有名的宜兴石灰,闻名江南。

历史上,锦溪生产的砖瓦品种很多,黄道砖、彭光砖、单三、二寸头、蝴蝶砖、花窗砖、望砖、龙凤瓦、跷节瓦、花瓦头、滴水应有尽有。中国古砖瓦博物馆创始者——原大东砖瓦厂老厂长龚竹钰(已故),则根据民间随处可见的金砖和"老祖宗传下的话",得出了"早在西晋时期锦溪就已为皇家宫殿提供金砖了"的结论。金砖是古时专供宫殿等重要建筑使用的高质量的墁地方砖,因其质地坚细,敲之若金属般铿然有声而名。烧造金砖要经过选料、晒土、沥浆、沉淀、困土、缩水、烧制、打磨等近40多道工艺。由此可见锦溪古砖瓦烧造的历史悠久和技艺之高超。

丁惟建和他制作的仿古砖

以前,窑不仅分布于锦溪市镇周围,还遍及乡野。镇郊四周都是"窑地"(今窑场、窑弄、窑滩、窑后头之类的地名仍在使用),西部各村的农民除了种田外大部分以烧窑、制坯为生活依靠。民国时期,市镇及周边有窑户26户,其中砖瓦窑户16户;有乌窑57只。祝甸有窑30多只,朱浜有窑20多只。这两个自然村,因许多人以砖瓦运输为业,故有"撑大船""窑浪(上)帮"之称。地处苏沪之间的锦溪,水网交叉,交通便利,生产的砖瓦远销并享誉江浙沪地区。

锦溪不仅有一批烧窑师傅,还有一批盘窑师傅。烧窑师傅是专门负责烧窑的,精通砖瓦或石灰烧制的各种"门道",常年在窑前忙碌。盘窑师傅是专门负责盘筑窑墩的,需具有专业技术,但也是农民,农忙时从事田间劳动,农闲时被邀在本村或出门盘窑。盘(筑)窑的技术性很强,要经过打样、挑窑墩、盘内胆、塞隼膜等步骤。

丁惟建(1954—),锦溪人。2020年被确定为古砖瓦制作技艺江苏省代表性传承人。20世纪70年代,他初中毕业后到锦溪最大的砖瓦生产国营企业——大东砖瓦厂当工人,当过油漆工、修理工、挖土工、销售科科长、厂长助理。1993年,工业体制改革在锦溪镇全面推开,丁惟建承包了大东厂。2004年底,大东厂的轮窑全面拆除,他选择镇西一处废弃的窑地建造了"锦鼎陶艺仿古砖瓦厂"。2005年初,鼎陶砖瓦厂正式投产。当年就成功烧制了方砖、滴水、瓦当、瓦头、筒瓦、瓦沟、线条等产品。如今他仍坚守在生产第一线。

丁超(1969—),锦溪人,2013年,被确认为古砖瓦制作技艺昆山市"非遗"代表性传承人。他是丁惟建的侄子。2000年阀门厂转资后从事曲木制作。2008年起,他跟随着叔叔丁惟建制作仿古砖瓦,参与仿古砖瓦制作全过程。经过10多年的学习和研究,他熟练地掌握了古砖瓦制作技艺,并将技艺传承给徒弟夏敏。他现任锦鼎陶艺仿古砖瓦厂副总经理。

传统砖瓦制作要经过制坯(砖坯、瓦坯)和烧造两大环节。黏土砖经泥料处理(俗称"踏泥")、成型(俗称"掼坯")、干燥(晾晒)和焙烧而成。

制坯所用的原始材料是黏土。用黏土制成的砖称为"黏土砖"(俗称"烧结砖")。锦溪的黏土颗粒的塑性指数高,土

掼坯

壤的含沙少、颗粒细小、抗侵蚀能力强,是制作砖瓦的极好材料。尤其是湖荡底部和稻田中去除表层后的泥土,属于高质黏土,更适合于制作古砖瓦和金砖。制坯的辅料,是从柴灶头中扒出的质地细腻的稻草灰,为防止泥坯与坯台、范子黏附的材料。

掼坯先要建造坯场和坯棚。坯场是存放坯料的场地。坯棚是掼坯的场所,棚内筑有操作时所用的坯台。坯棚内要垒一个坯台,里面除了范子和坯落子,还有铁搭、掼坯锹、泥弓、坯板等。坯台用黏土垒筑而成,呈梯形体,有坐式和立式两种。立式坯台人站在台前掼坯,坐式坯台人坐着掼坯。范子是制作泥坯的模具,框架呈长方形,可灵活拆卸。泥弓是一种钢丝弓,有两种,一种是用于从坯堆上取泥的大泥弓,一种是掼坯时使用的小泥弓。坯板是掼坯时用于垫泥坯的薄板,木质,呈长方形,大小与泥坯相仿,一般要准备20~30张。

从一堆泥土变成一块块砖坯,要经过掘泥、浇水、浸土、踏泥、上堆、掼坯、勤坯、晾晒等过程。掘泥,就是将泥土用掼坯锹从田块中挖出来。挖好的泥要一块

一块排在地上。踏泥，就是将掘出来的土用水浸泡、拌和，用脚反复踩踏，将生泥（生硬的泥土）"炼"成熟泥（黏合、软熟的烂泥）。泥踏好后，要垒成方形的泥堆，并用泥弓将四面切齐，盖上枪轩，使泥土涨足水分，隔日使用。

掼坯前，先要将泥堆上的烂泥切成一个个小块，用手搬到坯台上。掼坯时，先把范子放在坯台上拆开，在范子中撒一把草木灰，在四周抹一下，使草木灰均匀分布，然后装好范子，拿起坯台上的泥块，四边跌一下，举起泥块砸进范子，用钢丝弓勾去多余的泥土，用木棍来回推拉坯面，使之平滑。接着翻转内有泥坯的范子，用木棍推拉一下反面，将坯板垫在范子底下，撤去范子，坯即成。

泥坯累积成一担后，要装入一种叫"坯落子"的农具，挑到事先做好的坯埂上叠好。坯叠好后，要用枪轩在上部和四周遮好，让其自然干燥，称"阴干"，待泥坯稍干后才可揭开枪轩。掼坯常夫妻搭档，妻子在坯台上操作。丈夫既要挖泥，又要挑坯、叠坯。

瓦坯用一种被称作"瓦筒"的模具制成，因为用"剸"（滚动）的方式制作，故称"剸瓦筒"。瓦筒呈圆柱状，用竹片或木片制成，上装转柄，中空，可松动，表面嵌有等距离的4把铁制刀片。剸瓦筒时，先要把瓦筒置于转盘上，将和熟的泥切成片状，围在瓦筒的表面，然后边转动瓦筒

烧窑

边用夹板夹平坯体。接着刮去瓦筒上下多余的泥土，将模子向内一按，使坯从模子上脱落下来。最后将圆筒形的瓦坯搬到坯场上晾晒。

瓦坯晾干后，轻轻一掰，筒状瓦坯便分成了4片。砖坯和瓦坯晾干后，用坯落子挑或用手搬到农船上，运送到窑场上，卖给窑户，烧制成砖瓦。

传统砖瓦的焙烧是通过乌窑来完成的。一座整体意义上的乌窑由窑棚、窑场、窑墩、窑屋组成。窑棚既是叠放泥坯，也是窑工遮风避雨、休憩用膳的场所。窑

剸瓦筒

棚的两边是窑场,用于叠放砖瓦和燃料。窑屋内居住烧窑师傅和放置烧窑工具。窑墩,即俗称的"窑",是焙烧砖瓦的地方。乌窑的窑墩呈穹窿形,由窑门(也称"八字门")、内胆、渗水池、烟囱等组成。内胆由窑壁、拱顶、窑炉、额前、火膛、窑床、烟道等组成,是将土坯变成砖瓦的"加工车间"。

烧窑有装窑、烧窑、出窑3个阶段。烧制一窑砖瓦要20天左右时间。烧窑前先要将砖瓦泥坯从窑门装入窑的内胆,这个过程称"装窑",都靠手工完成。搬运泥坯时,为减轻劳动负担,窑工常在腰间系一条草绳。装窑时先装两侧,再装中间,泥坯要装得既注意密度,又留有缝隙,使火龙穿透其内。当砖坯和瓦坯同窑时要将砖坯和瓦间隔叠放,装方砖须竖起来叠放,这样才容易被烧熟。

乌窑的焙烧大体分为五个阶段:预热—紧火—小紧火—染烟—闭窑。锦溪的窑工们经过不断积累,总结出了一套严密、科学的烧制工艺。

预热的作用是蒸发砖瓦中的水分,为焙烧做准备,用时3至4天;紧火是将泥坯烧成砖瓦的主要阶段,用时3至4天;停火不能一下子实行,需先小紧火。小紧火也是染烟的前奏,用时1天;染烟是让砖瓦染上烟火的青黑色,用时3天。窑门点火后,烟梗是打开的,为的是排泄泥坯内被逼出的水汽,到紧火后烟梗开始逐渐封口。闭窑前还要从烟梗内看火的缓旺程度,满意后才能闭窑。闭窑后开始渗水,渗水也称"窨水"。渗水池设置在窑的顶部,由两部分组成。外围呈盆状,称"湖荡";正中为"天脐",呈正方形,取"天圆地方"之寓意。"天脐"在预热时是打开的,紧火后用砖块慢慢封闭。天脐封闭后,"湖荡"内浇上烂泥,使窑顶密封。闭窑3天后便可出窑,出窑就是将砖瓦从窑内搬出。传统出窑也靠手工完成,出窑时人要进入滚烫的窑肚内进行。

烧制砖瓦从化学的角度看就是使黏土中的硅酸盐、氧化铝等物质完成"氧化还原反应"过程,而渗水是其中的重要步骤。渗入水分的多与少直接影响产品的外观和抗压程度。渗水被称为"窨水"是因为水池中的水不是直接与窑内的砖瓦接触,而是通过池中的小孔窨(渗)入窑内的,小孔是由烧窑师傅凭经验用头部

祝甸古窑

磨成针状的铁丝在"湖荡"内一个一插出来的。渗入的水分以"欲滴而不滴"为最佳,目的是让水分通过胆内的高温蒸发为水汽分布在窑顶,再掉落下来"融"入砖瓦之中,以避免水滴直接与滚烫的砖瓦接触,而使窑内上层砖瓦爆裂。

烧造砖瓦的乌窑所用的燃料大多为稻草、麦秸和菜萁。烧窑的技术性很强,烧窑师傅凭烟色调节火势,把握砖瓦由"生"到"熟"的进程。火势的掌控、火窗、烟梗、天脐封闭的时间、渗水数量的控制,全凭日积月累的经验。

新中国成立后,锦溪的砖瓦制造业出现了一个新的发展时期。一些老窑被继续修补使用,新的窑户也相继产生。20世纪50年代中期,市镇建立了公私合营陈墓砖瓦厂。60年代初,朱浜、明东、狭港、卫星、祝甸、南庄、顾家浜、袁甸等大队掀起了修建土窑生产小青砖、小瓦的热潮。70年代后期,乡镇企业的异军突起,锦溪先后出现了七大轮窑,烧制砖瓦。80年代,随着农村经济政策的放开,锦溪的窑业发展出现了新的高峰期,几乎每个生产队都建起了土窑。这些土窑均用传统技艺烧制砖瓦,有力地支撑了集体副业经济。窑多,生产的砖瓦也多,运输船只也就相应增多。90年代初,砖瓦生产和运输到达高峰,占领了江浙沪地区的砖瓦市场。

有一群古窑藏在深闺里,守望着锦溪窑业的辉煌历史,那就是祝甸古窑群。祝甸古窑群位于锦溪镇祝家甸村,总面积约12万平方米,遗存土窑10余座,是江南仅存的一处砖窑遗址。这群始建于清代、民国时期又作扩建的古窑,临河而筑,体量高大,除一座是双窑(子母窑)外其余都是单窑,大多数窑的内部结构保存完整。2001年起,祝甸窑业实行承包经营。2004年,锦溪将古老而独特的祝甸窑址列入了古镇保护规划。2006年,"祝甸窑址"被列为江苏省级文物保护单位。2009年起,祝甸古窑做了系统性修缮,并恢复生产。之后又因保护环境,停止使用。但是这并不影响锦溪古砖瓦制作技艺的传承,在各级政府部门的支持下,江南的古砖瓦制作技艺在锦鼎陶艺仿古砖瓦厂得到了良好传承。

经过多年的研究和摸索,守卫在锦溪仿古砖瓦烧制基地的丁惟建,熟练地掌握了金砖烧造的全部秘诀,并不断传承着锦溪的古砖瓦文化。2007年8月,在举国上下喜迎北京奥运会的气氛中,他大胆地启动了制作特大号金砖的"工程",从选料到制坯,从干燥到烧制,经过将近3年时间,2010年上海世博会前夕,一块全部用传统工艺制成的140厘米见方、厚14.5厘米、重480公斤的特大金砖终于面世,金砖上刻着"太平盛世庚寅年贺北京奥运迎上海世博特制肆尺贰寸细料金砖"字样。2012年,丁惟建的锦鼎陶艺仿古砖瓦厂被确认为"非遗"示范基地。2016年,锦溪的传统砖瓦制作技艺(由昆山市、苏州市相城区联合申报),入选江苏省"非遗"扩展项目名录。

近年来。丁惟建在烧造方砖和青砖的同时,继续有选择性地制作金砖。金砖的制作难度很高,成功率仅在十分之二左右,但为了传承古砖瓦制作技艺,他乐此不疲。2021年初,他着手用金砖制作技艺制作了几块青砖屏风,作为老党员,他准备在建党100周年之际,将雕刻着党建内容的古砖在相关展览中展出,向祖国献上自己的一份厚礼。

如今,丁惟建烧造的特大金砖被展示在开设于老街的"中国砖瓦博物馆"内,这块特大金砖,凝聚了丁惟建热爱家乡的深厚感情,这块特大金砖刻录下了丁惟建不平凡的"古砖瓦人生",锦溪的古砖瓦制作技艺也在江南水乡的"非遗"宝库中闪烁着瑰丽的光华!

(李惠元 编文供图)

周庄水乡婚俗

(2006年入选苏州市级第二批非物质文化遗产名录)

周庄是典型的鱼米之乡。元末明初，浙江大户沈万三父子迁居周庄镇东躬耕起家后出海经商，然后富甲天下，推动了周庄农耕和商贸发展，致使周庄一地日趋富庶，因此举办婚嫁礼仪往往隆重热烈，流程与起源于周代规定的"六礼"(纳采、问名、纳吉、纳征、请期、迎娶)风俗一脉相承。

清光绪年间，周庄名士陶煦编撰的《周庄镇志》，对古代周庄殷实之家举办婚

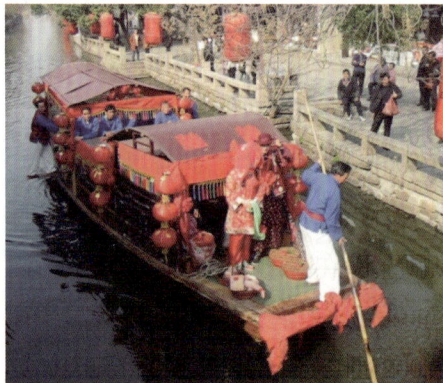
招摇过市的接亲船

礼仪式有着翔实记载，形式之丰富多彩，在江南乡镇中独树一帜。

陶煦在《周庄镇志》中载：古之婚礼……先后次序不同耳。初议婚，媒氏乞女子生日，曰"讨八字"，即古之"问名"也。以女子生日与男子生日推其星命，曰"占合"(即合八字)，古"纳吉"之变也。

既许婚，用笄(指头饰)及币帛、茶枣等物具礼帖，曰"缠红"，取赤绳系足之义，亦曰"行小盘"(指男方准备礼品送至女家)。女家答以冠履等物，曰"回盘"(女家将鞋帽回送男方)……或不行小盘，仅用笄及银锭，曰"文定"(指男家送头饰和银子到女家，确定婚期)。此二者即家礼所谓言定，古之"纳采"也。

将婚，先数月用衣币、首饰等物并告婚期，曰"行聘"，亦曰"纳布"(即向女家送衣料、首饰等聘礼)。或并缠红、行聘为一而仅告婚期，曰"导日"(确定结婚日期)，古之纳征、请期也。女家回礼，曰"报币"。

婚期前一日，婿家送冠帔、首饰，曰"肃妆"，亦曰"催妆"……女家以衾帷、首茵、器用张陈其婿之室，曰"行妆"。及期，女家笄女(新娘)而醴(通礼)之以待嫁。婿盛服，父祭告祖先及神祇。

既婚，遂具仪从，彩轿鼓乐随之，命子往迎，曰"发迎"。亲朋卫之同行，曰"护亲"。……婿至，具门仪，上见帖，主人乃使子弟一为傧，迎于门外，揖让升堂，先与傧（傧相）并拜相见，傧导入别室，款以茶果。

彩轿入，女加幪（方巾）盖首。父若兄掖女入轿。傧导婿至轿前，再拜奠雁（礼品），俗称曰"拜轿"。……婿俟于堂，谒妻父母，曰"请见"。妻父母辞，傧揖让送出。

妇至婿门，媵（旧指随嫁之人，如丫鬟、侍女）导自西升阶（自堂下拾级而上），与婿并立于堂，御及媵授彩巾于婿妇，手牵之，以见舅姑（公婆）。……舅姑出，北面先拜，曰"参祖"。然后南向受子妇拜谒，曰"拜堂"。……舅姑退，婿与妇交拜，曰"结亲"……设馔于堂，列绛烛，婿揖妇入席，南向并坐，曰"结花烛"。

媵取卺杯实酒酳婿，御取卺杯（用葫芦或瓢剖开做成的酒杯）实酒酳（少饮）妇，曰"交杯"，古之合卺也。

择亲朋中子弟两人浼之，执烛前导，曰"迎花烛"，婿与妇随烛入，鼓乐从之，曰"送入房"。所入处以米袋布地，曰"传代"。

入房，姑为妇脱幪，曰"挑方巾"……婿妇就床坐，妇女以彩果撒掷，曰"撒帐"……是夕，婿妇坐以旦日，曰"守花烛"。俗视花烛最重，故称从一者为"花烛夫妻"也。

厥明（指第二天），设祭于堂，主婚者引婿妇及合族夫妇谒先祖，曰"祭祖"……婿引妇遍谒亲族，曰"会亲"。舅姑飨妇，娣姒、小姑及诸女宾侑（助兴）之，曰"花筵"。古醴妇之意也。妇馈枣、粟、糍、饴等于舅姑，曰"送茶"。古盥馈之意也。

越数日，父若兄具礼来婿家，曰"望朝"。弥月，妇归宁，婿同往见妻父兄及妻党，曰"回门"。

最后，陶煦总结撰道："此婚礼之大略也。"此文为今人展示古代人婚姻风俗的画卷，留下一份婚姻风俗的文化遗产。

陶煦在《周庄镇志》中所撰写的婚俗流程是婚庆当日以轿代步。但是，如是同村近邻，又有"咫尺往来，皆须舟楫"的水环境，男方就要备置"亲船"或"快船"，作为迎娶新娘的交通工具。水乡的迎亲船相当于城镇的花轿，装饰华丽，最具水乡特色。

在周庄沈厅中表演的"拜堂成亲"婚俗

在迎娶新娘前数日,新郎家邀请工匠在备好的亲船上搭建彩棚,棚顶披绸,四周悬挂流苏,棚前棚后悬挂彩灯,船头船艄两侧贴上大红"囍"字,还将木橹和竹篙缠绕红布、贴上红纸,以示吉利。

迎娶之日,新郎衣帽穿戴一新,由堂兄弟或好朋友陪同登船前去接亲,配上船工八至十名和鼓乐队一行。船头上摆放各类贴上红纸的迎亲盘,盘中装有一盘蒸糕(寓意高升)、一条大鲤鱼(寓意年年有余)、一脚前腿猪肉(寓意新郎前脚上门有光彩)、数节甘蔗(寓意生活甜蜜)、一盘枣子和花生(寓意早生贵子);在船艄两侧装上两根带有泥土的翠竹,竹上缠有万年青,寓意子女根基万年旺盛,一根留在新娘家栽种,一根由新郎带回。

临开船时燃放八个炮仗,然后鼓乐齐鸣。如用快船迎亲,则要在新郎家附近的水面上快摇数个回合,俗称"出水"。在娶亲途中,如有乡亲拦船讨喜糖、讨喜烟,新郎家需及时散发馈赠。

新郎迎亲船抵达新娘家附近时,再燃放八个炮仗,鼓乐队再次高奏,以示亲船到达。随后亲船靠岸,新娘家兄弟及其亲眷出门相迎,同时回敬燃放炮仗。这时,新娘家安排两人用木桶快速从河中提起两桶清水倒入水缸中,寓意水乳交融。接着新郎随着接亲队伍下船登岸,在新娘亲眷的夹道欢迎中走进新娘家屋,众船工跟随,将迎亲礼盘搬进堂屋,新娘家人接盘后,新郎向新娘长辈逐一拜谒。

中午时分,新娘家备有以方肉(或蹄髈)为主的六道佳肴招待新郎及陪同人员用餐,通常三道菜中都有粉丝,意为丝丝相连。不能吃鱼,意为留着连年有余。新郎及陪同人员入主桌,处于东北角最尊贵的席位,由女方娘舅陪坐;西南角次之,由女方姑父入座。

用餐结束后,新娘家在堂屋内举办"拜茶",又称"吃喜茶"。茶桌上摆放"九字盘",盘内放有西瓜子、桂圆、枣子、云片糕、菊红糕、花生、核桃等食物,茶中放红糖,寓意婚后甜甜蜜蜜。

"拜茶"结束后,媒人吩咐回程。经过化妆的新娘身穿花衣,红方巾遮着头部,沿袭哭嫁风俗啼哭数声,拉着父母依依不舍地告别,经父母催促后,由媒人搀扶新娘出门。然后在门口换上绣花新鞋,将旧鞋留在家中。在亲眷的簇拥下,与新郎一起走向迎亲船,与新郎并坐在彩棚中舱内。起航前,亦要燃放八只炮仗,接着女方家在岸上也燃放八只炮仗。此时,由新娘父亲将船头推开河岸,橹手和篙手才能用力起程。在鼓乐声中,迎亲船要在新娘家附近的水面上来回奋力摇三个回合,营造出热烈的喜庆气氛。

迎亲船起航后,新娘家将陪嫁的被头、马桶、脚桶、木箱、脚炉、汤婆子、镜箱等嫁妆载到另条一船上,称为"满月船",由兄弟及眷属跟随迎亲船一起前往新郎家。

陪嫁的被头少至二三条,多至七八条,娘舅越多被头越多,由全福之

喜船行驶在市河里

家(父母子女齐全、夫妻和睦的人家)的夫妻协助用红带包扎,不能打结,每条被头内都要放红蛋。在马桶里面也要放红蛋、枣子等物,有"传宗接代""五子登科"之意。各类陪嫁物品搬入新房后,任让小孩去摸抢红蛋、枣子,以示吉利。

迎亲船回到新郎家,又要燃放炮仗了。新娘在媒人搀扶下,在众多乡亲夹道欢迎中先步入新房;新郎走近"满月船",迎接新娘的哥哥或弟弟,引领至堂屋内,让其坐在正桌朝南的上宾位置,并以糖茶和果品款待。

新郎新娘结婚之日,双方家庭将自家堂屋布置成喜气洋洋的"喜堂"。新郎家的喜堂尤为华丽,张灯结彩,美不胜收。正中的供桌上高插一对涂金红烛,供桌上方悬挂"和合二仙"的画轴。两边墙壁上悬挂亲友赠送的喜幛、贺联和吉祥图画。供桌两侧安置两张高椅,供新郎父母接受拜堂时就坐。

"拜堂"又称"拜天地",是婚礼中最为隆重的礼仪。吉时一到,开始拜堂,将供桌上香火和红烛点燃,屋内满堂通明,屋外炮仗轰鸣,这时乐曲悠扬,司仪说着对新人溢美之词,将新郎新娘从新房中请出,随着司仪口令,新郎新娘并肩挨膀,双双跪在供桌前的红地毯上,随着"一叩——二叩——三叩"的喊声,一拜天地,二拜高堂(新郎父母),夫妻对拜。

拜堂礼毕,接着就要举行新人入洞房之礼。在乐曲声中,在手持花烛的男宾引领下,新郎新娘用中间扎有同心结的红绿彩绸相牵,新郎执红色一端,新娘执绿色一端,所谓"红男绿女",两人对立而行。此时,洞房门前铺着五只红色米袋,新人走过一只,立即将米袋一只接一只地前移,直至洞房门口,谓之"代代相传",又寓意"五代同堂"。就这样新郎将新娘缓慢牵入布置一新的洞房。

洞房内最突出的陈设是婚床、床楣和四周都悬挂有各类绣花图案的挂件,一大叠色彩艳丽被子堆放在新床中央,沿着床边放着红纸包裹的甘蔗、秤杆、如意图案等富有口彩的物品,取"节节升高""称心如意"之意。新娘家陪嫁的木箱、马桶、脚桶、脚炉等物放置在婚床两侧。婚床旁的桌上还要点燃一对龙凤花烛,花烛中间摆有"富贵"两字的瓷碗一对,碗内放满大米,米上再放红枣、桂圆、花生等干果,取"早生贵子""夫妻富贵"的口彩。

新郎将新娘引入洞房后,并肩坐在婚床的床沿上,称为"坐床",雅称"坐富贵"。双双坐下后,新郎或其母亲用秤杆将新娘头上的红方巾缓缓揭开,那是神秘的"揭方巾"环节。秤杆上有杆星,用秤杆揭方巾,意为"称心如意"。揭方巾的一瞬间,新娘美丽的容貌在红烛照耀下,会激起亲朋好友的欣喜和赞美。紧接着行"撒帐"礼,由媒人或亲属中长辈女性捧出果盘,将枣子、栗子、核桃、花生、糖果等物,对着新床及新房四周任意抛撒,同时口念祈福口彩,如"五子登科""早生贵子""百年好合"等,这时,闹新房的宾客及儿童会争抢婚床上的果品和藏在被头、马桶内的红蛋。接着,新郎和新娘用酒杯倒入米酒,双方先饮一口后再对饮"交杯酒",寓意夫妻婚后同心合力,同甘共苦。

洞房诸礼行毕后,宾朋亲友入席,婚宴将婚礼推向高潮。婚宴从入席到安座,从开席到上菜,从菜肴配置到饮酒进餐,均有一整套礼仪规矩。座次要按宾客的辈分、年龄、地位,从高到低安排。首桌是新娘家兄弟及送亲宾客就坐,由新郎、新娘陪同,首桌旁的一桌东北角位置由舅父就坐,再之由姑父、姨父等父母辈亲戚依次类推就坐。一般把同性别、年龄相仿、互助熟悉的亲朋好友安排在同桌,相互之间可有共同语言,用餐时更融洽。宾客座位安排定当后,乐队奏乐,燃放鞭炮,婚宴开始。新郎父亲(时称老相公)首先致词,感谢各位亲朋好友光临,祝贺新婚小夫妻幸福美满、早生子嗣。然后举杯敬酒,新郎接着敬酒。

旧时,喜筵菜肴视家境而定。殷实富裕之家以"四六四"为主,即四只冷盘、六只热炒、四只大菜,外加一道点心和一道羹汤。四只大菜必须全圆圆,为全鸡、全鸭、全蹄、全鱼。上菜顺序也很讲究,先上冷盘,再上热炒、大菜,中间上点心,最后上鱼,寓意"吃有余"。欢宴时,美酒飘香,觥筹交错,喜气洋洋。新郎、新娘离开席位,在傧相和侍女的陪伴下,依次对长辈和亲朋好友碰杯敬酒,表示感谢。

在农村,盛行"一家门"吃酒水之俗,即亲友邻居合家老幼都来吃喜酒,筵席只能从简。且一天举办中晚两次筵席。有的农村人家限于场地狭小，只能翻台举办筵席，吃了一轮，接着一轮。

晚筵结束后，亲友酒足饭饱后拥入新房，开始"闹新房"。一般都是青年人，带着几分醉意，要喜糖、要红蛋。满房乱翻乱找，出于"新婚三日无大小"的风俗，新人所有不满，但是只能忍耐。闹新房过程也是等待新房里红烛燃烧的过程，红烛燃尽才可就寝，又称"守花烛"，成为名正言顺的"花烛夫妻"。

翌日，新娘和新郎带上礼品回娘家，俗称"回门"。表示新娘成家后不忘父母、新郎有谢恩之意。此日，女家设宴款待新郎，席间，新娘父母携新郎拜见女方众亲友。当晚，根据民间"新婚一月不空房"之说，新娘必须回到新郎家过夜。今人称之"蜜月"，是沿袭我国古代婚俗之礼。蜜月过后，婚礼就圆满结束。

自古以来，周庄传统的婚礼风俗将古代"六礼"贯穿始终，具有鲜明的水乡风情。在2001年举办第六届周庄国际旅游节期间，再现了"水乡玫瑰婚典"，每天在沈厅松茂堂内举行婚庆礼仪。随后，在镇境河道中进行摇快船表演，成为节庆期间最受旅客欢迎的旅游项目。

2002年，周庄姑娘王薇留学法国，结识了法国青年浸会·路易，两人由校友成为恋人。领完结婚证书在商讨如何举办婚礼时，王薇向恋人介绍家乡周庄举办婚礼有着令人耳目一新的水乡婚俗，引起法国恋人的极大兴趣，决定在周庄举办传统婚礼，同时得到了王薇父母和亲友的支持。在周庄旅游公司的支持下，2006年正月初十那天，在周庄举办了一场盛大的水乡婚礼——迎亲快船将身穿彩服的新人从王薇家中接到沈厅，沿途看客蜂拥，都去目睹鲜为人见的水乡婚俗仪式。进入沈厅后，婚礼

在周庄舞台上表演的水乡婚俗

仪式达到高潮。当日，中央电视台特派记者进行现场录像，随后公开播放。

是年，周庄镇政府将水乡婚礼的整个流程刻制成光盘，推荐在《四季周庄》实景演出剧中运用好，将旧时婚礼仪式艺术性地呈现在舞台上，供游客观赏，受到热烈欢迎，因此，于2006年6月，"周庄水乡婚俗"入选苏州市第二批非物质文化遗产保护名录(与常熟联合申报)。

（刘冀 编文供图）

阿婆茶

（2009年入选苏州市级第四批非物质文化遗产名录）

中国茶文化博大精深,最早形成在魏晋南北朝时期,其时,饮茶的主要人群是上层贵族,他们把饮茶视为一种高雅的精神享受。后经历代相传,饮茶群体逐渐扩大,茶文化也迅速普及。《昆山县志》(1989年版)载:"饮茶为本县人民的传统风俗。"又载:"本县西南隅的古镇周庄,还流传着饮'阿婆茶'的风俗,即几个五六十岁的老年妇女,在家喝茶聚会。大多在下午,由东道主以祖传的茶具、上好的茶叶,用风炉炖开水冲泡,并备有茶点⋯⋯边喝、边谈,成为劳动之余的愉快享受。"经过长期流传,周庄形成"阿婆茶",成为江南水乡的特色茶文化。

周庄阿婆茶源远流长,如今市镇和农村不少人家仍珍藏着祖辈传下来的精美茶具,如青龙图案的盖碗、细巧玲珑的茶盅,高雅古朴的茶壶和釉色光亮的茶盘等。元代,辛亥革命先驱陈去病的祖辈由浙江迁居周庄,以锤熏炉为业,打造生产各类铜锡茶壶、茶盘。至今,古镇内明清时期建造的徽帮茶叶栈房犹存,旧时号称百年老字号的茶叶店有清初开设的吴庆丰,乾隆年间开设的程义泰,嘉庆年间开设的王义和,且均设分号,经营各类茶叶。茶叶是从原产地购进毛茶,经过拣梗、筛末、复焙、窨花等工序,分级储存,然后拼色出售。大多色香俱全,品质优良,提供顾客选购。兴旺时期镇中曾有大小茶叶商店十余爿,另有茶楼二十余家,可见茶文化在周庄具有深厚的历史底蕴。

百姓家的阿婆茶场景

周庄男女老少喜爱喝茶,在民间曾流行"日长何所事,不如吃杯茶"之说。而且十分讲究喝茶形式。各个时期的年老长者都保持着一种古老而别具风味的喝茶方式——炖茶,家中放置一只有团龙图画的大水缸,用于积存天落水。吃茶时,将积存在水缸中的天落水舀入陶器瓦罐中，搁在风炉上，然后用树枝燃煮。如古诗所云"竹炉汤沸火初红"。沏茶用密封的盖碗或紫砂茶壶，放入茶叶，先用少量沸水点"茶酿"，然后加盖，待片刻后再冲入多量开水，这样冲泡出来的茶水倍觉清香浓郁，甘冽爽口，沁润心脾。

周庄人爱吃茶，尤其是老年妇女爱吃"阿婆茶"，以茶会友，以茶传情，将喝茶视为交谊媒介。东道主事先择日请吃"阿婆茶"，然后筹备茶点，旧时以自腌菜苋、酱瓜、萝卜干和青薰豆为主，生活殷实的人家用"九支盘"，内盛豆腐干、瓜子、花生、枣子、桂圆、云片糕、酥糖和水果，有的还有时令小吃，如麦芽塌饼、酒酿饼、青团子、粽子或蒸糕等点心。

请吃阿婆茶的当天上午，东道主将家宅打扫干净，洗涤茶具，摆设茶点、搬好桌椅。到了约定时间，受邀的四邻老妇兴高采烈地如约而至，宾主互相招呼，互相寒暄后，就热情地请她们端坐在八仙桌旁。东道主就将已点好茶酿的杯子放到每位客人面前，然后将开水冲满杯

旅游景点摆开的阿婆茶及外卖小鞋

子。客人立起身来表示感谢，接着抓瓜子、分蜜饯、削水果、派糕点……

随后，宾主边饮边食边说，你一言，我一语，四方新闻、世事变迁、人间悲欢，全在吃茶之中交谈起来，有说有笑，其乐融融。茶水越冲越淡，茶点越吃越少，交谈越说越多，情调越来越浓，有快乐大家分享，有苦楚大家分担。有的还带上针线活，纳鞋底，补衣衫，还在抓紧时间，操劳家务。吃茶有规矩，客人至少要喝"三开"（冲三次开水）方可离席，即古诗中所说的饮茶"愿与松色劝三巡"，否则就是不尊敬东道主。吃完阿婆茶，大家相互拱手告别，随即你一言、我一语，商定下次吃阿婆茶的东道主、时间、地点，大家在欢愉气氛中离别。

流行在周庄的阿婆茶风俗，已有百余年历史。为生活在闭塞农村闭塞空间的中老年妇女，提供了消遣解闷和享受欢愉的机会，又为她们了解社会信息提供了交流的场所，且为邻里乡亲增进了友情，具有丰富的人文内涵。在漫长的岁月中，在民间又派生出吃"喜茶""满月茶""春茶"和"吃讲茶"等风俗。其方法和流程与吃"阿婆茶"一脉相承，大同小异。

"喜茶"一般在男女双方正式举行婚礼的数天中进行。喝茶前，受邀的左邻右

舍的客人们先要观赏新房的陈设和嫁妆,向新婚夫妇道喜祝福,然后由新娘招待客人。"满月茶"是主人家为新生婴儿满月时举办的一种饮茶方式,用以庆贺婴儿满月,方式与"喜茶"相似。"春茶"是每年春节期间居住在集镇上的居民和商家举行的吃茶仪式。大年初一开始喝茶,每天轮流做东,喝茶时议行情,通市面。直到附近每户人家都轮到请客才告收场。轮到举办"春茶"的主人,天一亮就派家庭成员逐户上门邀请,这叫"喊吃茶"。吃喜茶、满月茶和春茶都在家中举行,只是名称和邀请的宾客不同而已,都显现了周庄深厚的茶文化内涵和邻里关系的和谐友好。

旧时,周庄八条小街上有大小茶馆二十家,除提供百姓冲泡开水外,还为"老茶客"提供喝早茶,安闲地坐几个小时,随意品茗谈天,乐在其中。上午还有来自农村的农民,农民们上街办事后就到茶馆喝一壶清茶,一面休息,一面了解信息或交流农事。下午茶馆店中迎来一群渔民,一边料理渔网,一边喝茶聊天,交流捕捞水产趣闻。吃茶人频繁进出茶馆,为集镇带来了繁荣景象。

周庄老居民在吃阿婆茶

众多茶馆还为"吃讲茶"提供场所。旧时每逢街坊邻里、经营客商之间发生矛盾后,都愿意到茶馆里进行调解。即使进茶馆时争论得面红耳赤,甚至破口大骂,店主立即为双方各泡上一壶茶,然后要求心平气和地摆事实讲道理。老茶客中不乏有主持公道的长者或热心人,喜欢充当和事佬,听完各自申述后,从中据理调解,最后终于握手言和。这种吃茶形式长期在周庄百姓中流行,成为化解民间矛盾和邻里纠纷的绝好形式,凸显了周庄茶文化中的独特魅力。

随着时代变迁,经济得到了发展,旅游得到了开发,具有水乡特色的周庄阿婆茶也焕发生机。周庄旅游发展公司为了吸引游客,就将"阿婆茶"走出居家聚会的狭窄空间,打造成能在旅游景点吃到"阿婆茶"的服务项目。首先,在明清古建筑张厅内开设"阿婆茶居",只见在小河穿屋的厅堂中悬挂"阿婆茶居"匾额,厅前的花格窗上插有"茶"的旗幡,厅堂内摆放数张红漆方桌,上面摆放着古色古香的各式茶具,精致的盘碟中备有金黄色的腌菜苋、澄清碧绿的薰豆、紫红色的酱瓜及各色糖果、糕点,和谐的气氛和丰富的茶点颇受游客青睐,因此经常引来一批批游客围坐一起，与周庄人一样吃起了"阿婆茶"。身穿水乡民俗服饰的女年轻服务员，提着水壶迈着轻盈步伐，动作娴熟地不断为品赏阿婆茶的游客们点茶酿，冲开水，满室茶香弥漫，茶点可口，令一批批游客流连忘返。

阿婆边喝茶边做针线活

随着周庄旅游事业的持续发展，阿婆茶成为周庄旅游项目中的新亮点。从20世纪90年代起，古镇区的中市街上先后开办了第一楼茶楼、凤凰茶楼、富安茶楼等。每座茶楼面街临水，粉墙黛瓦，飞檐朱栏，显得古色古香。楼内装修古朴，布置精致，轻柔动听的乐曲伴随着悠闲的茶客，沁人心脾；窗外，小桥流水人家，舫影橹声渔唱，茶客们悠然畅饮，其乐无穷，当然茶客中不只是阿婆了，有更多的男女时尚青年已经喜欢上了阿婆茶。

1989年春天，台湾著名女作家三毛来到周庄，她漫步在古镇区的街巷中，看到游人围坐在一起品茗畅谈，她也走进一家茶室，一边品尝茶水，一边享用茶点，她乘兴动情地说："这是家的感觉。"临别时三毛提笔写道："贵地景色人情风采，世界一流，请一定爱护家园，保持特存的风格和品位。"周庄为了纪念三毛到此一游，店主将茶楼命名为"三毛茶楼"。此后，中外游客常会相聚在"三毛茶楼"饮用阿婆茶，领略独特的茶文化韵味。数十年来，三毛茶楼成为体验"阿婆茶"和传承"阿婆茶"的基地之一。

周庄阿婆茶具有鲜明的地方特色和深厚的文化内涵，随着旅游业的持续发展，吃"阿婆茶"成为周庄旅游业中的特色项目，成为周庄旅游业中的经济增长点。周庄多个旅游景点特邀乡村中的"老茶客"前去传授吃"阿婆茶"的技艺，展示吃"阿婆茶"情趣，领略周庄百姓靠水吃水的快乐人生。

今日周庄的观光知名度日益提升，国内外游客常年蜂拥而至，在古镇的老街深巷或石拱桥堍都能见到供应阿婆茶的店招和旗幡，店主们深谙古镇周庄历史文化底蕴，为使游客领略文化怀古之幽情，将茶馆或茶铺布置得古色古香，窗明几净。在镇北蚬江街的水岸廊棚下，茶馆或茶铺鳞次栉比，沿街而行，茶香扑鼻，温柔的"请吃阿婆茶吃"的招呼声不绝于耳，常是门庭若市，座无虚席。来自天南海北的游客边喝茶水，边尝茶点，边赏水中美景，或者是天南海北地神侃闲聊。古镇特有的阿婆茶形式，满足了游客多元的需求，因此激活了周庄的旅游经济。

阿婆茶在周庄已经流传百余年，是一份宝贵的文化遗产，因此，周庄在申报世界文化遗产预备清单和国家历史文化名镇时，都把"阿婆茶"列入特色项目。为了更好地保护和传承这个项目，2006年，在昆山市文化广播电视管理局的指导下，周庄镇人民政府、周庄镇文化体育站曾对"阿婆茶"进行了全面调研，不但将其列入周庄镇民俗民间文化保护工程项目，而且还制定了保护规划和传承政策，先后成立周庄镇阿婆茶保护工作小组和阿婆茶研究会，组织作者撰写关于介绍"阿婆茶"的文章，推荐报刊公开发表，从而扩大阿婆茶的影响；还利用录像、电视、广播等媒体，开展一系列的宣传，提高了阿婆茶的文化品位。同时，将熟悉阿婆茶的流程、泡制阿婆茶的技艺和制作阿婆茶茶点的老茶客组织起来，传播阿婆茶的风俗内容，定点在张厅和富安桥、双桥附近的景点进行表演。周庄旅游发展公司编辑出版宣传周庄的丛书和画册中，都有介绍阿婆茶的文章和图片。2009年，周庄"阿婆茶"成功入选苏州市非物质文化遗产名录。

在申报过程中，为了提高"阿婆茶"文旅融合发展的新高度，周庄镇文化体育站与周庄旅游发展公司决定将阿婆茶风俗搬上舞台，用艺术再现阿婆茶的风采。2007年春，周庄旅游发展公司将本单位的文艺爱好者组织起来，成立周庄水乡艺术团。在昆山市文化馆舞蹈老师的精心辅导下，通过学习、借鉴，编排了舞蹈《阿婆茶》。采用富有江南水乡韵味的曲调，演员头戴三角绣花方巾、身穿水乡流行的蓝印花大襟衣衫裤，有的提着水壶，有的手捧茶杯，在舞台上翩翩起舞。她们舞姿轻盈时如春燕展翅，舞姿欢快时似鼓点跳动，整个表演显得热情、优美、舒展、潇洒，演绎了水乡百姓享受阿婆茶的生动画面和诗意生活。当年9月，周庄旅游发展公司水乡艺术团应邀赴北京参加旅游交易会，其间献演舞蹈《阿婆茶》，受到会议主办单位和广大观众的好评。首次演出成功后，又先后前往南京、上海、广州等地参加旅游节庆演出，都是载誉而归。

2008年，原文化部举办中国首届农民艺术节，昆山市文化馆通过再改编、再创作、再排练，经过了反复磨合，以更加精湛的表演技艺，将最具江南水乡风韵的舞蹈

昆山市文化馆表演的舞蹈《阿婆茶》

《阿婆茶》选调献演，被评为银穗奖，为昆山、周庄赢得了美誉。

2008年，在周庄筹划举办第十三届旅游艺术节期间，周庄镇人民政府与周庄旅游发展公司联合投资，开发具有江南水乡特色的大型原生态实景表演剧《四季周庄》，在"民俗周庄"一幕中，为体现周庄民众对美好和睦生活的向往，将舞蹈《阿婆茶》编入表演节目，演员们将吃"阿婆茶"风情风俗展现在舞台上，经常获得满堂喝彩。自《四季周庄》开演至2020年初，已演出3090余场次，观众达400余万人次，使周庄阿婆茶更加闻名遐迩。

2012年，在镇党委和政府支持下，周庄镇社区教育中心与周庄旅游发展公司联合成立周庄南湖"吃讲茶"文明场所，同时组织成立"吃讲茶"协会，以"结合社会生活实际，以'吃讲茶'形式开展有意义的教育活动"，为了丰富群众的精神文化生活，特聘请"五老"（退休老党员、老干部、老教师、老职工、老居民）定期开展"五讲"（讲国内外形势、讲社会经济发展成就、讲法制法规、讲昆山和周庄新面貌、讲养生之道）活动。制订了"月月有主题，周周有内容"的计划，每次活动前都张贴海报，按吃"阿婆茶"风俗，必备茶水和茶点，讲座结束，还安排民间文艺团队表演戏曲、宣卷和歌唱等文娱节目，生动精彩，深受欢迎。

自"吃讲茶"文化活动举办以来，不断融入时代精神，传播现代文明，发扬传统美德，促进了社会主义精神文明建设，得到社会的广泛关注。北京电视台、上海电视台、泰国电视台及新华网等媒体，曾对"吃讲茶"这一民间风俗进行宣传报道，使周庄"吃讲茶"形式走进千家万户，飘香中华大地。

从"阿婆茶"引申出"吃讲茶"，由于"吃讲茶"深受群众青睐，因此加快了"吃讲茶"的普及，已从古镇逐步向乡村延伸，各村和社区都以村民（市民）活动室为阵地，建立"吃讲茶"分会，开展"吃讲茶"活动。对内面向本镇（村）群众，弘扬传统美德，传播先进文化，倡导乡风文明树立时代新风，演绎和谐生活。对外邀请游客参与，使他们身临其境地感受传统文化的魅力。

周庄"吃讲茶"与"阿婆茶"都是历史悠久的民俗文化活动，经过保护、传承、创新，都重新焕发生机，吸引了众多群众和游客积极参与，丰富了人民群众的文化生活，满足了百姓的精神需求，提升了人民幸福指数，推进了精神文明建设，提高了"文化周庄"内涵，推动了旅游事业的快速发展。

（刘冀 编文供图）

张浦民歌

（2011年入选苏州市级非物质文化遗产扩展项目名录）

由张浦镇志办收集整理、镇文联主编的《新江南·民歌张浦》

张浦民歌是国家级非遗"吴歌"的重要一脉。进入21世纪后，载有1052首民间歌谣的《新江南·民歌张浦》，由人民文学出版社出版。2011年被列入苏州市非物质文化遗产扩展项目名录（由阳澄渔歌、白洋湾山歌、石湾山歌、张浦民歌组成"吴歌"联合申报）。由于张浦地处旧时的淞南地区，所以张浦民歌也称"淞南山歌"。

20世纪50年代前，张浦境域农村有喊唱山歌的风俗，形式多样，有独唱、对唱、合唱等，也有自我欣赏的低吟浅唱。唱山歌的场合大多在耘稻耥稻的季节里，引子调门往往高亢响亮，挺拔婉转，似喊似唱，所以亦称喊山歌，那琅琅的歌声随风飘传，三里可闻。其内容大多是歌唱社会风情、劳动场景、生活情趣、爱情故事等。往往一人领唱，多人附和，展现出"农家自有农家情，田间吴歌响彻云"的生动场景；每到三伏盛夏，农民常聚集在桥头巷口、河滩场角乘风凉，这时，咏唱情歌，盘答谜歌，音调绵软轻柔，俗称小山歌。除此之外，还演唱流传于江南水乡的优秀民间小调，如四季调、春调、叫花调等。在较长的山歌中，常带节奏自由，似说似唱的急口歌，别有一番情趣；建房、做寿、结婚场合中经常演唱仪式歌，庆贺祝福，烘托喜庆氛围；丧事场合演唱哭丧歌，诉说辛苦，弘扬孝道，那老祖宗传下来的哭调，阴沉悲哀，催人泪下；庙会上演唱的庙堂歌谣，祈求平安、赐福吉祥。张浦民歌丰富多彩代代相传，成为一方乡音，记取一地乡愁。

张浦地处吴中腹地，历史悠久。据境

张浦民歌采风组与姜杭村民歌手合影

内赵陵山遗址、姜里遗址考古发现,早在6000多年前的马家浜文化时期就有人类活动,开始种植水稻,并形成部族村落。在长期的劳动和生活中,就出现了运用民歌交流感情的形式。张浦曾有"自从盘古历婆娑,三千律法治萧何,伏羲阴阳配婚姻,张良起始唱山歌"的歌谣,说明张浦境域农民喊唱山歌的历史相当久远。据载,经南朝、唐宋后,四句头山歌在张浦地区流行了。明张浦名士孟绍曾(传为孟轲63代孙),官至光禄寺署正。隆庆元年(1567)告老还乡,就在张浦境域搜集民间歌谣数百首,印证了明朝时期张浦境域农民喊唱山歌的影响,已引起文人学者的关注。清代、民国时,民歌鼎盛,并出现了叙事长歌。

进入21世纪,由于农业耕作进入现代化,农村的年轻一代已不再喊唱山歌了,因此濒临人去曲终的危境。但一些农村老人对民歌还情有独钟,闲暇时还自得其乐地哼唱民歌,致使一些优秀民歌还存活在民间。

在昆山市2008年起的第二轮镇志修编过程中,在张浦镇政府的组织下,镇志办开始对全镇民歌进行抢救性挖掘整理,由熟悉农村基层工作的笔者与陈阿根负责,先是召开旧时知名的民歌手座谈会,会后逐个进行录音采风。至2009年已搜集到近400首民间歌谣。2010年起,吸收姜杭村民俗文化爱好者杨汉生一起参与民谣的搜集整理工作。先后采访了100多位旧时知名歌手,他们大多是80岁以上的老人,年龄最大的已经百岁,如林庄村的管二媛(女)98岁,星金村的祁美金(女)100岁,南港社区的陆春宝(女)98岁,新塘村的张斌荣91岁,姜杭村的杨水生90岁,林庄村的周金根90岁,尚明甸村的朱文标86岁,等等,他们虽然年事已高,但都记忆清晰,每个人贡献的山歌少则30多首,多则近百首,且歌词生动,精品纷呈。有的歌手还献出自己珍藏的山歌手抄本,如杨水生的手抄本载有山歌60多首,陆秀玲的手抄本载有山歌30多首。

在采访过程中,场面令人难忘——那些受访的老人,尽管嗓音有点沙哑,但歌喉唱开了,就欲罢不能,如姜里的杨水生、吴加的张培生(81岁)、椿里的陆金林(80岁),安头的姚全妹(女81岁),当时都是远听像凤凰鸣唱,近听如鹦哥叫唤的好歌手,如今还是风采不减当年,听得使人迷醉。经过五年时间的不懈努力,搜集到800多首张浦民间歌谣,精选其中73首歌词、录谱3首歌曲,载录于《张浦镇志》(1989—2008),成为该志书的亮点,得到了昆山市地方志办公室的肯定。

张浦镇志办搜集整理张浦民间歌谣的成果,受到了镇文联的关注,由镇文联主席吴赵清策划、主编的《新江南·民歌张浦》,载录歌谣519首,于2013年7月由人民文学出版社出版。随后,在镇文联的支持下,笔者与陈阿根继续深入自然村,依靠群众提供的线索,寻觅旧时歌手,上门采风搜集。至2015年,走遍了全镇各个自然村落与拆迁村落村民入住的居民小区,又搜集到歌谣500多首,仍由镇文联牵头,时文联主席顾晶晶及已调离文联工作的吴赵清策划、主编《新江南·民歌张浦》第二集,于2015年10月由人民文学出版社出版,载歌533首。两集共载张浦歌谣1052首,成为昆山市载录民间歌谣最多,出版社档次最高的民间歌谣集。也填补了吴东淞南地区民歌搜集整理空白。由杨汉生录制了张浦镇20多名顶尖歌手清唱的音像资料,并请昆山市文化馆蒋利平老师对数首张浦山歌进行了记谱,留下了张浦民歌的宝贵档案。

张浦民歌是老祖宗留下的一座文化丰碑。张浦民歌是农民在长期生产、生活中创造的民间口头文学与音乐。其内容有历史事件、民间逸事,劳动生活、乡土风情、天文地理、爱情故事、宗教文化等等。其歌词或土言俗语原生有趣,或精练如诗意境高远。其曲调自由奔放,抑扬动听,韵味充满着引人入胜的魅力。其表达方式有的直露,有的含蓄,诉说着不同时代的历史风貌,反映了劳动人民的苦难、追求、希望、理想,有着浓重的时代烙印,有着丰富的人文和艺术价值,蕴含着底层劳动人民的智巧。如:

张浦姜里民歌队在演唱

由林庄村管二媛传唱的《荒年叹头》《筑铁路》两首民歌属于历史记叙歌。《荒年叹头》用十三个月花名开唱,唱出了清乾隆二十年(1755)江南水乡遭受严重自然灾害的情景,诉说了农民的苦难与期盼。山歌唱道:"三月桃花芯里黄,大小百姓饿得泪汪汪,手里捏仔白花花格银子苏州城里六门三关三关六门兜转勒籴着糠,缩转身来野榆树皮剥仔吃得精打光""十一月里水仙花开,欠仔租米解昆山,堂上敲仔板子一百零五加三饶八记,关到开年告仔芒种放出来""十三月里有花花勿开,望伊荒年去仔熟年来,秧船去仔稻船还,让奴陈世老债重担还"。《筑铁路》以十二个月花名开唱,叙述了清光绪年间筑沪宁铁路的真实故事。山歌唱道:"三月桃花满树红,铁路要过苏州城,房屋碍事侪要拆,江北人起手筑高墩(路基)""四月盛开是蔷薇,路基筑得直齐齐,诸神庙碍事亦要拆,有事地方勿怕血铺地""五月石榴是端阳,千年祖坟要搬场,一府三县(苏州府、吴县、长洲县、元和县)告示出,有铜钿人也不敢犟""十一月里雪花飘,铁火轮船(火车)真豪稍,上比老鹰来得快,下比白马稍(快)十分"。歌词中的土语生动形象、信息丰富准确,使人如入其境。

由南港社区陆春宝传唱的情歌"结识私情南海南,南海阿哥有个大竹园,伲是春二三月桃笋卖嚷,五六月里卖耥杆。结识私情南海南,南海阿哥打大船,郎打新船是姐对篷嚷,伲是来来去去驶顺风""结识私情北

姜杭民歌队在南京博物馆演唱

海北,北海阿哥有埭冬暖夏凉格黄金屋,雕空椽子雕空梁嚷,金丝墙壁细香瓦"。歌词精练似诗,贴近生活,前者唱出了情人之间心心相印的情感与同心协力、男勤女俭、共建美好家园的愿景。后者唱出了只要真心相爱,是不在乎穷富的,即使情郎家住的是竹架茅草屋也是美好的。把草棚描绘成"雕空椽子雕空梁,金丝墙壁细香瓦,冬暖夏凉的黄金屋",不能不说是绝妙精彩。

由星金村祁美金传唱的《拉(哪)个姐妞不做妻》:"吾摇船要唱摇船歌,船头浪挂盏篾灯笼,拉盏灯笼不点火,拉个姐妞不嫁公。吾摇船要唱摇船歌,船艄浪挂只饭筲箕,拉只筲箕不夹(盛放)饭,拉个姐妞勿做妻",语言精练,比拟生动,地方特色凸显,使人叫绝。

由姜杭村杨水生传唱的《砻糠秕谷引串条》:"东方日出爬墙高,小姐妞河滩把米淘,雪白玉手勒饭箩里连三搅嚷,砻糠秕谷望外飘。望外飘来望外飘,砻糠秕谷引串条,雄串条吃仔犯相思病嚷,雌串条吃仔起瘾思痨"。歌词风趣诙谐,抒情含蓄,比拟巧妙,充满想象空间。

由星金村东杨树溇自然村81岁顾金土传唱的"一个姐姐七寸长,茄树底下吹(乘)风凉。畀勒长脚蚂蚁扛仔去嚷,笑煞仔丈夫哭煞仔娘"。林庄村管家库自然村82岁陆菊仙(女)传唱的"四

张浦民歌传唱人杨水生

句头山歌两句真,喊得头颈杆里狠起仔两根筋,一根做黄砂船上格抛锚索嚷,一根做私盐船浪格橹绷绳"。语言简洁生动,比喻夸张,趣味性强,让人忍俊不禁。

由吴加村张培生传唱的《十转郎》,山歌引子就达32句,全歌长152行,唱完要半个小时,山歌不仅唱出了生动的爱情故事,也唱出了旧时水乡农家女子养蚕、纺纱、裁剪、刺绣等聪明、能干、勤俭的优秀品质与"华亭县虽小牵动十三省(外来人口聚集的地方)""白蚬长江来直瞄瞄,两河两岸俏是窑""芦墟落北莘塔到周庄,周庄是弯弯曲曲像面弓。当中发财两面穷,格只全福寺造勒江滩浪,格条富安桥建勒市当中,富安桥边富人多"等历史信息,是一支原生态韵味十分浓烈的山歌。

张浦民间歌谣虽然大多平淡无奇,但也不乏精品,从中可以领略许多历史气息,对于了解一个时代农村、农民的劳动生活、思想情感、社会风情、民间逸事、爱情故事是大有裨益的,也是研究吴语文化的活化石,所以,我们应该珍惜她,保护她,传承她,让年轻一代人了解张浦文化的根脉和张浦文化的底蕴。

时过境迁,沧桑巨变,人们的社会存在与思想观念也发生了天翻地覆的变化。为使已经传承千年的民间歌谣为当代人所青睐,所以,应将张浦民歌传承到青年中去,是当前至关重要的工作,让他们记住乡音,从而更加了解家乡,热爱家乡。为此,张浦镇文化部门进一步加大了对张浦民歌的保护与传承力度:

一是建立传承基地。2011年建立张浦民歌姜杭村传承基地,确立姜杭村民杨汉生为张浦民歌传承人和基地负责人。传承基地设"张浦民歌传习所",以姜杭村知名张浦山歌传唱人赵雪花、赵秋玲、杨新大、沈小金以及张浦著名歌手张培生(平均年龄为75岁),采取一对一的方法带徒,面对面地传授张浦民歌的演唱内容和演唱技艺方法,从而培养出新一代歌手。参加拜师学艺的新歌手有:陈映如(女,1994年生)、管静雯(女,1988年生)、杨珍(女,1988年生)、晏燕平(女,1982年生)、孙方荣(男,1980年生)、杨杰(男,1983年生)、吴清(男,1981年生)。他们有的是张浦文化部门的干部,有的是张浦镇的文艺骨干、民俗文化爱好者,现已成为传承张浦民歌新的骨干力量。传承基地还成立了张浦民歌演唱队,精心编排了《水韵姜杭》《十二月花名》《汰衣裳》《阳春三月捉鱼忙》《傸说稀奇勿稀奇》《十只台子》等演唱节目,经常代表张浦民歌参加周边地区的民歌交流活动,2012年、2014年、2016年参加"巴城杯"一、二、三届长三角民歌邀请赛,分别荣获二等奖、二等奖、三等奖。2013年8月,参加苏州市玄妙观非物质文化遗产展示民歌演唱。

2016年6月受邀参加南京博物院非遗义化会演。2017年6月受邀参加苏州大学传唱淞南山歌交流。2019年1月参加"胜浦杯"长三角民歌邀请赛，获优秀奖。更值得一提的是2017年9月，在昆山市政协文化文史委员会的推荐下，由苏州市文艺评论家协会、昆山市文化艺术界联合会、张浦镇人民政府联合邀请北京大学、清华大学、南京大学等十三所名牌大学的研究非物质文化遗产的语言专家一行60多人，到张浦镇姜杭村开展赏析民歌的调研活动，还对"淞南山歌"的定义和推广，提出了进一步完善的意见。活动中，吴加村歌手张培生的《十转郎》高亢有力、姜杭村歌手沈小金的《约情郎》绵软似水、大市村歌手陈金林的《沈万三图图熬郎》音似流水……还有姜杭村山歌表演队的盘答山歌充满了吴地音乐的原生态韵味，会场上不时掌声四起，受到专家、学者的高度评价，后来，他们有的撰文评论，有的在微博上播放现场视频，因此，张浦民歌引起了更多学者的关注。

二是2015年在张浦镇昆山美术研究中心设立"张浦山歌馆"，主题展馆面积为80平方米，展示张浦民歌的历史背景、传唱人物、重要作品以及收集、整理、传承、演出张浦民歌的照片，全年对外开放。镇社会事业发展和管理局还设有张浦民歌资料专用档案室。

三是开展民歌传承进学校的活动。2012年开始，张浦民歌传承基地姜杭村山歌演唱队与大市中心幼儿园结对子传唱张浦民歌，建立山歌兴趣班，每学期活动5次。南港、张浦中心幼儿园都有儿歌教唱内容，将传唱张浦民歌的工作从娃娃抓起，让他们从小了解乡音。

四是积极组织张浦民歌传唱活动。从2011年起，已举办各村、社区歌手参加的民歌比赛6届，从中发现一批优秀歌手，并组织他们下基层巡回传唱。还将张浦民歌列入一年一度姜里东岳文化庙会的非遗文化展示项目，使张浦民歌传唱活动进入常态化。

五是重视音像传播。张浦民歌传承人杨汉生将张浦20多位高龄民歌手清唱民歌的录像，以及张浦民歌活动的录像制成U盘、碟片，通过互联网进行传播。从2018年始，已借助现代媒体大力推介宣传"张浦民歌"。2021年3月，苏州电视台到张浦镇民歌传承基地姜杭村采访。通过音像传播，使张浦民歌的影响更加广远。

（姜志男　编文供图）

周庄摇快船

（2011年入选苏州市级非物质文化遗产扩展项目名录）

今日周庄镇河里的摇快船

被誉为"中国第一水乡"的周庄古镇，"镇为泽国，四面环水"，镇外湖荡环列，被淀山湖、明镜荡、澄湖、肖淀湖、白蚬湖和南湖所环抱；境内河港交叉，纵横交织。历代集镇商贾、乡村农户皆备置大小形态各异的船只，成为经商运输、下地耕种、粜米载物和走亲访友的交通工具，展现出一幅"咫尺往来，皆须舟楫"的风景。每逢欢度节会、庆祝丰收、迎亲婚嫁的良辰吉日，就会选择大型木船，配上大小木橹和数支龙篙（竹篙），搭建彩棚，插上幡旗，邀约体魄健壮的青年进行"摇快船"表演，届时，敲锣打鼓，穿梭在河湖之间，赢得民众一片喝彩。据传，此俗起始于纪念明末反清义士陆兆鱼，这一独具江南水乡风情的风俗，既记载了历史，又传承了文化，且丰富了民众的生活，深受广大百姓的喜爱。通过世代传承，延续至今，成为周庄非遗的亮丽品牌。

清乾隆《陈墓镇志》"人物传略"中载："陆世钥，字兆鱼，号汝来。六岁而孤，十三游成。均偶傥，负大略。遇不平事，挺身而白，无少顾虑。崇祯末，当事征团练义勇保护乡里，遂倾资结死士立赛湖中。及天兵南下，弃家高蹈。隐为僧，号静修。有同事招之往，知事不可为，坚却之。大吏奇其人，檄令相见，亦弗出。戊子四月归南湾，作辞世偈而逝。生时，父梦跃鲤之祥，故名兆鱼。"

从上可知，陆兆鱼十三岁"游成"——学业有成就，中试为秀才，成为一位洒脱又怀大志的青年，且有正义感，敢于见义勇为。明崇祯末年，社会动荡，陆兆鱼凭借秀才身份，负责经办团练义勇，变卖家产，交结志同道合的义士，在陈墓、周庄交界的澄湖、明镜荡中水上习武，保卫家乡。

清顺治二年(1645)六月,江南地区风起云涌,纷纷起兵抗清。陆兆鱼率领义军,调集周庄、陈墓两地船只,千帆竞发,摇着快船越过澄湖,穿过独墅湖,向苏州进发,然后配合域内义军,以迅雷不及掩耳之势,一举攻占南门,直捣巡抚衙门。清兵不敌,巡抚闻风丧胆潜逃异地,义军纵火焚烧抚衙,乘胜追击。数日后,陆兆鱼率义军凯旋返乡时,突遭清军伏击,陆兆鱼只身突围,隐居澄湖岸边的庙宇为僧。后清朝官吏对他"檄令相见",他毅然拒绝,长期奔波乡间,为民仗义。陆兆鱼去世后,澄湖沿岸周庄、陈墓一带的乡亲为了纪念他,就在每年农历三月廿八、七月十五举办庙会时,在澄湖中举行摇快船比赛。邻近四乡村庄争相参赛,每船选拔二三十名壮汉摇橹撑篙,使船只在湖中快速追逐,你追我赶,岸边民众拍手称快。经过数百年的沿袭,村民自愿参加自备船只的摇快船比赛,逐渐成为周庄、陈墓民众喜闻乐见的民俗活动,既有浓郁的水乡风情,又能显示村庄的威风和村民的力量。

20世纪70年代的摇快船

长期以来,在昆南农村中流传"无快船不成村""有快船有人气"之说。多数村庄都备有快船一二条,其中澄湖岸边的周庄祝家浜(今复兴村)、陈墓干家甸甚至拥有供正规比赛的快船六条。每逢节讯、庙会、社戏和村民婚嫁迎亲时,村里总要开出数条快船,从而展示村庄气派和风采。

抗日战争前夕,周庄蟠龙浦村民屈善稼在苏州以拉黄包车为生。苏州沦陷后回到家乡种田,目睹节讯和村民每有喜庆之事,当地人总要向外村租借快船,他便将自己的微薄积蓄,去浙江嘉善定制一条大型木船和两支木橹,除自家农用外,每逢需要快船庆祝时,屈善稼就将家船装饰成快船,并无偿出借,供人娱乐。其时,周庄农村凡出借农船改装快船的,都不计报偿,同时,村中船上功夫的行家里手都是一呼百应,上了船就各司其职,奋力发挥。

摇快船的船只需要选择船体硕大、形体狭长、船头和船尾高高翘起的造型。

今日摇快船时在使劲摇橹

大船舱内可放置数张八仙桌，上面能摆放物品；船体狭长和船头船尾高翘的船只平衡性能好，且能减少阻力。每只快船根据特点都有一个生动有趣的名号，如"老寿星""小青龙""小白龙""浪里钻""竹叶青""川条鱼"等，听上去引人入胜，看上去讨人欢喜。

周庄农村的快船有花快船和毛竹快船之分，多数是用大型农船装扮成花快船的。每有摇快船时，就请村中手巧艺高的工匠在船上搭起彩棚。彩棚有头棚、舱棚和艄棚，棚上都披挂彩幔，装饰华丽。位于船头的头棚上悬挂彩灯，插上彩旗；船舱的舱棚外飘挂流苏，舱中安置桌椅，供乐师演奏；艄棚供橹手休息。毛竹快船用毛竹和草席搭棚，显得粗犷简朴。

每逢举行摇快船的前几日，村中长老和船主就会商议装置快船事宜。主要为确定搭棚方案和装备器材。如，在船艄右边安装大橹，称为头橹。橹旁安装两块长跳板伸出船舷；在左边安装中橹和小橹，统称为二橹，旁边也安装一块跳板，称为"两出跳"。大型船只要在艄右边大橹处安装四块长跳板伸出船舷，左边中橹处安装三块跳板，小橹处安装一块跳板，统称为"四出跳"。整条船上八块跳板都伸出船舷外，供橹手站立推拉橹绑。正规快船在船头中央安装一支形似橹的长桨，俗称"踏头"，民间又称"头桨"，由经验丰富的撑船人把握行驶方向和转弯调头。船头上还伫立着一二名身强力壮的撑篙手，配合"头桨"把握行驶方向。由于周庄农村快船数量多，装饰美观又牢固，其时，周庄附近的吴江、青浦乡村常要到周庄来租借快船。

举行摇快船时，只要锣鼓一响，鞭炮一放，参加摇快船的壮汉紧束腰带，脚蹬草鞋，从四面八方汇集到位。然后在八块（或四块）跳板上站立八名（或四名）气宇轩昂的壮汉等待"出跳"，再有多名橹手把持大橹、中橹和小橹，另有众多扯绑的好手分别排列在船艄位置。只见船艄下沉，而船头翘起，从而使大橹、中橹、小橹吃水加深，摇橹扯绑变得十分吃力，这就是快船行驶的魅力所在。

只听一声令下，快船随之启动，站立在船头上的篙手将船撑离岸边，数名船工就在船舷外侧的跳板上猛力拉绑。拉绑时身体一上一下，手臂一推一拉，有时如飞燕掠过水面,有时如蛟龙跃出水面。在船艄上扯绑的壮汉时而猫着腰,时而挺着胸,一面奋力拉推橹绑,一面跺脚吆喝助威,拉推两个半回合后,排在身后的壮汉拍打被替人背心一掌,提醒马上要替换接力了,由于太费力,故摇快船扯绑有"两绑半"之说,如此循环下去——扯绑的壮汉

摇快船的船工在船上休息

拉绑推绑,把橹的橹手推艄扳艄,就这样稳稳地把着木橹。撑篙手稳立在船头上,使出拿手绝招,控制着快船的转向。随着锣鼓紧敲猛打,河面水花四溅,快船一往无前,故有"驶船如驶马"之说。

摇快船源自周庄、陈墓,昆南地区大市、南港等地农村也纷纷仿效,每逢庙会节讯、婚嫁迎亲,都有摇快船之民俗,但后来都冷落了,唯有周庄摇快船经久盛行,传承至今。《周庄镇志》(1992年版)载:旧时,每逢农历三月廿八和七月十五等节讯,周庄都举办摇快船比赛,场面最为盛大热烈。举办之日,在镇北古刹全福讲寺附近的白蚬湖镇南的南湖上,来自周庄四乡八邻村庄的数十条装饰一新的快船,自发会集在碧波荡漾的水面上,帆樯如林,篙橹对峙。宣布比赛开始,锣鼓喧天,开始船与船比,然后村与村比,参加摇快船血气方刚的青年壮汉都有"力拔山兮气盖世"之气,快船在震耳欲聋的锣鼓声中似利箭出弦,飞棹奋进,浪花飞扬,引得镇村百姓倾巢而出,分立在岸边,人山人海,重重叠叠,男男女女,眉飞色舞,欢呼雀跃,使人们感受到节日的欢悦。比赛优胜者在一阵疾风暴雨式的锣鼓声中,由伫立在船头上的篙手紧急下篙,表示停橹,此时,全船橹手发出震天的欢呼声,场面蔚然壮观。经过若干轮反复竞赛,将摇快船比赛不断推向高潮,云集在岸边观者的叫好声和快船上的锣鼓声浑然响彻天空,掠过水面,场面蔚为壮观。

周庄每有摇快船比赛,百姓都相邀异地亲友前来观看。旅居外地的亲友总会欣然受邀,因为既能观看比赛盛况,又能团聚畅叙亲情。

旧时周庄的殷实之家举办婚庆礼仪时,都要备置快船迎亲,以求增添喜庆气氛。婚庆前夕,请手巧艺高的工匠在船上搭起花棚,人称"花快船"。迎亲之日,东家邀请亲朋好友和村中青年壮汉担任橹手和篙手,加上锣鼓乐队,组成共十七八人的摇快船迎亲队伍。婚嫁迎亲之日(新郎讨新娘或新娘招新婿),穿戴时髦的新

人在伴郎或伴娘的陪同下,端坐在花船的大舱内,锣鼓乐队坐在舱棚的夹舱内,头棚或艄棚下放置各式迎亲礼品,一切准备就绪后就鞭炮鸣响,敲锣击鼓,快船离岸了。首先在新人居家附近的水面上摇几个来回,以涨声势,然后正式启航。当快船驶进迎亲目的地的河流中时,为了吸引村民围观,这时全船橹手使出浑身解数,真有"力拔山兮气盖世"之势,以显示迎亲一方的威风和热情。快船如箭,穿梭来回,岸上的男女老少狂欢喝彩。在这热烈的气氛中,将新人迎接回家,摇快船表演就告一段落。

摇快船为旧时周庄的传统风俗,尤以祝家浜(今复兴村)、龙亭蟠龙浦(均属今龙亭村)、白家浜(今高勇村)的快船最为有名。七家浜(今协义村境内)的花快船也远近闻名,该村张振声出洋归来后,专攻木器研制,打造木船的技术闻名四乡八镇,特别对于船底弧度、船形角度,都能精确算计,恰到好处,所以能减少阻力,行水快速。他装饰花快船的技艺也显绚丽多彩,称之为"水上花轿",所以,邻近村庄都会到七家浜去租借花快船。

到了20世纪五六十年代,城乡节讯、庙会基本无存,摇快船也随之不见。但是,由于周庄地处江南水乡,出行仍然"皆须舟楫",每逢重大活动为显现隆重,农村还有摇快船之举。当欢送青年参军入伍、表彰先进模范人物时,生产队还将农船改装成快船,插上彩旗,敲锣擂鼓地摇起快船,渲染出欢乐气氛。到了20世纪70年代,农村生产队都在船上安装了机动装置,出行方便快捷,所以,"摇快船"活动基本消失了。

改革开放后,原来交通不便的周庄已日新月异,在海内外声名鹊起。周庄在"开辟旅游"的道路上,紧抓纪念周庄建镇九百周年的机遇,利用古镇深厚的历史文化资源开发旅游项目。根据"保护、传承、发展、创新"理念,将最具江南水乡风情的摇快船,列入了发展旅游的项目。1996年,周庄举办首届国际旅游艺术节前夕,镇旅游公司购置大型木船一只打造快船。在全镇农村招募曾参加过摇快船的农民。经过调查,祁浜村高学连、高志良和全旺村张美德等20余人成为当年摇快船的高手,及时将他们组织起来。通过学习培训,建立规章制度,组建了摇快船队,并在南湖岸边摆开阵势,训练摇快船技能。

首届旅游艺术节期间,中外游客终于看到了摇快船风俗,使周庄的这项传统技艺获得了新生。那天旅游节开幕式后,四方宾客纷纷拥向南湖岸边,争相观看久违

首届旅游节期间在南湖上摇快船

的摇快船表演。只见船艄上插上彩旗，只听见敲锣打鼓，还有众多橹手、绑手和篙手在各自位置上严阵以待。

岸上发令枪一响，船员们就释放出养兵千日用兵一时的能量，奋力摇橹，快船如箭出弦，速度之快令人倾倒，赢得岸上围观者经久不息的掌声。快船在南湖表演后，船员们又豪情满怀地将快船摇进镇区的"井"字形河道中，快船每到一处，都会博得沿岸观众热烈喝彩，顿时为古镇旅游风光增色生辉。

至此，周庄已将"摇快船"列为最具水乡特色的旅游观光项目，后又特制了一艘五彩缤纷的花快船，还扩大组建了橹手队伍。自1996年以来，为传承摇快船这一传统项目，周庄定期定时在镇境河湖水面上进行摇快船表演，橹手们头扎彩巾，身穿黄衣衫，腰系红绸带，脚蹬虎头鞋，人人英姿勃勃，在欢乐的锣鼓声中数橹齐发，快船飞行，两岸呐喊加油，气氛达到高潮，所以，摇快船表演成为令人神往的旅游项目。

1998年，周庄被世界教科文组织列入世界文化遗产预备清单时，在申报文本中，将"摇快船"列入古镇民俗风情项目之一。2006年春，苏州举办旅游艺术节，为打造江南水乡旅游文化品牌，将周庄摇快船列入晚会开幕式的表演节目。那天晨曦微露，周庄摇快船的全体队员兴致勃勃地摇着华丽夺目的花快船，沿着当年陆兆鱼率义军进发苏州的路线，越过澄湖，穿越独墅湖，抵达金鸡湖。一路上吸引无数民众争相观看。晚上开幕式后，装饰得璀璨夺目的花快船上彩灯齐放，船员在铿锵的锣鼓声中尽力拼搏，快船在宽阔的湖面上快速前行，令广大观众目不暇接。在观众的欢呼声中，周庄快船的橹手们满怀豪情人人出彩，成为开幕式上最激动人心的表演项目之一，不但打响了周庄旅游品

游客在双桥上观看摇快船表演

牌,而且还激发出传承摇快船风俗的活力。

2010年,在昆山市文化广电新闻局指导下,周庄政府对"摇快船"项目进行全面调研,然后将其列入周庄镇民族民间文化保护项目。为了实现长期保护和传承的目标,先后成立"摇快船"保护工作小组和"摇快船"研究会;并制定保护传承规划和相关制度。根据保护和传承规划,镇政府财政拨出专款,同时向社会广为募集资金,用于"摇快船"项目的保护、传承和发展,使"摇快船"这一历史文化悠久、民众喜闻乐见的项目不断得到发展。2011年,"周庄摇快船"成功入选苏州市级非物质文化遗产扩展项目,使摇快船成为"有一种生活叫周庄"的传统特色项目,成为周庄发展旅游的一张亮丽的名片。

(刘冀 编文供图)

顾鼎臣民间故事和传说

（2013年入选苏州市级第六批非物质文化遗产名录）

　　昆山籍状元顾鼎臣的民间故事和传说，产生于昆山玉山镇及周边地区，流传了将近五百年，可谓家喻户晓。

　　玉山地区早在新石器时代晚期就有先民聚居了。在长期的繁衍生息中，可谓人杰地灵。"昆山三贤"中的明代大散文家归有光（震川先生）、清代著名平民教育家朱用纯（柏庐先生），以及昆山历史上第四位状元朱希周、第五位状元顾鼎臣和第七位状元徐元文都出生在玉山镇。

　　玉山镇内矗立着号称"百里平畴一峰独秀"的马鞍山，山上山下的昆石、琼花、并蒂莲"昆山三宝"闻名遐迩。

　　玉山镇历来是昆山政治、经济、文化的中心。改革开放以来，玉山镇一直在全国"百强镇"排序中名列前茅，被誉为"华夏第一镇"。

　　纵观昆山历史，以"三贤"为代表的文化名人群星璀璨。然而，关于这些名人的民间故事传说却较少，只有状元顾鼎臣的民间故事传说较多，大致可以分为两种类型：一种将顾鼎臣完全神化了，另一种则将顾鼎臣描述为一个真实的人、正直的人。究其原因，自有其特殊的历史渊源和复杂的社会背景。

　　顾鼎臣（1473—1540），字九和，号未斋。明弘治十八年（1505），一举夺魁，成为昆山历史上第五位状元。之后，从翰林院修撰一直做到礼部尚书、文渊阁大学士、武英殿大学士，还担任太子少保兼太子太傅等职务，是弘治、正德、嘉靖三朝元老。

　　据山西教育出版社出版的《中华状元卷·大明状元卷》披露，顾鼎臣是一位充满正能量的人物。他在考中状元的那篇《殿试对策》中曾谆谆告诫皇帝：人要靠获取有益的知识使心灵明白，靠诚意和诚信使心灵充实。女色、

顾鼎臣雕像

崇功祠纪念石碑

财物、利益之类的欲望是危害心灵的毒酒,应坚决疏远;追求享乐是谋害心灵的斧头,应坚决丢弃;奉承拍马投机取巧之人足以诱惑、动摇心灵,应坚决排斥;靠不正当的手段取得信任之人应坚决唾弃。可见,顾鼎臣敢于对皇帝秉笔直书,是需要勇气和胆识的。

顾鼎臣是明朝中期的一位具有真知灼见的经济学家,《明史·食货志》用了较多的篇幅记载他关于经济的主张及动议,经过实践都取得了良好的社会效果。嘉靖年间,曾三度担任内阁首辅的翟銮在为顾鼎臣写的《墓志铭》中给予顾鼎臣极高的评价:顾鼎臣能以"道"来治理国家,还常常能给皇上提出善意的意见以启迪君心;顾鼎臣掌握了"治国平天下"的真谛。说到"嘉靖中兴",顾鼎臣功不可没。因此,清道光《吴郡名贤图传赞》中曾如是评价顾鼎臣:"泽被东南,功存桑梓,救时良相,名炳青史。"

明朝中后期,日本海盗(时称倭寇)屡屡侵犯东南沿海,抢劫掳掠,奸淫烧杀,无恶不作,百姓深受其害。因昆山原先只有土城,低矮且不牢固,为此,顾鼎臣多次奏请朝廷,盼望批准在昆山建造砖城。由于得到顾鼎臣的不懈追求,嘉靖十八年(1539),皇帝终于下旨,同意将昆山土城改建为砖城。

一年多后竣工,此时的顾鼎臣已经不在人世了。之后,倭寇进犯昆山,军民凭借坚固的城墙进行抗击,城里百姓终于没有受到伤害,而周边地区如太仓、嘉定等地,由于未曾筑城,则无不受到了倭寇的蹂躏。为了纪念顾鼎臣为家乡百姓办了这件大好事,嘉靖三十九年,经巡抚都御史张景贤上奏皇帝批准,昆山知县杨逢春奉诏将马鞍山脚下原来慧聚寺建筑群中仅存的法华堂,改建成为祭祀顾鼎臣的"崇功祠"。

顾鼎臣身上存在着两个"唯一"——他是唯一没有任何人就他的籍贯提出过任何疑问的状元,也是唯一对自己的家乡做出过

顾文康公崇功祠牌匾

直接贡献的状元,所以家乡的百姓特别爱戴他,其事迹在江浙一带广为人知,深入人心。在这样的基础上产生的民间故事和传说,其内容描述了顾鼎臣是位真实的人、正直的人,值得可信。

清光绪丙申年(1896),上海文艺书店出版了《绘图秘本弹词顾鼎臣》,由评弹艺人在民间广为传唱顾鼎臣的事迹。地方戏曲中有绍兴戏、婺剧、常锡文戏也唱《顾鼎臣》,老百姓都喜闻乐见。

史载,明嘉靖十八年三月,皇帝由内阁首辅夏言陪同外出南巡,特命顾鼎臣留守京城,辅佐小太子执政,这就是民间传得沸沸扬扬的所谓"代朝三月",后来又被家乡百姓传成"代皇三月"。"代朝"与"代皇"仅一字之差,其内涵却差之千里万里。从此,顾鼎臣就被笼罩在一个神秘的光环之下。

顾鼎臣去世以后,其形象愈加被神化了。在这种背景下产生的故事和传说,将顾鼎臣推上了神坛,这未免有点荒诞,尽管表达的内容有点离奇,但体现了顾

顾文康公崇功祠全景

鼎臣的人格魅力及百姓对他的崇拜,反映的都是民意。

已故昆山民间文学家邱维俊先生,曾在民间采录了关于顾鼎臣的传说故事《女子打桩》《昆山城隍眼开眼闭》及《罗汉狗肉》三则,收入1987年编辑印行的《中国民间文学集成(故事卷)》的"昆山县资料本"中。若干年前,笔者在玉山镇文体站的策划下,根据"非遗"保护的要求,重新对顾鼎臣的故事传说做深入调查和补充采录,并在《鹿城故事》讲坛和一些学校宣讲,扩大了顾鼎臣的影响,并希望将这些传说故事一直传承下去。

迄今为止,顾鼎臣的故事传说共有《顾母打桩一记定》《昆山城隍闭眼睛》《罗汉狗肉香喷喷》《老牛就要这根绳》《天高三尺有隐情》《设计智救林子文》《龙光宝塔要空心》《有趣"古泾"变"花泾"》及《相爷原谅小青青》九则,现选择三则具有一定代表性,且充满正能量,又不带任何神话色彩的故事传说展示给广大读者——

1. 罗汉狗肉香喷喷

107

顾文康公崇功祠祠堂正厅

某天,昆山城隍庙罗汉堂里忽然少了一尊罗汉。真是奇了怪了,这罗汉是木头雕出来的,虽然有脚但不会走路,他能到哪儿去呢?庙里的人一调查,原来是顾鼎臣惹的祸。顾鼎臣每天放了学都要到城隍庙里去玩,常常看见有钱人家抬着猪头三牲糕点果品到神像面前去拜祭,排场还真是蛮大的。可是,就在城隍庙前的广场上聚着一群小叫花子,吃不饱穿不暖,一个个衣衫褴褛面黄肌瘦,到了天寒地冻,那日脚(日子)真的特别难过。顾鼎臣看看他们真是作孽,但自己又没办法帮助他们,只好闷在肚子里头。有一天他终于忍不住了,就问先生:"您说,有眼不能看,有耳不能听,有嘴不会说话,没心没肺不吃不喝的菩萨老爷倒常常有人上供,而要吃没有吃要着(穿)没有着受饥挨冻的叫花子为啥没人去施舍?"先生心里一愣,瞪了顾鼎臣一眼,反问道:"你小小年纪不记牢读书写字,反而要多管闲事作啥?当心吃板子打手心!"

顾鼎臣被先生一顿教训,心里着实不服帖,但又不敢当面反驳。有一天,几个小叫花子捉住一只野狗,打死了剥了皮,但是冰天雪地的找不到柴火呀,怎么办呢?又不能生吞活剥吃下去。这时候顾鼎臣拍拍胸脯,说:"这个问题我来解决。"他带领几个小叫花子来到罗汉堂,扛了一尊木雕罗汉出来,砸了个稀巴烂,引着火,就把狗肉吊在火上烤,顾鼎臣还到家里偷偷地拿了些盐酱调料过来,和一群小叫花子在廊檐下席地而坐,狼吞虎咽地分食"罗汉烧狗肉",一个个吃得肚膨气胀,味道好极了。

后来先生知道了这件事,就把顾鼎臣叫去,举起戒尺命令他把手伸出来手心朝上就要叫他"吃生活"(挨打受罚)。顾鼎臣不慌不忙地说:"先生,神道没有道理,只保佑那些烧香许愿拍他马屁的有钱人升官发财,从来不顾穷人,哪里还配做神仙菩萨!学生我可是秉承先生和先生的先生的先生的训导,不平则鸣啊!所以才把罗汉劈了柴烧狗肉吃的。"先生听了顾鼎臣这些话,连忙收了戒尺,觉得这个孩子非同一般,小小年纪已经懂得关注人生世事,将来必成大器。从此以后对顾鼎臣另眼相看,特别关切,而且严加督促,顾鼎臣学业突飞猛进,十三岁就考中了秀才。

明代浙江秀水(今嘉兴)人沈德符所撰《万历野获编》里记载了这个传说。所谓"野获"就是采自老百姓,足见这则民间传说流传之久。而清代阮葵生依据民间传说所撰写的笔记小说《茶余客话·卷十四》里则是另一个版本,说顾鼎臣烧罗汉时还吟了两句诗:"夜半狗羹犹未熟,珈蓝再取一尊来。"一尊木罗汉烧一只野狗烧到半夜还没烧熟,还得去偷一尊过来,这未免有点夸张了。

2. 老牛就要这根"绳"

明朝中期开始,倭寇在我国东南沿海不断骚扰,危害百姓。昆山离沿海不远,是倭寇侵犯的重要目标之一。家在昆山当时在京城当大官的顾鼎臣看在眼里,急在心里,向皇上一连上了几道奏章,建议沿海州县全都要筑城防倭。嘉靖帝看了奏章,皱皱眉头不耐烦地说:"太平盛世哪里有这么多倭寇? 再说,就算有那也无非是小打小闹,成不了什么气候。此后别再提这件事了,你烦不烦啊顾老牛!"皇上认为顾鼎臣就是个牛脾气,所以讥讽他是一头顽固的老牛。没想到顾鼎臣听见皇上叫他"顾老牛",马上灵机一动,立即向皇帝行了三跪九叩大礼,嘴巴里哇啦哇啦喊道:"谢主隆恩,谢主隆恩,吾皇万岁万岁万万岁!"皇帝一听,丈二和尚摸不着头脑:这老头阿会吃错什么药了? 莫名其妙! 便问道:"朕又没有赏赐你什么,你干吗谢我?"顾鼎臣认真地说:"皇上,您刚才不是叫我老牛吗?"皇上笑道:"难道你不是一头顽固不化的老牛吗?"顾鼎臣一本正经说道:"是老牛是老牛。可常言说'牵着牛鼻子',请问陛下,牵牛鼻子用的是啥?"皇帝说:"当然用绳了。"顾鼎臣说:"那好,请万岁给我绳吧!"皇帝说:"好啊,当然要给你啦。"顾鼎臣说:"皇上可是金口呀,不可以反悔呀。"顾鼎臣在朝为官,当然会讲当时的"国语"的,但现在他偏偏讲的是昆山"闲话"(方言),而在昆山方言里,"绳"和"城"是完全同音的。嘉靖皇帝猛地一下醒悟过来,晓得自己上了顾鼎臣的当了,顾鼎臣是拐着弯儿还是要他准许筑城,就笑着说:"爱卿啊,你说这太平盛世还要筑城,这不是浪费银子吗?"皇帝要面子,他不肯承认其实天下并不是很太平。顾鼎臣说:"城是用来防御敌人进攻的,有了它,倭寇可防,沿海安宁,百姓可安居乐业。东南沿海的州、县是非常重要的地方,国家财源大多出于此地。若不筑城,倭寇屡屡骚扰,皇上坐在龙庭上还能安心吗?"一席话可把嘉靖帝说得哑口无言,只好同意筑城,可是只答应顾鼎臣的家乡昆山筑砖城,其他地方一概不批准。后来昆山百姓就是靠了坚固的城墙防守六十多天,最终倭寇头目都被打死,只得灰溜溜退走。

3. 天高三尺有隐情

这天，好多年没回家乡的顾鼎臣回到了昆山。官船悄悄停靠在朝阳门码头，上岸，起轿。刚走了没几步，忽听得敲锣打鼓人声嘈杂由远至近。顾鼎臣吩咐停轿，掀开轿帘一看，几个衙役抬着一块硕大的牌匾，一边敲锣一边大声吆喝："大家快来看快来瞧啊，这是昆山百姓自觉自愿送给县令杨老爷，庆贺他四十岁诞辰的牌匾，杨老爷可真是个青天大老爷啊，大家都要知恩图报呀！"围观的市民们有的撇嘴，有的冷笑，有的则唉声叹气大摇其头。这到底是怎么回事呢？顾鼎臣下轿一看，只见牌匾上做了四个金光闪闪的大字："天高三尺。"顾鼎臣琢磨一番，心中有数，微微一笑。打发衙役走路。百姓中有人认出是顾相爷，便纷纷围了上来拦轿喊冤，说：小民们都没得生路了，相爷您可要为我们昆山百姓做主啊！

原来，现任昆山知县杨廷桢不是科班出身，是花钱捐来的官。到昆山来做县官，那还不快点想着法儿先把"本钱"捞回来，然后再"将本求利"啊？所以他一到昆山，那没得"名堂经"（毫无理由）的苛捐杂税就多如牛毛了，甚至老百姓家生了双胞胎还得加倍缴税，刮净民脂民膏，搞得民不聊生。这不，他四十岁生日近在眼前，除了礼金搞"全民摊派"，每二十户还得集资送一块牌匾为他歌功颂德。士绅财主们问题不大，这还是个拍马屁的好机会，只是苦了小民百姓了。顾鼎臣问：刚才那块牌匾上的字谁想出来的呀？百姓们说：那是一位秀才想出来的。顾鼎臣点点头，说：你们放心，我会为你们做主的。

知县杨廷桢听说顾相爷回来了，赶紧到顾府请安。顾鼎臣笑道：你干得不错啊，听说老百姓争着给你送牌匾呢。杨廷桢说：卑职不敢，做了点好事实事而已。顾鼎臣问：我想请教一下，"天高三尺"啥意思呀？杨廷桢说：那是夸卑职是青天大老爷呢。上面说过，这位杨知县是捐来的官，肚皮里原本就没啥墨水，他还真不晓得"天高三尺"的真正含义，不然就不会大出洋相了。顾鼎臣哈哈大笑道：据我所知，这"天高三尺"有两层意思。这第一嘛，整个昆山的地皮都被你刮得低下去了三尺，反过来那天还不是高了三尺了吗？这第二嘛，老话说"抬头三尺有神明"，你为非作歹就不怕神明给你报应吗？杨廷桢一听，啥？你刚刚回来，我的劣迹你就全晓得了啊？顿时面如土色瘫倒在地。后来顾鼎臣拿着昆山百姓写的"万人状"回到京城，奏请皇帝批准罢了杨廷桢的官，还要坐"班房"，为昆山百姓除了一害。

（郑涌泉　编文供图）

正仪文魁斋青团制作工艺

（2013年入选苏州市级第六批非物质文化遗产名录）

青团的产生源远流长，可追溯到大禹治水的时代。相传在远古，长江洪水频发，地处长江下游的江南，成了《山海经》所说的"滔滔洪水，无所止及"的水乡泽国。舜帝派鲧到江南治水，鲧采用"水来土掩"的堵法，但成效不大，百姓种的水稻产量极小，甚至颗粒无收。后来大禹接他父亲的班也到江南治水，改堵

正仪青团子

为泄，疏导洪水入海，江南百姓终于走出涝灾，不但收获了水稻，而且还种上了喜旱的小麦。大禹死后，江南百姓为了纪念他，就在清明节用麦苗捣浆取汁，加入糯米粉，制成青团，祭祀大禹在天之灵，感恩他治水成功，终于让水涝之地也种上了小麦，就请大禹尝尝麦苗的香味吧！从此，江南传下了在清明节用青团祭祖的风俗。

民以食为天，粮食从古到今都很珍贵，当时割了麦苗制青团，先是糟蹋了麦苗；后又制作了青团不吃（只做祭品），又浪费了粮食，这种双重浪费是不可饶恕的行为。于是后来每到清明节，各地都用其他蔬菜代替麦苗制作青团。从流行范围可分两大派——有用艾草的宁波和用青菜的苏州。但是，团子的颜色不理想，用艾草的，颜色青得发绿，放久了会变黑；用青菜的，团子颜色绿得发黄，所谓"面有菜色"，不讨人欢喜。中华美食讲究色、香、味，颜色能不能养眼，是食品好不好的第一审美品相，所以这两种青团作为节令糕团都上不了美食榜。

直到1930年代，终于有一种超越各地的美味青团，在原昆山县正仪镇（今昆山市巴城镇正仪街道）的沈记糕团店脱颖而出。

当时正仪老街有两家糕团店，一家在镇的北端，虽处市梢因经营得法，生意盖过了坐落于镇中心的沈记糕团店。1933年，20出头的沈文魁从父亲手里接过这份不起眼的产业，觉得自己的店铺地理位置优越，生意却做不过人家，于心不甘，

20世纪90年代文魁斋店面

很想瞅准商机,打个翻身仗。他摸排了市场上的各种糕点,最后盯上了青团。青团是清明前后家家必备的祭品,需求量大。正仪地属苏州,流行的青团都用青菜汁制作,口感差,还颜色难看,若用艾叶,这儿的人不适应,况且颜色口感也不理想。他想换一种原料取青汁,如果做出人人爱吃的风味点心,自己的店铺就可以打出品牌,走出困境。其实,沈文魁已经选中了一种野草,可以取汁做青团。经过他多次试验后,终于制成了一种颜色比青菜艾叶更好看的青团,在馅上又精心改进,使他生产的青团色泽新鲜口感上佳,一举抢占了正仪糕点市场。每当清明前后,买青团的人门庭若市。沈文魁还很有品牌意识,把沈记糕团店取名"文魁斋",从此"文魁斋青团"成为著名的节令糕点。

文魁斋青团之所以成功,是店主在制团的关键节点青汁运用上打破了常规——不用现成的青菜和艾叶,而是另辟蹊径,采用了常见而不起眼的将麦草。

将麦草,类似小麦,春天长在田野路边,高仅尺余,茎节处呈赭红色,当地人叫野小麦。因为夏天茎叶间开白色小花,结的果伸出一支针芒,像雀舌,但整株像小麦,所以正式名字叫雀麦草。因正仪方言"雀"跟"将"同音,常把"麻雀"叫"麻将",所以把雀麦草叫成了将麦草。但是,用将麦草取汁做青团,不是沈文魁的创造,而是产生在600年前元代正仪富豪顾瑛的一个传说。

顾瑛(1310—1369),元代文学家,家住昆山正仪。他在界溪筑玉山草堂等二十四处景点,整个园林从界溪往东到绰山,南到东西亭和娄江古渡,相当于后来正仪镇的范围,是当时闻名遐迩的私家大园林,他曾在此主办了20多年玉山雅集,是当时乃至整个元代的文化高地。

顾瑛不但是叱咤风云的诗人,也是腰缠万贯的富豪,十分愿意投资文化,待客的食品更是讲究精细,所以,因而身上发生将麦草制作青团的传说,起因是他的母亲陶氏——

陶氏信佛,每年清明虔诚祭祖,供品样样精制,唯有用青菜汁制的青团,色泽口感都不尽如人意,让她有些烦心,但始终无法改变,直到她去世,成为终身遗憾。顾瑛是个至孝之人,过清明节时,为让母亲在天之灵能吃到可口的青团,以了母亲生前的心愿。他向全家宣布，谁能不用青菜制出色味俱佳的青团，将重金奖赏。

顾家宅园僮仆无数，在偏远的东亭，还真有一个女僮能不用青菜做青团。于是，召她而至。这女僮在绰墩山割了一大搂野小麦，洗净后捣取青汁，做成了青团，口感果然好多了。顾瑛问她，怎么想到用野小麦取汁做青团的？女僮回说，她是正仪镇人，由于家里穷才出来帮佣。这野小麦叫将麦草，每年清明，她母亲为了不糟蹋青菜，听老人说古时是用麦苗做青团的，就用这种跟麦苗长得差不多的将麦草代替，想不到捣烂取汁做的青团，果然好吃又好看。

从此，将麦草可以做青团的传说在民间流传。因为那时的青团只做祭品，先人"吃"过就扔了，况且一到清明，家家仍用青菜汁做青团，所以到600年后沈文魁这时代，用将麦草做青团的做法很少人知道了。只有沈文魁是个有心人，他就把用将麦草做青团的想法告诉妻子。于是，夫妻俩就开始用将麦草做青团，果然，蒸出的青团颜色好看了，但青草味很浓，而且连试几次都这样。沈文魁不死心，再要试，妻子劝他，你手都扎出血了，算了吧。原来，将麦草的茎很硬，揉烂取浆时，把沈文魁手扎破了。沈文魁却不死心，说有办法，他拿来几小块石灰，放在缸里跟将麦草一同浸泡。他的用意是，石灰可以把将麦草泡软，就不伤手了。想不到这一招歪打正着，石灰的碱质驱走了将麦草的青草味，制作的青团变得香糯可口，从此，他家的糕团店出现了一款新型青团，独领糕点市场，至于用石灰跟将麦草一起浸泡取青水的方法，他对外秘而不宣，成了他的独家秘笈。

不久，日寇占领江南，百业凋敝，直到1945年抗战胜利后，文魁斋生意才有起色。由于正仪交通便利，北有沪宁铁路的火车站，南有锡沪公路（即今312国道），所以每到清明，上海、苏州到正仪买文魁斋青团的人络绎不绝，致使青团名声更加远播，成为糕团中的著名品牌。

到了新中国成立后，此时沈文魁已有三儿二女，大儿子沈宗元、二儿子吴定元从母亲学得了制青团工艺，三儿子吴会元尚小。沈文魁是因沈家上代无嗣，从吴姓家领养的，所以他二儿子、三儿子申请复姓，叫吴定元、吴会元。

20世纪80年代，改革开放后，沈文魁夫妇去世，沈宗元、吴定元辞去了昆山食品公司在外放蜂的工作，跟在家务农的吴会元一起打出了"文魁斋"牌子，弟兄三人齐心协力，从事制青团行业。仅几年，文魁斋青团就成为驰名江浙沪的风味糕点。苏州电视台、昆山电视台和《新民晚报》《扬子晚报》《苏州日报》等报刊媒体年年清明都来

"正仪文魁斋青团制作工艺"传承人吴定元

"文魁斋"采访报道,1999年,文魁斋青团被评为江苏省名点,还被邀请参加上海豫园"老城隍庙名菜名点特色展",之后各种荣誉接踵而来。

如今,文魁斋青团带动了一方经济发展,以致正仪青团店铺布满沿街。每逢清明前后,到正仪买青团的游客从早到晚川流不息,市场竞争十分激烈,只有文魁斋青团始终处于供不应求的热销状态。

文魁斋青团的成功,有赖于独特的青团制作工艺,2013年,"正仪文魁斋青团制作工艺"列入苏州市非物质文化遗产名录,2014年吴定元被列为苏州市非物质文化遗产级"正仪文魁斋青团制工艺"代表性传承人,2017年吴定元被确定为江苏省乡土人才"三带"能手。

文魁斋青团制作工艺,是沈文魁父子两代人经过数十年的探索改进而形成。

每年农历二月,文魁斋开始收购将麦草。这些将麦草是农民从田野里割来的,店主根据将麦草的老嫩级别作分别堆放。

然后根据每天的需要量,把将麦草洗净,加适量生石灰,放在大缸里浸泡。这过程很重要,是决定青水质量的关键,必须正确掌握草与石灰的配比。要是石灰投入量多了,制成的团子颜色深,味道咸;少了,团子颜色发黄,还有青草味。更重要的是,投石灰时还要看将麦草的老与嫩的程度而变动,所以在收草时就按老嫩分开堆放。如,生长在沃野的,水分足,就嫩;生长在贫瘠干旱地方的,干枯,水分少,就老。又要看割下的草处在什么生长期,处在长势旺盛时,水分足;处在抽穗结籽时水分就少。还有,刚割下的草,新鲜而色泽好,水分足;存放过久的就干瘪难看,水分少。这些都是投放石灰多少的参考点,马虎不得。

接着是控制浸泡时间,一般为两天,因为春二三月的天气冷热多变,气温高时,浸泡时间要略短,气温低时则适当延长。

最后是打烂取汁。从前是把石灰浸泡后的将麦草放在石臼里捣,捣烂后装入纱布袋后压榨取水,现在需求量大,则用电动打浆机,打烂的将麦草经过挤压,青水滤入水箱里。要注意的是,青水要清,不能混有草渣。

制青团的主要食材是糯米。文魁斋选用的糯米要求洁白晶莹,粒粒饱满,淘洗晒干后磨成粉。从前用手工牵石磨,现用机器粉碎,但必须磨得细腻为止。然后放入浅底陶缸,加入青水用人工揉和,揉到不粘手为止,再搓成圆形条状粉团,放到案板上压平,切成小块待用。

制作青团子的粉料

接下来是制团。用手工,把待用的粉块搓成团子,再捏成小酒杯状,中空,然后放入百果或豆沙。文魁斋青团的馅,只有百果和豆沙两种,百果是小红枣,洗净去核,捣烂拌白砂糖;赤豆洗净煮烂,拌以白糖,有的上嵌一颗猪油。青团属于甜食类糕点,还没有听说用肉糜做馅的。但对小红枣、赤豆的要求很严格,必须不蛀、不霉,力求色泽新鲜。

制团人一边包馅,一边把青团依次排列在蒸笼里,上炉先用旺火蒸,之后用小火煨,前后不超过20分钟。团子蒸熟后倒入大盘,抹上一层香菜油,使团子的颜色更加晶莹漂亮。这时,就可以包装出售了。

自从20世纪80年代起,沈宗元、吴定元重新打响了文魁斋牌子,而且出台了新规:一是店里只做青团,不做其他糕点;二是一年之中只做清明前后两个多月,其余时间歇业。这种产品单一又限时经营的做法,在商界绝无仅有,特别是一年只做两个多月生意,可供全家一年开销,说明店主具有足够的魄力和自信。说到底,沈宗元、吴定元他们的初心是尊重传统,尊重民俗,因为这是祖宗传下只有清明吃青团的规矩,因此应该对传统文化心存敬畏。

文魁斋青团制作工艺和店主对传统文化敬畏的理念,经常引起媒体关注,除了每年清明前后报纸电视的新闻采访外,还多次上了当地电视台的文化专栏节目。如,1993年春天,昆山电视台开播不久,开辟"昆山古今"栏目,第一档恰逢清明,就录制了文魁斋青团制作工艺和经营特色。时隔20多年后的2020年清明,昆山电视

文魁斋品牌青团子

台"文化昆山"栏目再次录制了文魁斋青团,其间还有苏州电视台二套"社会传真"专题报道,使文魁斋青团制作工艺为大众所了解。如今,传人吴定元已垂垂老矣,因其无后,其弟吴会元已去世,所以确定吴会元之子、吴定元侄子吴军为文魁斋青团制作工艺的新传人。

(周刚 编文供图)

东岳庙会

（2020年入选苏州市级第七批非物质文化遗产名录）

　　庙会,有的地方称为"庙市"或"节场"。庙会起源于远古时代的宗庙社郊制度,即祭天地的仪式。先民们通过供奉与祭祀的方式跟祖先及神灵对话,以求保佑。每逢祭祀之日,为了渲染气氛,人们还会自发参与表演各种文艺节目,后来也请专业或业余的"草台班子"前来渲染气氛,这就是"社戏",也称"庙会戏"。庙会通常在农历传统节日或者宗教节日举行,因为有商贩参与,后来也成为集市贸易形式。所以,庙会并非单纯的宗教活动,而是融合了多种元素,参与庙会活动的除了宗教信徒,更多的是普通大众,成为我国民族民间文化的重要组成部分。自古至今,全国各地各种各样的庙会多不胜数,最有影响的当是东岳庙会。

　　中国有"五岳":东岳泰山、西岳华山、南岳衡山、北岳恒山、中岳嵩山。按照中国传统"阴阳五行"之说,泰山位居东方,是太阳升起之处,也是万物发祥之地,故泰山被定为"五岳"之首。泰山之神是东岳大帝,又称"青帝",主管世间一切生物的生死大权,所以世人特别敬畏,历代帝王对东岳大帝尊崇有加,唐代封为"天齐王",宋代晋升为"仁圣天齐王""天齐仁圣帝",元代加封为"天齐大生仁圣帝"。祭祀东岳大帝的庙宇因此遍布全国各地,成为道教的特别符号。

　　对于东岳大帝究竟是谁,自古有七种说法:

　　第一种说法是商周时期的黄飞虎,第二种说法是太昊,第三种说法是金虹氏,第四种说法是开天辟地的盘古的化身,第五种说法是上清真人,第六种说法是山图公子,第七种说法是天帝的孙子。

　　昆山的东岳信仰历史悠久。据昆山第一部地方志宋淳祐《玉峰志》载:"东岳庙在县东南二百五步……自三月旦,争往岳祠,拜祈祷赛。"

　　昆山状元顾鼎臣曾写诗描绘东岳庙会盛况:游人如蚁事如麻,街巷喧阗好物华。本借神功能御捍,岂缘财力竞豪奢。威容赫奕开生面,供奉分明学内家。灯火满城歌吹沸,夜深林有未栖鸦。

据查昆山史籍，有文字记载的东岳庙至少有十座，历经沧桑后，至今已不复存在的有七座：城区一座，即《玉峰志》所说的"在县东南二百五步"的那座，大约在现在的集街上；千灯有一座，在延福寺西；周庄有三座，一座在北栅全功桥东，一座在镇西南南庄村，还有一座在龙泾村。此外，正仪（今属巴城镇）、石浦（今属千灯镇）原来也各有一座东岳庙。

彼时，昆山各处东岳庙香火都很旺盛，每年农历三月廿八是东岳大帝诞辰，都要举办隆重的庙会，昆山人叫"三月廿八汛"。因为崇拜东岳大帝的人大多是农民，由于农民平时经常穿草鞋，故昆山民间把到东岳庙烧香叫作"烧草鞋香"。

据清光绪《昆新两县续修合志》载：每逢东岳诞辰，"各乡赛会，石牌、赵陵、真义、姜里、车塘、更楼桥，各乡民舁神进香"。所以说，东岳庙会在昆山地区有着非常重要的地位，其风俗经久不衰，还与时俱进，融合了各种民间元素和现代元素，越发显得精彩纷呈。

又据清光绪年间邑人顾国珍编纂的《昆新乡土地理志》记载："三月廿八东岳诞，香火尤盛。他若龙舟、马灯、会船、拳船，城乡具有之，岁费甚钜云。"可见，盛大的庙会活动需要耗费较多经费，除了地方士绅捐赠，更多是来源于群众自发集资。

今日热闹的庙会

东岳庙会多姿多彩，其中一个不可或缺的项目是"草台戏"，就是邀请梨园弟子搭台唱戏数日，以娱神娱人。据光绪《周庄镇志》记载："二十八日，天齐王诞辰，东岳庙左演戏三日，近乡田作多停工来游，俗称'长工生日'。"

方志曾记载石浦的东岳庙会也有特色。三月廿八东岳大帝诞辰前一天，远近商贩就开始云集至石浦镇，争抢地皮设摊。到了晚上，老年妇女们都要到东岳庙去念经，通宵达旦，叫作"守夜"。到了"正日"也就是三月廿八这天，四乡八村民众纷纷起早赶赴镇上，天还刚亮街

今日庙会上的挑花篮民间舞蹈表演

117

上就热闹非凡，人们热衷于选购家庭需要的生产用品和生活用品。下午"出会"开始，气氛更趋热烈。一行队伍由旗幡、行牌、锣鼓、丝竹作先导，善男信女提香、扎香，有的扮作阴间衙役、鬼卒、罪人等紧随其后，最后面是青壮年汉子抬着各路神道去东岳庙朝拜，队伍自市镇西梢缓缓东行，至东岳庙行朝拜礼，所到之处观者如堵，直至日落西山，村民们这才尽兴而归。

昆山历史上几度兴废而至今尚存的东岳庙还有三座，从东往西自北向南依次是：陆家镇车塘崇恩观、石牌(今属巴城镇)东岳庙和张浦镇姜里东岳庙。

陆家车塘崇恩观

陆家车塘崇恩观始建于宋朝时期，有说是北宋文学家范仲淹(祖籍邠州，后移居苏州吴县，曾任苏州知府)的曾孙所建，距今有800多年历史。庙宇竣工时并未定名，未悬挂牌匾。因主殿上供奉的是东岳圣帝，所以百姓就称为东岳庙。据传，清乾隆皇帝下江南时曾到此一游，参观岳庙龙心大悦，遂赐字"崇恩观"(一说是"崇恒观")。当然，这只是传说而已，实际上乾隆皇帝未曾到过昆山。

车塘崇恩观2007年重建。每年农历三月廿八东岳大帝诞辰，还有四月初一到初三，都要举办盛大庙会。庙会期间，车塘村的每家每户都要请外村、外镇的亲朋好友来看"社戏"，留他们在家里"吃戏饭"，而附近方圆百里的信众和百姓也都会特地摇着木船前来车塘东岳庙看戏"轧闹猛"(凑热闹)。除了请来的戏班子日夜表演之外，卖艺的、说唱的、舞枪弄棒"卖拳头"的、卖"狗皮膏药"的、玩"猢狲出把戏(耍猴)"的，以及卖点心小吃，乃至各种日用品的小商小贩也都蜂拥而至过来赚钱，东岳庙前总是人山人海热闹异常。

石牌东岳庙位于昆山、常熟、太仓交界处，始建于宋元祐中(1086—1093)，至今已有900多年历史。据载："虞山东南五十里有东岳神庙，庙在昆常接壤，求之必应，感而神通，百里之外香客云集，春夏秋冬经声不绝。"三月廿八"岳诞日"，来自方圆百里的信众都到石牌"朝岳"，摩肩接踵络绎不绝，仪式隆重，各种活动丰富多彩。

庙会期间，乡民们抬着各路神道向东岳庙朝香，走在队伍最前面的是12位小男孩，身穿清一色服装，头戴清一色草帽，手里拿着清一色的小板凳，表演动作优美的节目，名曰"童子拜香"；紧接其后的是12位小女孩，上身穿绿布衫，下面穿红裤子，在优美的笛声和清脆的铜铃声伴奏下，齐唱《十月怀胎娘辛苦》（又名《报娘恩》）的当地民歌，每唱一个月，两位少女相对一鞠躬。在后面的是踩高跷的队伍，旁边有壮汉一边走一边敲打挂在穿

石牌东岳庙

透皮肉的银钩上的铜锣，场面震撼。随后还有身穿各种不同戏服的人骑在马上走来，不同的戏服代表不同的剧目。人们跟在浩浩荡荡的队伍后面涌向东岳庙，到了庙门前的广场上要朝天放火铳，这叫作"上朝"，然后抬着各路神道依次进入圣帝殿，须三进三退，直到每位神道都朝过东岳大帝。"解钱粮"的信徒"看会"的群众以及各地来的商贩云集于东岳庙，热闹非凡，"男妇游观如狂"。早先石牌东岳庙会还有一种杂技性质的表演——"吊臂香"，即用针穿过臂上皮肉，下面悬挂着香炉。香炉里有燃烧着的香，以此表示对神灵的敬畏和对宗教的虔诚，堪称奇观。

数百年来，居士信徒、名人商贾纷纷慷慨解囊，曾对石牌东岳庙先后进行维修。昆山状元顾鼎臣曾带头出资修缮。清康熙五十三年（1714）、道光癸卯年孟冬（1843年10月）、道光甲辰年（1844）分别进行过维修，所刻《重建东岳庙记》石碑虽然破损，但至今还保存着。

20世纪50年代，石牌东岳庙曾被改为粮库。1962年，东岳庙被拆除。1994年，重建了东岳庙。2010年进行了扩建，2014年进行第二期工程，2015年2月8日，石牌东岳庙举行竣工暨神像开光仪式。整个活动庄重威仪，热闹非凡。当地信众还自发组织表演了丰富多彩的民间文艺节目。

自1994年至今，石牌东岳庙已连续举办了多次盛大的庙会。每逢农历三月廿八东岳大帝诞辰，来自常熟、昆山、太仓及上海嘉定、青浦乃至松江地区的善男信女及广大群众都涌向东岳庙解会、看会。庙会活动除举行宗教仪式外，由民间组织的各路队伍在庙院内外进行舞龙、踩高跷、打连厢、挑花篮等民间文艺表演。

张浦姜里村的东岳庙也非常有名。姜里村虽然不大，但历史悠久，可以追溯到1100多年前就有先民居住。据明嘉靖《昆山县志》载"秘书郎姜府君墓在姜里

姜里东岳庙

村凤凰墩下。"这位姜府君名叫姜希业，就是姜里人。姜里村堪称"道教特色文化村"。一踏进村口，就有一个1350平方米的"太极广场"，中央有一个巨大的阴阳八卦图，图中心"阴阳鱼"中的"阳鱼"是一汪清水，有"上善若水"的意思。这样的广场在许多号称"道教圣地"中是鲜为人见的。

姜里东岳庙人称"老庙"，位于村西张华港、大直港、大慈泾等九条河流的汇合处，因此号称"九龙口"。清光绪《昆新两县续修合志》载：东岳庙在今大慈（旧名大市）姜里村西云寺西侧，始建于宋乾道九年（1173），由道士翟守真所建。元大德初（1297）由河南行省右丞朱清重建，元至正十二年（1352）道士杨春泽再度修葺，并另建灵室道院，后毁于火。明永乐年间（1403—1424）里人朱信再重建；明正统年间（1436—1449）又重建；明弘治元年（1488）昆山知县杨子器将岳庙改为丞簿廨宇，后复为庙。明嘉靖六年（1527）道士张仲威重建；清顺治十年（1653）复由里人捐资公建，供奉东岳大帝，远近闻名。

东岳庙会是姜里村及周边数十个村庄最隆重的传统文化节庆。每年农历三月廿八"岳诞"日及农历四月初一至初三，是东岳庙固定的庙会活动日子。届时，远近各村群众纷纷抬出菩萨、"老爷（神道）"的塑像，进行重新涂漆、装金，然后更换服饰和旗帜，恭恭敬敬抬到快船上，展示出"水上巡游"的盛景。快船摇到姜里东岳庙，四方信徒虔诚顶礼膜拜，人数众多不计其数。村里还请来"草台班子"登台演出，锣鼓喧天震耳欲聋，各路商贩也争先恐后前来设摊经营，生意兴隆，正如古籍资料中描绘的那样："岁率以暮春，大会来者于庙之庭，祈者、禳者、诉者、谢者、献技能者、输工力者，若贵若贱，若小若大，咸各有施。投簪珥，荐琛贝，辇货泉，箧布帛，庭实充塞。"

除附近各村外，近到张浦、陈墓（今锦溪镇）、千灯、杨湘泾（今淀山湖镇），远如昆山、苏州、吴江、青浦等地，都有香客闻风而来充塞门庭。正因为如此，早先往返于昆山至周庄间的客轮航线曾经在此设立了停靠码头。

1954年，姜里东岳庙神道塑像被毁，神器被焚。1957年，庙外戏台被拆除，庙宇作为大队副业生产场所。1963年春，整个庙宇被拆。1987年，有本村农妇名薛二凤者，带领众信徒四处游说群众，集资在原庙址上搭建了三间平房，里面供奉"岳帝"像，信徒纷纷前来祭祀。1992年改建大庙一间，建筑式样、布局格式与苏州玄妙观相似，共耗资5万余元，村民及信众前来义务助工者众多。1998年12月，经昆山市政府批准，向社会各界募捐，重建了东岳庙。1999年9月20日举行开工奠基，2000年1月一期工程竣工，新建东岳殿一间，建筑面积将近三百平方米，殿正中有东岳大帝塑像，左右两侧各有四尊神像，整个大殿显得金碧辉煌庄严肃穆。2000年1月18日举行开光大典。

如今姜里东岳庙会成为张浦镇民俗文化旅游的一张亮丽名片。庙会融合了更多的文化元素，打造成具有"民俗""民乐"（快乐的"乐"）、"民富"内容的品牌活动，吸引了江浙沪游客前来观光和参与。让游人感受非遗文化的丰富魅力。

每当举办庙会，姜里村口巨大的八卦广场上，有吹糖人的、剪纸的、编织的，以

今日庙会活动

及表演龙凤花鸟字、蛋刻蛋画、金石篆刻、肖像绘画、金属丝工艺，还有龙须糖制作等的能工巧匠展演传统民间手艺，吸引了众多游人争相观看。当地特色农产品展览、特色小吃集市也是人头攒动。

每年"三月廿八汛"，姜里文化庙会就会隆重举行，由各区镇选送非遗节目，包括昆曲堂名、江南丝竹、淞南民歌、段龙舞等轮番上场表演，让人耳目一新。

每年的除夕半夜子时过后，四乡八镇的百姓会摇着船或开着小车前来东岳庙撞钟进香，祈望在新的一年里平安幸福，心想事成。从大年初一到初三，在庙前还可以看到越剧、宣卷、舞龙、舞狮、高跷、民歌、猢狲出把戏等民间艺术表演，热闹异常。

2010年，昆山市对陆家、石牌、张浦三地的东岳庙会统一列入第三批昆山市级非物质文化遗产保护名录，2020年又入选苏州市级第七批非遗保护名录。

（郑涌泉　编文供图）

堂名

（2020年新增苏州市非物质文化遗产保护单位项目）

　　玉山镇于2011年融入高新区。母亲河娄江贯穿东西，秀丽的玉峰矗立镇中。玉山镇历来是昆山县衙所在地，因此是昆山的政治和文化中心。由于昆曲发源于昆山，因此玉山镇成为重要的传承基地。清末民初，经过"花雅之争"后，百戏开始盛行，昆曲开始式微，昆山的昆曲艺人为了传承将要熄灭的昆曲薪火，纷纷成立堂名班，世代传承，名家辈出，成为玉山镇那时独特而繁盛的文化景观。

　　说起昆山堂名的诞生，就要追溯到明代嘉靖年间的魏良辅在世年代。当时，他从江西南昌投奔昆山改良昆山腔后，形成的昆曲就是清唱形式——只讲究声腔的完美和韵味的浓郁，还未有临场表演。"堂名"也是这种形式，成为昆曲传承过程中的独特载体。

　　沪剧《芦荡火种》里有一段家喻户晓的唱词："陆家浜鼓手称第一，我与他们江湖来往有交情，司令啊！我别样礼物送不起，送一班江南丝竹小堂名。"这是阿庆嫂唱给胡司令的奉承话。从中可以获得这样一些信息：在20世纪30年代中期，昆山地区除了鼓手班子、丝竹班子闻名遐迩外，堂名班子也是拿得出手的民间表演社团，在苏沪一带也很有名气。

　　"堂名"是一种唱戏奏乐的艺班，常由8至10人男性乐手组成，专为婚庆、寿庆场面增添欢乐气氛。届时，东家邀请，乐手坐堂，边奏边唱，轮番登场，尽显班子才艺，从而为邀请人添欢添乐。由于乐班都以"××堂"命名，而且常在东家的厅堂中表演，因此就将这种乐班命为"堂名班"。

　　为了赢得市场，堂名艺人必须苦练吹拉弹唱敲的基本功和胸有数百段昆曲唱腔、昆曲曲牌的丰富积累。1986年，昆山戏曲志办公室曾对昆山城乡的堂名班进行了一次认真普查：清末民初，昆山的堂名班有数十个，曾为昆曲传承做出过不可磨灭的贡献。自从晚清至中华人民共和国成立时，昆山城区的堂名班主要有：吟雅堂、锦绣堂、永和堂、吟雅集等；乡区的堂名班主要有：正仪镇的雅宜堂、宜庆堂、宣庆堂,张浦镇的仁德堂、敦义堂、松鹤堂,周庄镇的一秀堂、洪福堂、大春堂、同兴堂、周某堂,陆家镇的陆企堂、积善堂,淀山湖镇的百忍堂、三槐堂、贻翼堂,蓬朗镇的新咏霓堂,石浦的友谊堂、新凤堂等。

堂名班设有班主。一般由艺术造诣较高者、组织能力较强者担任。在长期的演出实践中,还培养出一批德高艺精的"拍先",为传承昆曲做出了重要贡献。

堂名班经常出现在祝寿、升职、入学、生子、嫁娶等吉庆活动上。使用的伴奏乐器基本和戏曲乐队相同,有管乐、弦乐、打击乐三类乐器,以曲笛最为主要。堂名班唱曲不需离桌台,一般只用两张八仙桌相拼竖放,然后坐堂而奏而唱。堂名人员分坐桌台两旁,座位大致有规定:8人堂名班则坐在拼桌的左右两方。左座第一人为上手(主唱者),右座第一人则为主要下手,左座第二位为笛师,右座第二位坐主要配角,右方最后座位为打鼓者。

开唱前必先吹三声长笤军,然后齐奏十番锣鼓或吹奏《将军令》之类声势较大的昆曲曲牌,起闹场作用。开场曲后,昆山城区的堂名班即进入正戏,演唱昆曲了;乡区的堂名班必先唱上几段滩簧小曲,然后再进入正戏唱昆曲。

昆山的堂名世家数不胜数,较有影响的有周市的杨仰洲家系,玉山的吴秀松家系,通过祖辈传父辈,父辈传子辈的接力传承,就这样生生不息地将堂名音乐延续至今。堂名曲家中各有绝活,各有擅长,特别注重曲笛演奏的入情入味和昆曲演唱的声情并茂,致使昆山的"正声"韵味始终不失"原汁原味"。所以,在20世纪五六十年代里,当各地重振昆曲雄风时,就邀请昆山曲师前去教授,如吴秀松、高慰伯到江苏省戏校任教,夏湘如到天津市戏校任教,徐振民到北京昆曲研习社任教,他们为培养后辈严谨拍曲,精细教唱,播下了正宗昆韵的种子。

曾记得,昆山堂名班在昆曲低谷的年代里生存艰难,但为了"留得青山在",他们追求高风亮节,注意形象塑造,然后,树立了品牌,赢得了市场。

一是洁身自好。凡是堂名曲师,大都盼望跻身社会名流。为了追求名正言顺的真才实学,他们刻苦学艺,为拥有一技之长而发愤图强。对于曲目积累更是如饥如渴地向师长学习。尊师爱徒,敬重同行是他们的美德。

堂名老艺人高慰伯先生吹笛时的风采

二是遵守堂规。虽然那时昆山的堂名班子很多,为了生存,他们展开激烈的竞争,但一切建立在艺术水平的优胜劣汰上,丝毫没有"小人之心",如背后的恶意中伤。即使在举办"对台堂会"时,也不唱重复的曲目,以避较劲嫌疑,总是表现出谦谦君子的风度,反对不择手段"抢生意"。

三是主动出击。为了做强做大业务,他们常主动出击,联系业务,一方面能使班子争取到更多展示才华的机会,另一方面能获取足够的经济收入,保证正常的生活需求。如堂名班常将当地大户家主的良辰吉时记录在册,到时,主动走访提醒,然后前往助兴,深得当地百姓的拥护。

四是扩大业务。堂名生意一般在秋冬季节最为兴旺,平常比较清淡,为能养家糊口,堂名班子必须扩大业务,才能维持生存。如昆山堂名班常兼做以吹打为主的鼓手生意,也兼作为丧事服务的道士生意。由于都有精深的堂名功底,所以不管做鼓手还是做道士,其演奏水平都会高人一等。

由于昆山堂名班有着德艺双馨的口碑,所以拥有厚实的民间基础,涌动着蓬勃的生命力。就是依靠这些职业堂名班持续地深入民间,才使昆山百姓能经常听到昆曲,熟悉昆曲,从而唤起钟爱昆曲、传承昆曲的热情。

堂名班在演奏昆曲曲牌的间隙,就间插一些具有喜庆气息的昆曲段子,如《赐福》《上寿》《咏花》等,堂名班还常送呈戏目单,席间,可根据东家需求点唱或点奏。唱曲时,堂名班角色交替,轮番换位,不用身段,只求声韵。其余乐手则随腔伴奏。唱得越多,越显才华。唱得越好,越显乐班实力。

昆山堂名在民国时期享誉江南,知名乐班深入人心。如永和堂(吴秀松班主)、国乐保存粹(高慰伯参与)、吟雅集(徐振民参与)、咏儿堂(夏湘如参与)等,都是远近闻名的优秀堂名班。新中国成立后的一段时间里,由于把"堂名"看作"四旧"而遭禁演。从此,堂名音乐销声匿迹,乐班无奈解散,曲师只能纷纷改行。

改革开放后,一些老曲师虽然还有恢复堂名的梦想,但那时百废待兴,还没有条件重振堂名雄风,老艺人们还是没有用武之地,文化部门也无力出资组队,

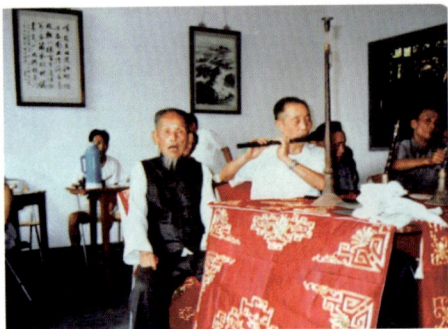

1986年翠微阁雅集场景

只能做些力所能及的资料收集工作，如在编写《昆山戏曲志》时，由王业和黄国杰先生通过采风，写出了《昆山"堂名鼓手"调查札记》一文，为昆山的堂名贡献树碑立传。他们还组织了一次重现昔日堂名风采的表演活动，那是在1986年8月13日丹桂飘香的季节里，趁几个堂名老艺人还神清气爽时，在亭林公园的翠微阁，举办了一场复古性质的堂名演出。那时由81岁的卜泉生领衔，还有大名鼎鼎的71岁的杨钰、73岁的夏湘如、70岁的徐振民和68岁的高慰伯相拥左右，还邀请了几个后生，摆开了传统演奏的架势，唱起了昆曲《南西厢·上京》《连环记·赐环》《红拂记·靖渡》等经典唱段。当这些优美旋律在耄耋老人的口中唱出时，让人痴迷，感动不已。

昆山堂名班曾为传承昆曲而在民间顽强地传递着薪火，但随着时代发展难以持续，一些昆曲老艺人一直为此留恋不舍，都盼望有朝一日能让堂名音乐重新登堂入室。数年前，当各级政府都在挖掘"非遗"项目进行保护时，昆山高新区文体站就想到了已成绝响的堂名音乐应该复兴，并且已到了迫在眉睫必须立即恢复的时候——因为昆山城里有些原剧团转业的乐手，年龄都不小了，现在尚有精力演奏，如果再拖延下去，可能就会力不从心。于是，高新区文体站当机立断立即组织堂名班。

2012年的3月初，堂名班正式成立，并用"昆玉堂"命名乐班，一是表示乐班为所属昆山市玉山镇的堂名团队，二是寓意把堂名音乐演奏得像玉一样玲珑剔透。为了传承正宗的堂名音乐，特邀苏州堂名专家顾再欣先生执教。顾先生原是苏州昆剧院的一级笛师，又是苏州"万和堂"的著名传人。由于聘请了名师教授，保证了昆山的堂名音乐能够奏出纯正的昆曲韵味。

顾再欣老师（左一）在昆玉堂指导

堂名班每周活动两次，每次排练两小时，班子人员风雨无阻，都能勤奋学艺。经过了多年的训练和磨合，从演奏短小的昆曲曲牌起步，直至完成了较为

昆玉堂在昆山中学演奏

复杂的《将军令》和《普天乐》等大型乐曲，终于演奏出令人激动的美妙音乐。

顾再欣先生克服年老体弱的困难，一丝不苟地将堂名音乐演奏中的要领丝丝入扣地传承给昆山的乐手们，而且，有时他还亲自操刀，承担鼓板指挥。为了更好地开展堂名音乐的排练，高新区文体站特招了一位擅长曲笛演奏具有昆曲功底的王骏先生，由他担当了传承堂名音乐的重任。通过多年培训，终于严师培养出了高徒，好多次对外演出，都获得了成功。如，曾在昆山中学举办的"幽兰飘香"演出中首次亮相，大家喝彩又见到昆山堂名的身影；后在亭林园昆曲专场上登台表演，又获满堂喝彩；又在千灯曲会上再次展演，博得了来自全国各地曲友的热烈掌声。2018年，昆玉堂曾参与由原文化部在海南省海口市举办的"全国民间器乐曲演奏邀请赛"，因此，扩大了昆山堂名音乐的影响。

堂名音乐中的高难度曲目就是"十番锣鼓"，流行于苏南的各种风俗礼仪活动。"十番"即是多段套曲，"锣鼓"即是吹打音乐。"十番锣鼓"音乐中有"粗""细"风格之分。以吹奏乐器唢呐、笛为主的乐曲称为"粗"乐，以笙、胡琴、弹拨乐器为主的乐器称为"细"乐；打击乐器大锣、戏锣参与的乐曲为"粗"乐，马锣、春锣、七冒参与的乐曲为"细"乐。

昆山高新区文体站为了将这些传承成果永久保存下来，经专业录音单位录制，已将以下经典乐曲制作成数字音响，留供后代参考：

1. 十番粗吹打【将军令】：常在重大喜庆场合作为开场曲用，与【普天乐】【山坡羊】合称"三响头"。乐曲表现了古代军队"升帐""出征""凯旋"等情景。乐曲宏伟壮丽，气势磅礴。

2. 十番细吹打【普天乐】：这是一首堂名音乐中的重要细吹曲目，《将军令》开场后即演奏此曲，谓"三响头"之一。该曲通过调性转换手法，表现出浓郁的宫廷音乐风格。乐曲描绘了万民欢乐普天同庆的情景。

3. 十番细吹打【山坡羊】：这也是一首重要的堂名细吹曲目，《普天乐》后即奏此曲，谓"三响头"之一。此曲原为一板一眼，是艺人在长期的演奏实践中，形成了一板三眼的慢板花繁乐谱，旋律流

昆玉堂在昆曲馆中演奏

126

畅悦耳,引人入胜。

4.十番细吹打【朝天子】:此曲流畅庄重,具有皇家气势。常在民俗婚礼、参拜天地祖先时演奏。昆剧等戏曲音乐中用于角色参拜和朝拜等场合。运用时可根据需要做任意反复,亦可在每个乐句末尾收结。

5.十番细吹打【小开门】:道家称此为《小拜门》,属同曲异名。在戏曲音乐中常做配乐,运用比较广泛。实际运用时,可根据需要做长短灵活的处理,有时每奏一句即可停顿,然后再接下句。

6.联奏【朝天子·小开门】:这两首曲牌常连缀在一起演奏,"粗""细"融入,并在节奏、音色上做出对比处理,使乐曲更具器乐化,容易被人接受。

7.十番细吹打【汉东山】:此曲常用于民俗婚礼中的开礼盘、请新娘上轿、新郎出堂、送入洞房等场景。在昆剧及其他戏曲音乐中常用于剧中之拜贺等仪式。

8.十番细吹打【迎仙客】:此曲应用于各种喜庆场合,昆剧及其他戏曲中常用于定席等场面。演奏时,可根据场合的需要做自由反复,可在任何一个乐句的尾音上结束。

9.十番细吹打【春日景和】:该曲旋律优美,具有浓郁的宫廷音乐色彩。常在昆剧的赏景、定席等场合作配乐。

10.十番细吹打【山坡羊】:该曲常在昆剧及其他戏曲中做配乐。运用于角色的更衣、饮宴、拜贺等场面;或用作舞蹈伴奏,表现出活跃的气氛。

11.十番粗吹打【傍妆台】:该曲常用于定席,接送宾客场面,粗、细均奏。用粗吹时,可加入长尖、大锣,以造气氛。也可采用细吹演奏。

12.十番粗吹打【水龙吟】:此曲粗吹、细吹均用。粗吹用于将帅升帐、官爷升堂等庄严场面。

13.十番锣鼓【十八拍】:为粗细丝竹细锣鼓曲,俗称"鸳鸯拍"。曲名取该套中有一曲牌为【十八拍收板】而命名。全曲以"粗细丝竹"和"粗细锣鼓"的交替演奏而构成。由于乐曲音色、节奏多变,具有引人入胜的感染力。

现"堂名"于2020年入选苏州市非遗项目保护单位名单,保护单位是昆山市高新区文化体育站。至今,"昆玉堂"还在坚持活动,并注意物色稍年轻的乐手加入,以求堂名音乐能代代奏响,世世传承。

(杨瑞庆 编文供图)

127

连厢

（2020年新增苏州市非物质文化遗产保护单位项目）

百人连厢

旧时，张浦镇境域盛行打连厢的民间风俗。每逢庙会节庆，多有连厢活动。新中国成立后，民间打连厢活动犹盛。20世纪50年代初，张浦、南港、大市地区都有连厢队到昆山县城区欢送参军(志愿军)新兵时表演。每逢国庆、中秋、元旦、春节、元宵等重要节庆，以及宗教传统庙会、重大商务活动、文化旅游盛会，也必有连厢项目展示，成为群众喜闻乐见的民间文艺。2008年，张浦镇被列入苏州市特色文化之乡"连厢之乡"。2020年，连厢入选苏州市非遗项目保护单位名单，保护单位为昆山市张浦社会事业发展和管理局。

连厢历史悠久，最早可追溯到公元前，荀子在《成相》篇提及"为说唱配乐之乐器'相'，'相'是一种竹简或鞭状的乐器"。也有考证，它最早源于一种农具，也被盲人辅助行路。清代《两河词话》中载："金作清乐仿辽时大乐之制，有连厢词者，带唱带演，以司唱一人，亦名打连厢。"清康熙年间，李振声《百戏竹枝词》中记有："徐沛伎妇，以竹鞭缀金钱，击之节歌。"

张浦连厢起始于何时，民间有三种传说：一是明末清初战事连连，安徽、山东一带有很多老百姓在战乱中流离失所，一路乞讨到江南地区，他们用一支简陋的竹鞭"连厢"为表演乐器，边歌边舞卖艺乞讨。二是清末太平天国起义军兵士在江南进行反清活动时，将流传于广西地区的"霸王鞭"民间文艺带入苏南地区，流传至今。三是连厢源自江南水乡的一种哄幼儿入睡的玩具，是一支嵌有铜钱的小竹竿，轻轻摇动会发出有节奏的嚓嚓声，有催眠作用。幼儿睡在摇篮里，听着母亲轻哼的童谣、连厢有节奏的嚓嚓声，就会很快入睡。但这毕竟是民间传说，没有史料考证。苏州市吴中区甪直镇是中国历史文化名镇，它是声名远播的连厢之乡。《甪直镇志》中载："甪直连厢源于宋代。"张浦与甪直接界，旧时昆山县设甪直镇建制。明《嘉靖昆山县志》载："甪直在县西南三十里，与长洲县(今吴中区)甫里镇接境，庐舍相错。"清光绪《吴郡甫里志》载："甫里，一名六直，又名甪直，旧志以元和县界(今吴中区)为甫里，昆山县界为甪直，今不复分矣。"1952年9月，区划调整，昆山县甪直镇划归吴县(今吴中区)管辖，甪直才与昆山县张浦脱钩。由此可见，张浦连厢与甪直连厢同源同脉，流传年代已久远。

连厢为一支1.1米左右长的小竹竿，直径为2.5厘米左右。竹竿上下各交叉雕空两节(两个贯通的槽口)称为厢，共四厢相连。每厢嵌有3枚古钱币(现用形似古钱币的铁片)，用铜丝并列串联，共12枚，具有每年4季12个月的含义。连厢一经舞动，便能发出喊喊嚓嚓的节奏感鲜明的悦耳响声。为了增加连厢的视觉效果，还将竹竿漆成彩色，并扎上数组彩线或飘带。

连厢的传统击打技艺，有文、武之分。文连厢表演时歌舞并重，节奏轻快。武连厢表演时活跃自由、动作粗犷。张浦连厢现行的技艺以文为主。连厢击打主要有：交齐、起步、转棒、踢棒、敲身、击地、对打、转身、收势等基本动作。向上以手拍(连厢)为主。向左右以敲击为主。向下以撞击为主。左右上下舞动，敲击肩、臂、肘、胸、腰、臀、背、大腿、小腿等身体的部位，轻松活泼，时起时伏，动作整齐，那喊喊嚓嚓的连厢声节奏感很强，使观者有情不自禁随之起舞的欲念。

张浦连厢有着独特优势，因处于国家级非遗"吴歌"与"水乡妇女服饰"之乡，所以张浦连厢表演时口唱委婉吴歌，身穿典型的"水乡妇女服饰"，手舞南北文化兼容的连厢，可谓珠联璧合，相得益彰，充分凸显了江南水乡浓郁的地方特色以及深厚的文化内涵，给观众提供了美不胜收的感官享受。

张浦连厢在长期的流传中不断演变。从域外流入伊始，张浦连厢先以单打、二三人对打为主，为穷苦农民灾荒乞讨谋生的技艺，所以旧时连厢亦被称作

张浦星金村连厢队

连厢邀请赛上张浦连厢队在表演

"叫花棒""莲花落"。连厢因制作简便、动作易学、材料就地可取、表演不受场地限制，而有利普及和推广。连厢载歌载舞、热闹快乐、观赏性强，深受百姓喜爱。连厢舞不仅自娱自乐，青年人还可借此传情示爱，张浦有山歌唱道："四角方方一块场，借侬场地打连厢。郎打连厢妹敲鼓嚷，四句头山歌唱开场。一支连厢四个厢，十二个铜钱喊嚓响。郎打连厢妹敲鼓嚷，俚是心心相印情意长。"因此连厢很快在本地生根开花，与舞龙灯、荡湖船、挑花篮、踩高跷等一起，成为水乡庙会、节庆必展的民间文艺。

此后，在流传中逐渐融入了吴地文化委婉柔美的风韵，表演中融入插秧、摇船、纺纱、割稻、牵磨等具有水乡农耕文化的动作。进入21世纪，为了表达人民群众热爱党热爱祖国的情感，连厢爱好者就增加了用连厢道具拼接成五角星，及展示时政内容的横幅等新型动作。连厢舞蹈的音乐一般采用节奏感强烈的革命歌曲录音，从而增加了宣传国策、时政，歌颂幸福新生活的内容。

张浦连厢坚持传统套路的传承，确定以星金村为传承基地。星金村地处张浦之西，位于角直古镇东市梢南，村连厢队员共16人，其中男性2人，平均年龄近60岁，最大年龄71岁。其中的梁梅玲、金兴妹、王雪英、胡雪坤、曹银根、陈金凤、郭英之、居惠惠为镇级传承人。他们的连厢动作代代相传，节奏有4击、6击、8击、15击、20击等传统套路。参赛时，头梳盘龙髻，扎白接角拼接三角包头。上身穿大襟拼接罩衫。下身穿拼裆吊脚裤。小腿裹卷膀。脚穿百纳绣花鞋。腰束百褶裥短裸裙。外围小裸腰头。可谓"三角包头乌云罩，百褶裥裸裙紧束腰，青莲衫子藕荷裳，百纳花鞋头高翘"，一亮相就与众不同，夺人眼球。他们擅长套路传统，动作熟练整齐，连贯紧凑，是张浦传统连厢的代表，多次被镇文化部门推荐参与重大节庆表演，屡获好评，先后荣获2017年昆山市第九届广场舞大赛二等奖、2017年"张

浦杯"江苏连厢舞邀请赛三等奖、
2018年张浦广场舞大赛一等奖、
2018年昆山第十届"江苏有线杯"健
身广场舞大赛第二名等好成绩。值
得一提的是,2018年1月5日,应邀
参加央视《农林大世界》城市宣传片
拍摄,荣幸地登上了央视舞台。

张浦连厢队表演的《绿野清风》

　　张浦连厢坚持在传承中创新。
镇文化部门将镇舞蹈队作为张浦连厢传承创新平台,用心打造现代连厢舞经典作
品。2016年,特邀江苏省舞蹈家协会、苏州市舞蹈家协会、苏州市音乐家协会的
专家莅临张浦指导,以攀登江苏省五星工程奖为目标,创编连厢舞《绿野清风》,将
古老的连厢技艺融入现代歌舞的元素,成为新时代风采的成功之作。然后代表张
浦参加了各个层次的连厢技艺交流、比赛,屡获嘉奖,其中省级以上的奖励有:
2016年6月,在江苏省文化厅、淮安市人民政府主办的2016年"荷风舞韵·追梦江
淮"苏皖地区连厢舞邀请赛中荣获二等奖。2016年7月,在2016年昆山市非物质
文化遗产优秀节目选拔赛活动中荣获二等奖。2016年9月,在"五彩连厢·甪直飞
扬"第二届全国连厢舞邀请大赛中荣获银奖。2018年6月,在"泥土的芬芳"2018
金山区乡村艺术节暨"廊下杯"长三角连厢展演活动中荣获最佳风采奖。2019年
10月,在"张浦杯"长三角连厢邀请赛暨昆山市非遗展示月活动中荣获最佳传承
创新奖。2020年11月,在2020年"张浦杯"长三角连厢舞邀请赛活动中,荣获最佳
传承创新奖。

　　张浦连厢有着广泛的群众基础。至2020年为止,全镇7个居委会15个行政
村都建有连厢队,共有队员近500人。镇文化部门设有连厢活动专项基金,每年

张浦少儿连厢

组织镇级连厢舞会演,并给予每个参赛队一定的经费补贴,对于成绩优秀的队伍还给予物质奖励。如2013年9月26日,镇举办第八届群众文化艺术节暨海峡两岸中秋灯会连厢比赛,10支参赛队伍共有150名表演者,通过精心排练同台竞技,当时观者如云,呈现了一场规模宏大的连厢群舞。每逢庙会、节庆、文旅、商务重要活动都有连厢舞展示。连厢爱好者有的自发在休闲广场、公园街头表演;有的主动参与村落、社区的各类文娱活动。他们还会在农历初一、月半的当地庙会中表演,用连厢寄托对美好生活的祝愿。通过开展各种群众参与的连厢活动,使全镇的连厢文艺长盛不衰。

庙会上的连厢舞蹈

张浦连厢凭借一乡一品的特色优势,积极举办对外的连厢交流活动:2016年举办"张浦杯"苏州地区连厢舞邀请赛;2017年举办"张浦杯"江苏省连厢邀请赛,来自南京、扬州、泰州、淮安、徐州、连云港、盐城、宿迁、南通、镇江以及苏州地区的常熟、江阴、吴江、胜浦、甪直、黄埭等16支连厢队同台竞技;2019年举办"张浦杯"长三角连厢舞邀请赛,2020年举办第二届"张浦杯"长三角连厢舞邀请赛。通过赛事活动,营造出张浦连厢之乡应有的氛围,同时也使张浦连厢名声更加广远。

张浦连厢经常被昆山市作为非遗优秀代表项目,在重大商贸活动和体育赛事上展示:2010年,姜杭村连厢队代表昆山参加上海世博会民间文艺展演,由中央电视台录播。2016年5月21日—22日,张浦连厢《绿野清风》代表昆山特色文化在国际羽联举办的"汤尤杯"女子、男子决赛场次上作为串场节目亮相。2016年12月8日,中央电视台五套节目组到姜杭村拍摄"连厢之乡"电视片。通过电视直播,使张浦连厢走向全国、走向世界。

张浦镇的文化部门,对连厢的保护、传承、发展,做出了大量科学、有序的扶持,已取得了显著成绩。但随着时代的变迁,连厢的传承存在着"一多二少"的现状:一多即中老年妇女多,二少即男子少、年轻人少。若不加以重视,就潜伏着萎缩、冷清的危机。因此,张浦镇文化部门对张浦连厢在培养年轻队伍上狠下功夫:

一是采取以师带徒的方法,将传统连厢技艺传授给年轻人,由镇级连厢技艺传承人分别带徒,传授给姚志娟、帅萍、张妮妮、孙玮、赵星宇、方静、周秋英、王梦婷、徐晨琼等张浦青年骨干,再由他们在传统技艺的基础上给予再创新和再发展,使年青一代尽快成为传承张浦连厢的主力。

二是依靠群众参与的力量,使各基层连厢队,通过老队员的传帮带,培养出一批中青年参加连厢活动,使张浦连厢队伍能后继有人。

三是将张浦连厢引进学校。先将连厢表演进校园,使学生目睹家乡拥有精彩的民间文艺,由此产生学习的欲望。曾确定南港中心小学(2021年搬迁新址,更名为昆山市张浦镇震阳实验学校)为传承基地,因此组织了少儿班、少年班两个连厢队,并指派张浦连厢传承人定期进校传授与排练。从三年级开始,每周安排一节连厢课,定为"校本课"(学校自己设置的特色课程)教授内容。政府文化部门还有意识地安排学校少年班连厢队参加张浦的节庆活动和文艺会演,培养他们热爱家乡民俗的情怀与热情。学校还自编了八节连厢操,要求每位学生都能击打出张浦连厢的基本动作,从而为张浦连厢的代代相传播下传承的种子。

(姜志男 编文供图)

苏州竹刻

（2020年新增苏州市非物质文化遗产保护单位项目）

巴城老街

巴城有着2500多年的建置历史，文化底蕴深厚，因此被评为第七批中国历史文化名镇。因为曾有唐代的黄幡绰和元代的顾阿瑛，昆曲曾在这里得到发扬和传承，因此又被命名为中国民间文化艺术（昆曲）之乡。如今，巴城又有了一个新的"头衔"：苏州竹刻艺术传承基地。

竹子在中国人的物质生活及精神生活中占据着重要地位。宋代大文豪苏东坡曾有"可使食无肉，不可居无竹。无肉令人瘦，无竹令人俗"的诗句。还有说"不刚不柔，非草非木，小异空实，大同节目"的竹子无牡丹之富丽，无松柏之伟岸，无桃李之娇艳，但它有虚心文雅的特征，高风亮节的品格，与梅、兰、菊并称为"四君子"，又同松和梅并称为"岁寒三友"。竹子作为人们生活用品、生产用品乃至艺术品的应用材料有着悠久的历史，故历来为中国文化人所推崇。

在宋代，苏州是制扇业的重镇。到了明代，苏州扇骨雕刻开始盛行。由于文人的使用和参与，江南竹刻开始崛起，逐渐形成两个派别：以朱松邻祖孙三代为代表的嘉定派，以李文甫等名家为代表的金陵（今南京市）派，竹刻艺术开始进入鼎盛时期。尤其是嘉定，不仅与昆山比邻，文化的审美追求也大致相同，因此形成昆山竹刻的基础。

入清后，嘉定周边的昆山、常熟等地相继出现了若干竹刻从业者，随后有了竹刻技艺的交流活动。昆山竹刻艺术品的出名，可以追溯到明末"嘉定四先生"之一的李流芳，他在昆山书写并刻就了"浅刻臂搁"，这件作品现藏于浙江宁波博物馆，落款为"唯翁道兄，戊子春日李流芳书于玉峰"。明清时期，竹刻艺术品是文人、书画家、医者案头不可或缺的文房用品。在文人荟集、社会富庶的昆山，竹刻技艺的发展和传承逐渐领先于周边地区。

昆山竹刻以深雕、透雕、浮雕、圆雕、留青、浅刻等表现手法为其基本特征。深雕是以竹子表面为底，将图案在画定的范围内向下雕刻，使雕好的图案凹陷于竹子表面，雕刻过程中结合浮雕、半立体雕、阴刻等技法。透雕是以浮雕技法为基础进行雕刻，并将图案底部多余的部分雕穿，故称之为透雕。雕刻过程中结合半立体雕、阴刻等技法。高（浅）浮雕则与深雕相反，是将图案周边多余部分向下雕去，使图案浮于表面，故称为浮雕，雕至一定高度的称为高浮雕，浅的称为浅浮雕。雕刻过程中同时结合了半体雕、阴刻等技法。圆雕也称立体雕，将图案置身于视觉的中心位置，以前、后、左、右、上部甚至底部在内进行全方位雕刻，雕刻过程中结合了浮雕、阴刻、透雕等技法。留青也称薄意阳雕，是在竹子表皮上作画，将图案中的青筠留下，雕去图案外的青筠，雕刻过程中结合浮雕、阴刻等技法，要求底部平正，随着时间的推移，竹青与竹篾色差拉大，竹青呈现黄色而底部竹篾呈深红色或枣红色，十分醒目，视觉效果很好。浅刻是阴刻技法中较浅的一种形式，是将图案浅浅刻去，并根据需要，利用深、浅、线刻、刮刻、圆底、平底、砂底、尖底、浅浮雕等多种技法来表达画面的物体、笔墨的趣味，随着长时间的把玩，竹篾表面泛红，让人赏心悦目。

昆山竹刻所要表现的是与诗、书、画、印的完美结合，使作品更具观赏性和艺术性。其主要显示是在书房的案头，有竹对、竹简、条屏、观屏、笔筒、臂搁、镇纸、扇骨、印章、摆件、山子、笔架等文房用品，诠释着昆山文人的内涵和雅致的性格。昆山竹刻集观赏、把玩、实用于一身，对陶冶人的情操、升华人的素养、教化人的心灵，并对文人画的发展都有着潜移默化的作用。

在昆山范围，近当代苏州竹刻最有代表性的传承人是周玉菁（1920—2005）。周玉菁出生于苏州，1952年移居陈墓（今锦溪），以竹刻及治印为生。周玉菁早年师从吴门竹刻名家王山泉，得其真传，技艺

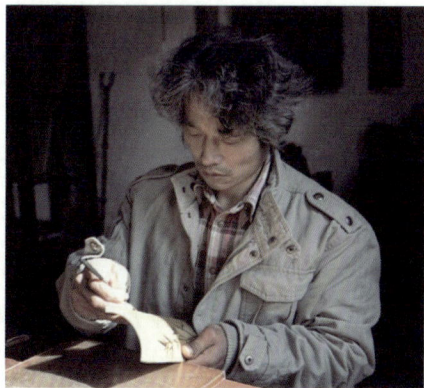

苏州竹刻传承人倪小舟

精湛。加之他兼有深厚的书画、篆刻功力,因此竹刻作品中显示出鲜明的只能品赏不可言说的"刀味",在当时的吴门竹刻中首屈一指。

当代昆山苏州竹刻传人倪小舟仰慕周玉菁的竹刻技艺,拜其为师,同时也受到杨惠义、钟山隐等名家的影响,渐渐形成自己的风格。目前,整个苏州大市范围内共有八位"竹人",其中昆山有两位,一位是倪小舟,另一位是徐庆泉,两人是师出同门。

倪小舟(1962—　　),昆山巴城人。他最早从事的并非竹刻,而是木雕工艺。20世纪70年代末,倪小舟高中毕业后去学木工,其师父是当时昆山县家具厂的一级"小木",做的是家具上的雕刻构件。倪小舟在这方面很有悟性,学了没多少日子,竟然能独立动刀了,甫一出手就显示出他有不凡功力,让老师傅们赞不绝口。自此以后,倪小舟一发不可收拾,不仅踏遍苏州园林,还去徽州赏遍徽派古建筑,仔细观摩木雕,技艺日趋精湛。

倪小舟竹刻艺术馆牌匾

之后,倪小舟又去了东北。他在辽宁鞍山巧遇一位民间烙画老艺人舒师傅,当即拜他为师,学习烙画技艺。之后,倪小舟的足迹遍及大半个中国去寻师学艺,为他以后"下刀如有神"的造诣奠定了坚实基础。

1985年,倪小舟回到了久违的昆山。之后,他花了整整一年的时间和心血,将昆山顾炎武纪念馆、苏州拙政园塔影亭、云亭和长廊,分别用木雕技艺制作成模型,浓缩于案头,工艺之精巧让人惊叹不已。当时的《昆山日报》《苏州日报》以及苏州电视台等传媒都做了专题报道,顾炎武纪念馆模型还在先生的家乡千灯展出,受到各界一致好评。

就在那次千灯展出中,倪小舟结识了本土书法家、收藏家殷新生,并成了好朋友。殷新生有着比较丰富的关于中国古代工艺美术的知识,他给倪小舟观赏了一个竹制笔筒,上有名家所刻的毛泽东诗词,笔触和刀工如行云流水,倪小舟顿时来了灵感,也想模仿刻制。然后,他在所掌握的木雕和烙画技艺基础上,又开始了对竹刻艺术的探索。倪小舟一头"扎进"竹子里，从楹联、竹简、条屏等大件着手，逐步雕刻臂搁（作书法小楷时用于肘部的支撑）、笔筒、扇骨等小件，边刻边总结经验，最后竟然无师自通地得心应手了。

　　竹刻艺术品向来为文人所用，所以对雕刻者自身的文化素养要求甚高，不仅要"工"，还须认识和理解书画金石古诗文等，故历来从事这门艺术的人不多。清末著名古玩收藏家赵汝珍在《古玩指南·竹刻》一节中这样写道："竹刻者，刻竹也。其作品与书画同，不过以刀代笔，以竹为纸耳。"倪小舟深知自己没有书法功底是无法在"竹刻之路"上大有作为，于是他决心系统学习书法和绘画，他带着自己的竹刻作品登门拜访书法名家，向他们请教。曾先后得到沙曼翁、陆家衡等名家的指点，受益匪浅。沙老观看了倪小舟的竹刻作品非常赞赏，亲笔为其题写了"友竹轩"的"斋号"，以及赠其"倪小舟竹刻"和"情系幽篁"等墨宝，给予肯定和鼓励。

　　除了恩师周玉菁的谆谆教诲外，倪小舟还注重兼收并蓄，曾多次向钟山隐、范遥青、金西崖、盛丙云、徐秉方等前辈竹刻名家请教，力求更上层楼。经过多年努力，最后终于使竹刻技艺进入炉火纯青之境界。

　　我国传统工艺典籍《考工记》里有这样一段文字："天有时、地有气、材有美、工有巧，得此四者，然后可以为良。"这里讲得很明白，除了天时地利之外，所用材料若不能尽如人意，那么刻出来的作品就不可能完美。为了寻找优质的材料，倪小舟无数次深入浙江、安徽等地山区，仔细了解当地竹子的生长环境及生长过程，然后有的放矢地进行采伐。如，浙江省地处天台山、会稽山、括苍山、仙霞岭等山脉之交会处的磐安县，号称"中国竹乡"的龙游县，还有安徽黄山一带的竹子质量较好，而有着"竹海"美名的安吉竹子则因纤维结构较粗，并不适用于竹刻。采竹须在冬天，选择长在山之阴的竹子，因为山阴处的竹子生长缓慢，而冬季的竹子生长尤其缓慢，水分和养料收敛，内行人所谓"脂膏不往上走"，不容易生蛀虫。竹子不可太嫩也不可太老，嫩竹容易

倪小舟竹刻作品之一

137

变形,老竹则纤维变粗,一般以三至四年的成竹为最佳。

倪小舟每次进山采竹总要花上十天半个月时间。人家都在准备过年了,他却"躲进深山成一统",继续采伐竹子,乐此不疲,忘乎所以。采伐下来的竹子要踏着崎岖的山路一株株扛下山,切不可在地上拖,因为这样会擦伤竹青,表面留下的伤痕很难消除。竹子到了山下还要经过处理,料断、打通竹节,再用一口大锅烧水,水里加上适量的明矾、盐、石灰,料断后竹子放进去至少煮上半个钟头,捞出来趁着赤沸滚烫时用粗毛巾花大力气擦去表面的油脂,擦得大冬天脱剩了单布衫。然后将处理过的竹子再晒上个把月,才能运回家中备用。存放四到五年没有一丝丝开裂,才开始操刀初加工。开出的竹片还须细细打磨,摸上去滑腻温润如玉,方能用于竹刻。这整个过程是非常繁复的,须有异于常人的耐心。

倪小舟竹刻作品之二

古人曰:"工欲善其事,必先利其器。"现代人通常用于竹刻的刀具是用弹簧钢制作的,而倪小舟则"另有一功":用高碳钢做的什锦锉(成套的小型钢锉)来制作刻刀。这种刀具硬而脆,稍稍用力不当甚至手腕轻轻一抖就会折断,倪小舟却用来得心应手游刃有余。倪小舟在2000年从昆山巴城移居苏州甪直古镇,在这里他以千年水乡文化为背景潜心探研竹刻艺术,除了"请进来、走出去"与同行交流切磋心得、技艺之外,还多方寻找与书画名家合作的途径,以创作出更具时代意义的作品。他还注重收集历代竹刻名家的作品如笔筒、臂搁、扇骨等,从形别、题材、技法等各个方面通过鉴赏、观摩达到吸收、继承和提高。

倪小舟竹刻得前人艺术之精髓,融古人诗意与各种技法于一炉,终于达到了随心所欲的境界。倪小舟以"拒绝匠气,追求匠心"为自己的座右铭,他从不求"量",一味求"精",为此不遗余力。

前人说得好:"有志者事竟成。"2005年,倪小舟被苏州市评为"首届民间工艺家"称号。2006年,作品在"苏州市第五届民间艺术节"展出,获铜奖;同年在"首届苏州市竹刻艺术精品展"展出,获银奖。2007年,书刻作品《大用无为》入展"江苏省首届刻字艺术展",并获最高奖,同年,作品《无为》《江南春》入展上海国际艺术节及入展第八届中国民间文艺山花奖民间工艺精品展。2008年,作品《桃花源记》入选2008年中国扬州世界运河名城博览会工艺精品展。2009年,作品《罗汉图》入选新中国成立六十周年苏州工艺美术大展,获银奖。作品《大美不言》在江苏省第二届书法刻字艺术展上获最高奖,还荣获昆山市人民政府"第六届优秀文学艺术作品提名奖"。2010年,作品《西园雅集》《起鱼图》入展全国竹刻艺术邀请展;同年,被授予"江苏省高级工艺美术师"称号。2008至2013年,二十余件作品入选金陵竹刻艺术馆。2014年,七十余件作品代表金陵派竹刻参加全国民办博物馆展览并获奖。2017年,被评为江苏省乡土人才"三带"能手。2018年,在世界竹藤大会上,被亚太地区竹工艺评委会、国际竹藤组织评为"亚太地区竹艺工匠",作品《留风》被永久收藏。

苏州市著名书法家华人德先生对倪小舟竹刻艺术如是评说道:"豪芒之间,游刃有余。昆山倪君小舟善刻竹,所刻与原迹不失毫发,雅致精微,有书卷之气。"

倪小舟"爱屋及乌",对古代其他竹制品也很感兴趣并有一定的研究。他收集了大量民间竹制日用品大到各种碗柜、方桌、茶几、摇篮、"竹夫人"(古人盛夏睡觉时抱着可以减轻汗水粘连)等物,小到笔架、琴炉、烟嘴、手杖、香薰乃至笛、箫等,他有个意愿,就是将来能办一个私人"竹文化博物馆"。

2012年,昆山竹刻入选昆山市级非物质文化遗产代表作名录,申报单位是巴城倪小舟竹刻工作室,代表性传承人是倪小舟。

2020年,苏州竹刻入选苏州市非遗项目保护单位名单,保护单位是昆山市巴城镇文化体育站。为之,巴城还专门创办了苏州竹刻传习工坊。

苏州竹刻工艺当前在昆山的传承人有倪涛、刘建军、李丽、朱浩、何崇权、刘超华、张里等七人,均为倪小舟的徒弟。苏州竹刻传习工坊和倪小舟竹刻工作室长期为他们提供展示空间外,还给竹刻爱好者提供技艺指导,每年达50余次,受益者多达500人次。

倪小舟竹刻艺术馆长期免费对外开放,经常举办公益性的传习、讲座活动,曾接待全国各地的学校等组织的大型传播、体验活动数十次。另外,倪小舟个人受邀外出讲座每年三到五次。巴城镇文体站也还制订了对倪小舟竹刻技艺的保护计划,盼望这项苏州竹刻技艺能长久传承下去。

(郑涌泉 编文供图)

周市燻鸭制作工艺

（2007年入选昆山市级第一批非物质文化遗产名录）

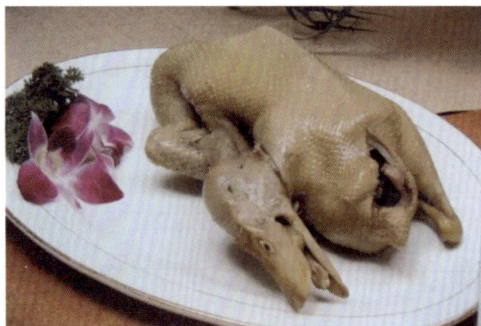

周市燻鸭

走进昆山城乡不同档次的酒店饭馆，或者前往乡村社区参加婚宴酒席，总能尝到一道具有本土特色的佳肴——周市燻味酱鸭，简称"燻鸭"。燻鸭已有一百多年的历史了。清光绪年间，周市燻鸭就闻名遐迩。为什么周市能够制作风味独特的燻鸭？原因有三。

其一，丰富的制作食材。最初流行在周市的燻货并不是燻鸭，而是"燻鸟（diào)"。昆山地处长江下游，西靠阳澄湖畔，东邻浏河长江，境内湖泊众多，地势偏低。周市一带到处是草滩荒荡，芦苇丛生，是野禽栖息繁衍的场所。据昆山县志记载："野鸭，阳澄湖畔最多，水田稻熟，群唼一空"。周市城隍潭一带，是野生动物禽鸟栖息的繁衍地。听老农民说，发大水时，撑一条小船可以笔直撑到周市镇上。周市自然地名中至少有两处叫"鸭头浜"，一方面是浜斗弧形，貌似鸭头，另一方面是说鸭子在这个低洼地区有利饲养。地势低洼不利于种庄稼，但是勤劳的村民因地制宜饲养起鸭子。因为养鸭技术要求不高，老少皆宜。加上水面多，满河的水生植物，降低了饲养成本。鸭头浜人都是外来户，走南闯北见过世面，不少人曾经在大上海摆过摊，送过货。他们把饲养大的鸭子用船送往上海的饭店、食堂，很受上海人的欢迎。另据周市镇志记载，城隍潭、朱家湾等地都有打猎高手，成天手拿猎枪、手牵小狗、划着小船在荒滩芦苇荡里转悠。经常与飞禽打交道，练得一手猎取好本领。飞禽野味，成为当年小镇上颇有名气的风味食品，清代地方志上有周市燻鸟的记载，直到民国时期上海旅行社发行的"昆山二日游"小册子上，还有"著名土产·周市野味"的介绍。

周市燠鸭选用的原料并不单是麻雀，这全由打猎者的收获决定。偶尔也能打到野鸭、野鸡，甚至逮到黄鼠狼，以及其他的飞禽走兽，于是就丰富了周市燠鸭的制作食材。尽管原料可以随机应变，但是，当地的市民依旧把这道特殊的野味通称为"周市燠货"，或者"燠鸟"。

浸渍的燠鸭

其二，独特的制作技艺——"燠"是煨煮的意思，是原始的烧煮方法。周市燠鸭十分讲究火候。隔天打猎获得的鸟类，清理干净了，先用文火焖煮，然后浸泡在老汤卤汁内，以备随时取用——这就是"燠"的过程。这个"燠"字组成："火"字旁，"火"字底，半包围一个"鹿"字，就可以发现燠鸭与昆山的历史渊源——昆山曾有吴王的皇家养鹿场；而烧制鹿，必须下功夫，文火慢炖（煨）应该是最好的选择。民间制作"燠鸟"的特殊方法就是在烧制好后，把鸟再放到燠锅里浸渍一夜才出锅，这或许就是造字为"火"字旁、"火"字底的最好诠释。据介绍，最早制作燠鸭是用铁锅烧制，再用陶锅酱缸浸制。烧煮期间翻动及打捞成品有专用铁抓，俗称"老鹰"。"燠"的技艺来源于生活——经过文火焖煮、卤汁浸制，味道入骨，口感好，同时，可以节省柴火，还可以防止变质，即使大伏天也不易坏掉。

浸制的汤料有嫩老之分，是因为中药放置数量及燠煮时间有所不同。刚刚配置的汤料属于嫩汤，尽管新鲜，在这道佳肴中并不是最受欢迎，最受欢迎的是老汤。所谓老汤，就是可以连续使用。盛放老汤燠煮的器具也有讲究，以铜质燠锅、大砂锅（陶制）及铁锅为主；后来改为更加符合科学的大尺寸搪瓷盆，或者陶制酱缸。民间有一个神奇的说法，说周市镇有一只燠锅，已用了三十余年。

其三，特殊的佐料配方。第一次尝到周市燠鸭的人都会说，这道菜有一股中药味。没错，周市燠鸭的独特之处就在于与传统中医搭上一点关系，佐料中含有中药成分。周市中医、中药业历史悠久，民国三十三年时，小小的周市就有4家较有规格的中药店，现在的南街25号，就是当年的良济堂药店。新中国成立前后，良济堂的分店还开到了昆山东门大街。改革开放前，周市乡下还有中草药种植基地。是中医催生了美食配方，经过燠制的燠鸭，肥而不腻，鲜嫩入骨，对老年人及病后虚弱者，能起到健脾开胃、增加食欲之功能。从公开的资料看，周市"燠鸭"的佐料配方似乎并不复杂——由丁香、玉桂、甘松、茴香等十多味中药组成，加上黄酒、葱、姜等七种调料配成汤料。以前周市老街上的中药店里可以买到燠鸭配方的全部佐料。但是，同样的药材，量的多少是关键，还有烧制的火候，浸制的时间等等，燠鸭的制作玄妙就在这里。所以说，周市虽有世代相传的燠鸭秘方，但只有极少部分人能真正掌握这一民间制作技能。

周市燠鸭作为著名品牌，已有近150年的历史——就品牌而言，有太和、人和、稳得福、大桥、太保等商标品牌，从改革开放之初的恢复生产，逐步打造品牌，确立传承关系，最后形成产业链，先是普及周市，再是进入昆山各大超市。

邱家开在河南街的"太保燠鸭"，新中国成立前曾经远销到大上海马当路的一家酒店。大桥燠鸭店是改革开放后创办的门店，主要在镇上销售。人和、稳得福等品牌，经过不断打造，已经有了一定的市场规模。真正得到有序传承的是"太和"品牌。

周市燠鸭从最早的纯野味，用野鸭、野鸡、野鸟为原料，到慢慢野禽减少，用家禽代替。改革开放之初，在物资匮乏的年代，用肥大的良种大麻鸭为原料，由于肥腻而不受欢迎，后来改为小麻鸭为主。周市燠鸭最初由周墅多种经营服务公司经营，组织货源送往上海，成为上海人喜欢的美味佳肴，其鸭源主要来自周市镇北部城隍潭、蔡泾村一带的养鸭专业户。20世纪90年代，周市境内大棚养鸭的专业户不下50家，光经营种鸭养殖的就有十来家。进入21世纪以来，随着老百姓生活水平的提高，开始讲究生活质量，肥腻的鸭子逐渐被大白鹅取代。现在市场上，基本上都是以用家禽鹅为原料，但是大家习惯上把"燠鹅"依旧称为"周市燠鸭"。

值得关注的是周市"太和燠鸭"——

周市镇，从事烧制燠鸭行当的有数家，以吴家历史最为悠久，脉络最为清晰。第一代吴少堂，传儿子吴景福，吴景福传女儿吴凤芷，吴凤芷传儿媳陈金娥。吴家的"太和燠鸭"历史可以追溯到清光绪四年（1878）。"太和燠鸭"的创始人吴少

民国三十二年"新太和"商业登记证

142

堂,是周市镇河南街"太和馆酒店"的老板。清光绪四年,吴少堂继承祖传秘方,并收集民间技艺,加以改进,制成燶鸭。后与儿子吴景福一起经营,燶鸭也慢慢成为家喻户晓的一道熟菜。新中国成立后,吴少堂第三代吴凤芷与第四代陈金娥婆媳俩继承祖业,用祖传技艺烹制燶鸭,2006年首届苏州市农家菜烹饪大赛获菜品燶鸭"大赛传承奖"。

1958年出生的陈金娥,自从1979年嫁到吴家后,跟婆婆吴凤芷开始学习当厨,用祖传技艺烹制燶鸭。4年后,周市镇多种经营服务公司聘请她们婆媳俩掌勺烧煮燶鸭,周市燶鸭得以再次崛起,并促使周市地区的养鸭业日益兴旺。20世纪80年代燶鸭销售点开始扩展,深受百姓欢迎。90年代,陈金娥从公司辞职,回家单干,先后在周市老镇河南街、

第四代传人陈金娥

河北街、庙弄堂等处开过门店,在周市老百姓心中再次唤起对传统风味的记忆。1996年,太和燶鸭结束摆地摊一般的小门店,在周新公路开了公司。1982年8月出生的马正是个纯正的80后,1999年就读于解放军外国语学校昆山分校英语专业,2003年完成学业后,在一家外资企业工作。经过数年努力,马正已经在外企站住了脚跟。2008年,因为家庭企业扩张急需用人,马正辞去工作离开企业,跟随母亲学习烧制燶鸭,从事燶鸭经营。马正加入"太和燶鸭"公司后,首先制订了企业的五年计划。第一年是扩建厂房。该企业在周市镇周新公路民营开发区新建了"太和燶鸭食品厂",扩大规模,提高公司体量。第二年,引进真空包装设备,以延长保质期限,提高储存能力应对旺季。第三年,引进高压灭菌新工艺,产品保持了燶鸭特有的味道,还可以久藏远运,提高产品质量以赢得市场信任。第四年,开辟供货渠道确保原料的质量,与上游养殖场签订供货合同,增加养殖场持续生产能力,以抑制市场价格,让市民享受平价周市燶鸭。第五年,全方位提升管理运作水平,打造"太和燶鸭"品牌。

2012年,太和燶鸭食品厂搬到了青阳路,新的公司占地5.5亩,建筑面积3800平方米。新的生产车间,促进了太和燶鸭的转型升级。添置了制造真空包装燶鸭

真空包装的周市太和燻鸭

"太和燻鸭"食品厂接待室标牌

需要的大铁锅、高压灭菌锅以及真空包装机。为了迎合以年轻人为重点的顾客群，开发了一系列产品，丰富了产品线。如：太和燻鸡，燻味牛肉，燻味禽胗，太和爆鱼，太和咸鸡，太和酱蹄，走油东坡等产品。尤其是真空包装的系列产品具备保鲜、贮藏功能，辅以塑料包装、铝箔包装与纸盒包装，可以快递远运，成为馈赠佳品。经过十几年的品牌打造，"太和燻鸭"在昆山开了5家连锁店，并且成为大润发、易初爱莲、捷强等大型超市以及昆山宾馆、华美达、瑞士大酒店以及费尔蒙酒店等常年供货商。

2007年，被列为昆山市首批非物质文化遗产。政府出台了扶持保障措施，保护祖传"秘方"，鼓励传承人运用好祖传技艺。周市太和燻鸭获得的荣誉无数：1999年，被江苏省贸易厅，江苏省烹饪协会评定为"江苏名菜"。2006年，获苏州农家烹饪大赛传承奖和苏州优质农产品交易会产品畅销奖，并被编入《中国苏州菜》一书。2008年，被评定为"首届中国青年农业成果博览会特色产品奖"，并被编入《昆山民族民间文化精粹·美食卷》。2009年，被评定为"苏州名牌产品"。2010年，被列为昆山市首批非物质文化遗产。2011年获得国际ISO22000认证。2012年，中国商业联合会评定为"中华老字号 会员单位"。

"一家燻煮，满街飘香"的"周市燻鸭"已经誉满鹿城。未来的周市燻鸭，将制定行业规范，统一行业标准，打造优质口味，满足顾客需求，从而弘扬周市这份独特的美食文化。

（张银龙 编文供图）

144

昆石加工工艺

(2007年入选昆山市级第一批非物质文化遗产名录)

昆山以地名命名的艺术品有两个，一个是让世人瞩目的昆曲，一个是让国人抢眼的昆石。而且昆石先于昆曲扬名。这个命名据说有出典：

有一种说法是，昆山的命名灵感来自城内马鞍山白石的发现。南朝时，山上的一位僧侣偶然发现山内蕴藏着晶莹剔透的白石，并且经过浸泡、去沙后，表现出"皱瘦漏透"的精致，因此被爱称为玲珑石。正在这时，民间盛传《千字文》，其中"玉出昆岗"的名言吸引着文人的眼球。句意虽指昆仑山产玉，但是玲珑石洁白似玉毫不逊色，可以和昆仑玉石相媲美。于是，有识之士就有了"借光"名山，和昆仑"攀亲"的念头，遂将"娄县"地名改称"昆山"。那么，山中的"玉石"也就顺理成章地称为"昆石"了。

自从南朝发现并命名昆石后，由于剔污复杂，加工烦琐，而且还容易破碎，因此很难获得理想的精品，以致昆石鲜为人见，显得颇为神秘。直到宋代杜绾编撰了《云林石谱》后，其中广而告之"平江府昆山县石产土中……其质磊魂，巉岩透空……"，这才使文人雅士被昆石所吸引，争相到昆山一睹风采，并盼望能得到一块昆石而后快。昆山人也常把它作为拿得出手的高雅礼物馈赠亲朋好友，得石者爱不释手又纷纷作诗歌咏，使昆石更加声名远扬。如，元末著名文人郑元祐从玉山佳处主人顾阿瑛处得到一块昆石后写道"昆冈曾韫玉，此石尚含辉"；南宋著名诗人陆游从朋友"陈叟"处得到一块昆石后写道"雁山菖蒲昆山石……一拳突兀千金值"；宋代名士石公驹从一位"妇人"处偶得一块昆石后写道："昆山产怪石……疑若浮云之绝涧，而段云之横江也"。这些文人从不同角度点赞了昆石的奇特形态和审美价值，由于得到了名家高人的拥戴，昆石越来越受人仰慕。

昆石精品之一

昆石叫得响亮，也为昆山增光添彩。后来，昆山诞生了流丽悠远的腔调，也追随昆石的命名方法，与地名直接挂钩，便称为昆山腔，后来演变成昆曲、昆剧。所以说，昆曲的命名与昆石命名还有着千丝万缕的关系。

自古以来，奇石繁多，琳琅满目，但是，昆石竟能脱颖而出，成为与灵璧石、太湖石、英石并列为"中国四大名石"，还与太湖石、雨花石并列为"江苏三大名石"，这个荣誉的取得来之不易。论昆石的历史不算最长、论昆石的资源不算最多、论昆石的形态不算最绝，却能跻身名石行列，那是历代文人雅士费尽心机、历代石迷石友呕心沥血的结果。有句"沙里淘金"的成语，说明金子很难获得。昆石由于深藏不露，也不能唾手而得，需要玩石人去撩开石块的神秘的面纱，才可能露出金子般的美容。

别的秀石都是凸显在山面，裸露在崖壁，只要浏览寻觅，就能随手得之。而昆石却是深藏在岩洞中，隐蔽在沙泥里，就等慧眼识宝，巧手加工。玉峰虽然巨石嶙峋，漫山遍野都是昆石，但要获得晶莹剔透的昆石却相当困难。

好昆石集中在玉峰山有限的几个山洞中，历史上曾经开山修路、挖洞备战，留下了许多貌不惊人的石坯。当时生活拮据，哪有闲兴玩石，有的将石坯作为造房的地基，有的干脆丢弃在河边。待等日子好过雅兴涌起时，就想到这些貌不惊人的石坯，经过加工后，竟然是一块块价值不菲的秀石。

不管老石坯，还是新石坯，要成为名正言顺的昆石作品，还有一段遥远的距离。有时"石不可貌藏着金"，有时"绣花枕头一包草"，全凭玩石者的经验，去获取一块"外丑内秀"的石坯，然后再进行加工。有经验的人，总要先掂掇石坯分量，轻则内空，可能是块玲珑石；重则内实，可能是个"石鼓墩"。也有人先用刀子去挖个小洞，先探个虚实，露出白峰后，当然就有了获得宝贝的期望值了。

从石坯到石品，要经过数月加工，应该引以为戒的是，只能是晾晒、浸润、去泥的粗加工，而切忌钻挖、锯琢、敲打的精加工，应充分追求昆石的自然美，成为玩石人必须遵循的古训。

在昆石的生成过程中，泥浆、沙渣灌满了石中空洞，加工昆石的原则是，在不伤害石质的前提下，小心剥去石坯的"外衣"，使之露出洁白如玉的真容。工序复杂，时间漫长。过程必须循序，美感才能逐步展现，所以说玩石可以修身养性，陶冶情操。如果心急意烦，把一块好石挖断或敲碎，将前功尽弃，抱怨终生。

对于昆石"加工"的提法颇有争议，有人认为昆石必须以自然为本，不是能工巧匠的对象。但不加工却不像昆石，务必动些"小手术"，这就需要掌握恰到好处的"度"。如，用竹签去轻挖黑渣，有时可不必追求纯白，留点"瑕疵"也有别具风味的审美价值。

加工昆石就好像把一只丑小鸭孕育成一只白天鹅，犹如沙里淘金那样艰难，所以，昆石能成为珍贵赏品。当撩开裹在石坯上的神秘面纱后，一块块灵动的昆石就会展现在人们眼前，好像拉开了大幕，昆石精彩亮相了，有的简直美不胜收，引来一片喝彩声。

昆石不是千石一面，而是各领风骚，就是常说的"同山不同石"。昆石虽然都出自小小的玉峰山，由于出处不同，而使石品迥然不同。浅山的拙朴、深山的含蓄；东山的晶莹、西山的透漏，而且形质千姿百态，如雪花峰、鸡骨峰、海蜇峰、胡桃峰、杨梅峰……很明显，都是按昆石的形态特征来命名的，只听昆石类别，就能依托所指物象，感知昆石形象，如白如雪花，薄如鸡骨……

昆石的审美特征，古来就有"皱、瘦、漏、透"的评价，确在昆石身上体现得淋漓尽致，而且，昆石还有独具风采的"小巧、洁白、晶莹、空灵"的品性。

昆石大多是二三十厘米高度的石品，甚至还有"袖珍式"的小品，基本都是安置在厅堂或书房中供观赏。由于昆石洁白，容易受到污染，所以，难得看到裸露在野外。只见过亭林园昆石馆中的"春云出岫"和"秋水横波"两块高二米重数吨的昆石，形态生动，色泽沧桑，从古传至今，成为大型昆石中的稀世珍品。现成为亭林园昆石馆的"镇馆之宝"。一块显得瘦削，满身绽开石花，犹似飘逸云彩，因此美其名为"春云出岫"；一块石孔丛生，石纹参差排列，犹似流动波浪，因此美其名为"秋水横波"。两块古昆石的命名充满诗情画意，简直妙不可言。这两块古昆石原藏清初的玉山书院内（今培本小学内），大致在新中国成立前夕迁入亭林园，至今保存完好，引人入胜。

"色、纹、形、质、神"是判别昆石品级的具体内容。一般认为，昆石温润如玉，洁白如雪为上品；纹理细腻，石肤光泽为上品；形态逼真、质地晶莹、意象丰富为上品。大石不一定是块好石，可能看上去呆板乏味；小石不一定是块差石，可能看上去却气象万千。

古昆石春云出岫　古昆石秋水横波

赏石就是审美，审美就要识石。懂昆石的人就要左看右看，前看后看，去看出独特的视角，独特的亮点，一块看似平常的昆石，却能被石家挖掘出令人振奋的审美价值，成为石中精品。所以，在玩石的过程中，还需提高石友的审美技巧。

孔子说过"仁者乐山"的名言，说明了只有心怀爱心的人，才能对巧夺天工的奇石发生兴趣。宋代文学家苏东坡曾留下"园无石不秀，室无石不雅"的诗句，说明了赏石可以为我们的生活增光添彩。宋代书画

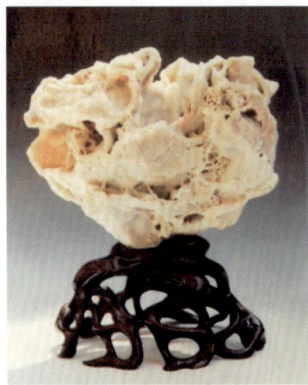

昆石精品之二

家米芾对奇石情有独钟，曾留下了"拜石"美谈，因为迷恋昆石，才虔诚叩拜。昆石灵秀、典雅，拥有一块得意昆石是石界梦寐以求的美事。一般先是爱石、赏石，逐渐走上修石、藏石的道路。昆石大多凹凸不平，难以稳定，不易摆放。聪明的石家，就在这些方面给予巧妙安置的弥补，从而为昆石锦上添花。

一般小昆石常做成盆景，根据昆石的大小、形状，植在花盆的泥土草地中，旁有树木花卉陪衬，更显昆石活力。如果花盆的造型、色彩与昆石交相辉映，那么小昆石也能产生出大亮点。

大多昆石需要与"门当户对"的基座相匹配，才能充分地展现出昆石的美感。配基座不能随心所欲地"乱点鸳鸯谱"，而需要与昆石作品严丝密缝地结合。必须掌握的原则是，昆石是主导地位，基座是从属地位。首先要确定昆石的摆放位置，比较出正放、背放、横放、竖放、侧放中能产生的最佳意境，然后对形配座。如果放错位置，就会削弱昆石的潜在表现力。

基座大多由红木、榆木、紫檀木等硬质木料制成，一般雕刻成空灵、缠绕、曲折、写意的木架，造型古朴而美观，重心稳定而坚实，大小适中，高低协调，特别要给力于昆石的几个支撑点，安放后就能"稳如泰山"。如果基座将就，可能会酿成倾翻大祸。

昆石精品之三

为了增加引人入胜的审美情趣，石家又在命名上别出心裁——形态上点明鬼斧神工的造型，如《猴子捞月》《东方醒狮》等；形质上表明栩栩如生的写

真,如鸡骨峰、海蜇峰、胡桃峰、雪花峰等。应该说,这是昆山人的创新智慧孕育出命名的妙笔生花。让每块昆石都有诗情画意的名字,从而引发美感,引发爱恋,令人痴迷,令人神往。

为了保护昆石洁白无瑕的纯净,防止无孔不入的灰尘污染昆石的外形,现代人想出了加盖玻璃罩的办法。不过,也要注意款式美观,尺寸协调,不影响昆石的欣赏效果。

改革开放以来,为了提高昆石的知名度,藏家们经常携带昆石精品,去参加全国各地的赏石比赛。昆石果然不负众望,以其造型生动、质地晶莹而屡屡摘金夺银,为昆石奠定了名列前茅的声誉地位。

昆石属于"石中之秀",成为亭林园"昆石、琼花、并蒂莲"三宝中的一宝,所以,昆山已在亭林园中建立"昆石展览馆"。每当游人进馆欣赏,都会被玲珑剔透的昆石所陶醉。

吴新民先生是一位执着的昆石收藏者和研究者,他经常风尘仆仆地走南闯北,与全国各地石家石友探讨石经,并著书立说,出版了《中国昆石》一书,生前曾将他收藏的昆石作品全部捐给了昆山博物馆。严健明先生是昆山石界理论和实践兼有建树的收藏者。他在加工昆石的实践中善于总结经验,率先出版了《话说昆石》专著,现在巴城老街设立"昆石馆",将他个人加工、收藏的昆石精品全部展示出来,对外开放,与民共享。还有陈志高和李昆麟两位昆石界的重量级人物,他们涉足较早,经历较多,常和同人切磋、研讨,为昆石加工技艺的传承做出了重要的贡献。当代,还有许多年轻的昆石兴趣者,也加入到昆石加工的行列中,他们在为昆石的长远影响在做出新的努力。

昆石加工的传承工作不可能轰轰烈烈地开展,因为昆石资源实在太稀少了。昆石当然只能成为"物稀为贵"的赏品,甚至稀罕得一石难求。这么一个小山,无论如何也经不起无度开采,所以自宋代以来,官方就发布禁令,不准挖山。所以,当今也封洞禁采,贯彻"爱石更爱山"的历史使命。

目前,留在藏家手头的昆石,已成昆山不可再生的宝贵财富,应该倍加呵护,应该树立起爱昆石、爱家乡的观念,精品长留身边,当作亮丽昆山的璀璨宝物。另一方面,昆石界还应该让"物稀为贵"的昆石走出昆山,经常去参加全国级,甚至国际级的赏石活动,让国人和世人都能迷恋昆石,从而扩大昆山的知名度。 (杨瑞庆 编文供图)

阳澄湖捕蟹

（2008年入选昆山市级第二批非物质文化遗产名录）

阳澄湖鱼簖

阳澄湖，原名阳城湖，位于苏州、昆山、常熟交界处，元代诗人袁华《阳城湖》诗："海虞之南姑胥东，阳城湖水清浮空。弥漫巨津二百里，势与江汉同朝宗。"阳城，相传原是春秋时吴王阖闾筑的一座城堡，后来陷落成湖，叫阳城湖。20世纪60年代，诞生了歌颂阳城湖新四军抗日斗争的京剧《沙家浜》，为追求意境美，把阳城湖改成阳澄湖，后来约定俗成，叫阳澄湖了。

阳澄湖，方圆二百里，水域辽阔，适宜鱼类和各种水生物生长，以其清澈的水质和优越的生态环境，而使产出的螃蟹特别有名，有青背白肚，金爪黄毛等特色，而且个大味美。阳澄湖蟹不但质优，而且产量高，成为吴地螃蟹的集中产地，这跟野生蟹的洄游生殖规律有关。螃蟹海水里生、淡水里长，每年冬天，它们在东海产卵，来年早春，卵孵化出像肉蜘蛛似的苗蟹，趁涨潮涌入长江和内河。之后，苗蟹又爬入宜居的湖泊栖居。阳澄湖离长江近，水域阔、日照足、水草多、虫食足，是苗蟹理想生活之地。从前春天，农民去阳澄湖卷草积肥，水草上常有小蜘蛛，其实是幼蟹。从长夏到秋天，螃蟹腺性成熟，深秋季节纷纷爬出阳澄湖，顺江东下去东海产卵，进入下一轮生长周期，于是有"西风起，蟹脚痒"的谚语。所以，每当一年一度金秋蟹季，阳澄湖大闸蟹上市，湖东岸巴城、正仪、石牌三镇和村道路口，蟹店、蟹摊、蟹酒楼、蟹餐饮目不暇接，买蟹者食蟹者从四面八方赶来，所谓熙熙攘攘皆为蟹忙，来来去去为把蟹尝，成为当地一种特有的蟹业经济和蟹市品牌，同时也出现了渔民一年一度的捕蟹季节。

渔民捕蟹，以阳澄湖边的渔村和"连家船"为主，阳澄湖和傀儡湖之间的庙前、橹灶浜和奚家浜,属于渔船最多的古村落,但大多家中有田,农闲时捕鱼。连家船指专业渔船,陆上无房,没有固定住处,渔船即其家。1958年建立人民公社后,农渔分治,建立水产大队或渔业大队,连家船逐步实现陆上定居,才有了专业渔村。从前,每到秋天,是渔民去阳澄湖捕蟹的黄金季节,因为捕蟹都在夜间,满湖的灯光船影,成为一年之中特有的渔家风情。他们捕蟹的方法很多,大多是古老相传,有的工具还很原始。主要有以下一些捕蟹方法:

1. 拦江筑簖,既堵又诱。这是一种古老的堵截捕蟹法,成本很大,但效果显著。《巴溪志》载:"土产著名者有阳城湖蟹,至霜降时渐肥硕,附近港汊处处设簖捕捉,以青壳赤爪重斤许者为贵。试以蟹之中间两脚挺直量之,连身一尺有奇。腹有铁锈色者佳,称九雌十雄,(俗谚有九月团脐十月尖)。"

《巴溪志》说的"港汊处处设簖"的簖,就是渔民在江中用竹片编扎的一道篱笆墙,呈斜形拦在江中。为不拦阻往来船只,那些竹片上端、出水面约30~40厘米部位,削去篾黄,保留篾青,篾青柔软,船行在上面会弯下,船过后立即竖直。簖的终点,有一个骑跨岸头和江水而筑的凉棚。凉棚分两层,上层为守蟹人居处,铺上留一个洞口,可探视下层的情况。下层四周用竹片封住,像个大水箱,但在跟簖衔接的地方有个进出口,上端有个闸,放下时可封住口子,故称"闸"。每到夜间,水箱内挂了一盏灯,用来诱捕螃蟹。因为螃蟹是夜间活动的动物,而且喜光,它们东下入海,必须走内陆的江河,当遇到这道篱笆墙时,也勇往直前顺着篱笆爬,看见了前面的灯光,就爬得更快。螃蟹爬进水箱,守蟹人在上面放下闸,就像瓮中之鳖。

守蟹人即使不往洞下观察,只要听到下面"簌拉、簌拉"响,就知螃蟹入港了,它的脚爪在水箱竹片上爬动时发出声音。而且还知道,这种蟹大多是体形大、爪螯坚挺的雄蟹,否则没有那份力道。

拦江筑簖虽是一种古老的守株待兔的方法,但在旺季,每夜捕三五斤是常事,多的时候一夜能捕10多斤。而且簖上捕的湖蟹个大鲜活,很受买蟹者青睐,是渔民捕蟹的主要手段。

从前上海人只能从商贩那儿买的阳澄湖蟹,自从民国初,巴城、石牌到上海通

阳澄湖渔船

151

了轮船，正仪是沪宁铁路停靠的站头，交通更便利，上海人纷纷到阳澄湖边的簖上买蟹，因为这蟹从闸门里捞起来的，个大而鲜活，有人给起了个名字：大闸蟹。从此，阳澄湖大闸蟹叫了一百多年。

2. 网船夜捕，点点渔火。网船，大多是连家船，平时用丝网捕鱼，丝网的网格小，最多只能捉鲫鱼，捉不了大鱼，属贫鱼，山歌唱的"网船上婆姨苦凄凄，捉点鳑鲏换麦粞"，就是形容贫渔的生活。麦粞，打米打面粉时收罗的散粒，是粮食中最贱的一种。所以网船人家都很穷，但是每年秋天的捕蟹季节，却是他们丰收、欢乐的日子。

阳澄湖夜间捕蟹

网船捕蟹都在夜间进行。阳澄湖地跨三县，各地的网船都到阳澄湖淘金，每到夜间，数以千计的乌篷小渔船在湖中且行且移，而每条船都有一盏桅灯，众多灯光在湛蓝深邃的夜空中成了点点渔火，是蟹季中阳澄湖特有的一道瑰丽风景线。

他们捕蟹的过程，通常是夫妻俩摇一条乌篷小渔船，进阳澄湖后，女的在船艄不紧不慢摇橹，男的盘膝坐在船头，抖动手中的竹签子，把预先串在竹签上的丝网依次抖落水中。一串网叫一扇，拉开时10来米长，网身高1米，下端缚铅条，上端有浮标，随着船向前移动，落在水中丝网会渐渐拉开，慢慢垂直，成了水中一道隐形的障碍。男的要投好几扇网，投完后，渔船来回巡视。

桅灯挂在乌篷一侧的木杈上，灯光可以引诱湖蟹向这儿爬，同时也照见水中浮标的动静。男的盯着水中浮标，若浮标被拉动或下沉，知道网上有蟹了，就拉起网。因为丝网细而轻，蟹有八只脚，因挣扎乱抓被裹得很紧，但渔民能轻巧地把湖蟹从网中剥离出来，既不弄断蟹脚也不弄坏丝网，这要点本领。有时，桅灯被风吹灭，渔民能借水光从乱网中剥离湖蟹，诀窍在于不能心急，先梳理出蟹的头部，然后挖出蟹身，八只脚就顺势而出，摸黑在乱网中剥蟹，真可称一项绝活。

3. 戳火鱼船，飞叉绝活。戳火鱼，多数是大网船的辅助产业。大网船的网很大，几乎可以覆盖整个江面。有经验的渔民选择了鱼源多的江口，固定一个时期在那儿捉鱼。网沉入江水后，四角用纲绳拴在岸上的绞盘上，渔民望见鱼游进网中,立刻用绞盘把四角的纲绳扯起,鱼儿只能在网中活蹦乱跳。"提网举纲""纲举目张",本意即此。这种原始的守株待兔捕鱼法,收益不大,所以常用戳火鱼船补偿。

戳火鱼,顾名思义就是用鱼叉在灯光下戳江河中的鱼,但这灯不是桅灯,桅灯在水中能见度差,看不到鱼。戳火鱼用的是一种特制的灯,是用气灯仿制成"探照灯"。灯的内壁都涂银色,使气灯的光集中向前反射而出,在极亮的光束下,江河中的水草、鱼蟹就看得清清楚楚。用叉的人,往往是剽悍高手,一叉下去从不失手,若看到较远的大鱼,可以飞叉中的,所以戳火鱼船在民间有点神秘色彩。

到了蟹季,戳火鱼船也去阳澄湖戳蟹,但戳蟹比戳鱼难度高。因为鱼叉不能戳蟹身,若戳中蟹身,湖蟹起水即死,死蟹有毒,不值钱。所以鱼叉的刺只能戳湖蟹四只脚的缝隙,戳中了要迅速抄起,顺势将蟹抖落在船头里。从发现螃蟹、戳中后抄上船抖落,整个过程只几秒钟,这是对用叉人的一种苛刻的考验。不过,阳澄湖的地理条件也帮了用叉蟹人的忙,因为阳澄湖是陆地陷落而成,水底除了原有的河漕水沟很深,其他大多是浅水平滩,再在强烈的"探照灯"照耀下,水底湖蟹的爪和螯看得清清楚楚,用叉人只要眼疾手快,几乎百发百中。

4.地笼诱蟹,请君入瓮。地笼,是一种夜间捕蟹而不用灯诱的渔具,像龙灯一样分成好几节,每节下端用布相连,短的地笼10来节,长的有几十节。每节地笼用竹篾扎成,但编织得密不透风,留一出口,像个绍坛,但口比绍坛口大。口上按个喇叭似的盖,这盖用细竹签制成,前大后小,呈倒逆,鱼蟹爬进笼中后就出不来。捕蟹季节,每天傍晚,渔民船到阳澄湖,往地笼里放入有点腐臭的死鱼、蚌肉、猪肝之类诱饵,然后依次投入湖中,地笼吸足水,就沉入湖底。螃蟹爱吃腥臭荤食,爬进喇叭口就再也出不来,这办法像"请君入瓮"。第二天一早,渔民拉起地笼,倒出猎物,俗称"倒地笼"。

地笼是渔民一年四季常用的渔具,反正江河里荤食的鳜鱼、黑乌、鳗鲤、塘鲤和爬的甲鱼、螃蟹都是它的菜。因为地笼捕捞技术含量低,从古到今阳澄湖边农家也置了做副业,既可打牙祭,又可卖钱。现在的地笼不用竹制,渔具店有现成的塑料制品,就更方便了。

上面说的拦江设簖、网船、戳火鱼船和地笼是渔民主要捕捉手段,他们除了蟹

农家捉蟹

季捕蟹，平时都用来捕鱼。除此之外，还有几种农民在蟹季的业余捕蟹方法。

小江戳网。戳网，不用船，原理跟网船往水中投网差不多，不过不用船，在岸头用竹竿把丝网戳到江中，也点一盏灯，以诱蟹。渔谚有"鱼走深潭蟹走湾"，如果位置选得好，一夜收获也不小。

还有洞中摸蟹和钓蟹，都在白天进行。螃蟹昼伏夜出，白天藏在洞中，农民就在江湖中游泳泅水摸蟹，如果不熟练，常听说被螃蟹咬伤手指的。

钓蟹像姜太公钓鱼，不用钩，只在线端缚一小块蚌肉之类饵物，螃螃性贪，一旦夹住了食物就不肯放松，拎到将出水面，用抄斗把它抄起。要注意的是，起钓时不能用力过猛，否则螃蟹会松钳逃走。

至于踏蟹和用铁钩扎蟹，大多是儿童少年在浜斗池塘进行，捉到的螃蟹伤残严重，就不说了。捕蟹季节，每到夜间，阳澄湖中数以千计的渔船在湖中且行且移，船上的渔火时明时灭，闪闪眨眨，被清波托起，像缓缓移动的星河珠山；而稀疏疾行的戳火鱼船的"探照灯"，又似流星划过夜空，这时的阳澄湖之夜，瑰丽灿烂，成为可遇不可求的奇景。如今，野生蟹绝迹，螃蟹都养殖，流传千百年的捕蟹景观随之消失，但那些牵动人心的渔家风情，长留在人们的记忆里。

（周刚　编文供图）

周市舞狮

（2008年入选昆山市级第二批非物质文化遗产名录）

一百多年前，舞狮从中原落户周市，从街头村口跳上了舞台，逐渐融入昆山传统文化的血脉。周市镇为了打造"舞狮之乡"品牌，确立了"弘扬舞狮特色文化，挖掘舞狮历史资源，培育舞狮文化品牌"的目标，并付出了努力，最终获得了成功。2004年，周市镇成功创建"苏州市舞狮之乡"。2008年，"周

周市舞狮英姿

市舞狮"列入第二批昆山市非物质文化遗产保护名录。2014年，周市镇成功创建"江苏省舞狮之乡"。如今，群众舞狮在周市广为普及，每当庆祝传统节日和昆山市举办重大活动，都能见到周市舞狮的身影。

周市镇位于昆山东北部，与常熟、太仓接壤。由于地势低洼，历史上洪涝灾害频发，以致人烟稀少，大片荒地无人耕种。据载，清光绪年间，河南光山、开封、罗山等地区大量逃荒农户拖老带小长途跋涉流落到周市梅官庄等地定居。由于昆北土地贫瘠，上交的租粮比别的地方少，而且有些地方还有很多未开垦的荒滩野地，只要投入劳力，挖沟修渠，就能种植庄稼，养家糊口不成问题，于是，那些难民就在此安家落户，繁衍生息。

元宵灯会上的周市舞狮

遇到风调雨顺时，种田还能有点积余，生活还能安定；遇到灾荒后，生活就会发生困难。为了增加一些收入，这批外来人员农闲时就在村里展示他们老家的拿手好戏——舞狮子，以求获得报酬。

舞狮时，在村头巷尾人来车往的热

闹处，找一个临时表演场所。先是敲锣打鼓一番，以吸引路人关注。见有人围观后，就开始表演了。随着表演逐步展开，观众越来越多。到了进入高潮的关键节点时，就开始向观众一边说着好口彩，一边索要"红包"。所谓"红包"并不全是金钱，过年时节，观众往往给一些年糕一类的食品。年糕最受欢迎，因为是本地农家过年常备的年货，可以图个"年年高升"的吉利。赶上吃饭时间，就赐予一碗饭。所以，老一辈艺人还把舞狮自嘲为"讨饭狮子"。

周市人对舞狮的认识，先是充满好奇看热闹。到索要红包后，有人感到不理解，个别人甚至还有反感。随着时间推移，慢慢开始改变，因为舞狮比较有趣，还能讨到好口彩。

说到讨口彩，也有一定规矩，尤其跑到大户人家门前，有特别的讲究：狮子先朝南北两个方向各拜几下，然后打一个滚，再朝东西两个方向拜几下，这叫"拜四方"。这时就可以讨口彩了。红包多少，悉听尊便。慢慢地，开始有大户人家特地上门聘请舞狮队前往表演。为了增加喜气和可看性，有时东家把红包系在毛竹上，举得很高，让舞狮者一边舞狮一边爬毛竹取下红包，这时换来一片喝彩声。

舞狮活动主要集中在春节前后。每年阴历十一月以后进入农闲时节，舞狮爱好者就开始训练。到了腊月小年夜，就能听到"庆哐庆哐庆庆哐"的敲锣打鼓声，大家心里明白，舞狮又开场了。到了春节期间，更是锣鼓声不断，为穷乡僻壤增添了节日气氛，对于平常没有娱乐生活的村民们来说，这为他们带来了欢乐和希望。

据地方史料记载，清光绪年间，贾志田、贾国仁父子从河南罗山逃难来到周市梅官庄落户，是周市舞狮艺术的最早传播者。然后在周市留下了非常清晰的贾氏家族传承脉络——第一代传人贾志田（1877—?）；第二代传人贾国仁（1901—?）；第三代传人贾玉森、贾玉鑫、贾玉春；贾氏传承是建立在父传子的基础上。贾国仁有个同门师弟韩世田（1903—1963），小名韩老二，是贾氏的同乡，其父辈于光绪末

舞狮艺人韩银根

舞狮艺人顾棣堂

年逃难来到周市,落户东明村。韩世田拜贾志田为师,留下了韩氏家族的传承脉络:韩世田——韩银根(韩世田儿子)——沈玉堂(韩银根女婿)。功劳最大的周市舞狮传人当数韩世田。据至今健在的韩银根老人回忆,父亲韩世田小时候跟着爷爷来到东明后,拜贾志田为师,与贾国仁一起学艺。老人还说,另有河南籍师弟沈万良、谈永生搭档舞狮,在周市也小有名气。

周市除了拥有上述三支河南籍舞狮队外,还有一些本地舞狮爱好者拜他们为师,并且逐渐成为舞狮好手,形成了以唐永康为骨干的城隍潭舞狮队、以顾棣堂为骨干的兰泾舞狮队、以严士良为骨干的庙泾舞狮队、以殷金梅为骨干的陆桥舞狮队和以沈玉堂为骨干的杨庄舞狮队。就这样,带有浓烈喜庆色彩的河南舞狮为本地人所喜闻乐见,并很快在周市普及开来,后在范潭、平庄、黄泥泾、潘泾等地,也相继出现了许多自发组织的舞狮队。周市人由好奇到接受,舞狮艺术不仅在梅官庄稳了脚跟,在兰泾得到传承和发扬,后来遍布昆山,还向太仓、常熟及上海嘉定地区辐射。经过一百多年的传承,使这项外来的舞狮艺术逐渐演变成为周市富有地域特色的非遗项目。

舞狮在周市长盛不衰,有三个原因:一是狮子历来被中国人视为驱邪避害的吉祥瑞物和喜庆的象征;二是道具不多,服装简单,不用化妆,只需狮服一套,锣鼓一敲,就可以开场;三是舞狮难度不高,动作随意,表演诙谐,可让大家参与,从而成为自娱自乐、老少咸宜的民俗活动。

韩银根老人说,他父亲韩世田不但是周市舞狮技艺的关键传承人,还是制作舞狮道具的高手。舞狮的道具与服饰并不复杂,但是会制作的人并不多——狮子头用白铁皮敲打成型,用牛皮蒙面,画上狮子头,涂上色彩,成为活灵活现的狮子头。狮子的外包装用色彩鲜艳的绸被面,配上用染色麻丝织成的网套和丝带;每个舞狮人都要配备一根结实的红绿色布腰带。狮毛用野鹿毛做,才能不卷曲,在做跳跃动作时,能够飞扬起来,非常好看。舞狮有专门的锣鼓队伴奏。如果没有锣鼓声,也照样可以舞狮。锣鼓队一般由5人组成,分别持马锣、小锣、大锣、铜钹、大鼓等。民间流传的舞狮没有固定模式,没有规定套路,随着时间的不断推移,表演的难度在不断增加。

据周市本地第一代舞狮高手今年90高龄的顾棣堂回忆,上档次的舞狮队要有12人以上组成。两对舞狮是4人,敲锣打鼓有6人,有的是8人。精彩的舞狮全

周市舞狮传承人王建章

靠锣鼓点缀，不同表演有着不同锣鼓音响。锣鼓敲得紧，舞狮舞得快；锣鼓敲得慢，舞狮舞得悠。

舞狮讲配合，需要两个人长期配合默契。在师父教导下，顾棣堂练就一身绝活——端水打滚：先是由舞狮艺人给观众看盛满水的碗，这碗从狮子口中放入，接下来表演一系列的舞狮动作，包括翻身、打滚等动作；表演一阵后，舞狮艺人从狮子口中取出该碗，碗里依旧盛满了水，从而赢来满堂喝彩。顾棣堂技术高超，因此经常被邀请去外地表演。只要顾棣堂的舞狮队到场，其他舞狮队就会自叹弗如，只能甘拜下风当看客。

舞狮活动在新中国成立后减少了，只在一些重大场合上表演。1953年，根据上级文化部门的要求，周市乡组建了舞狮队，首次参加在昆山中山堂举办的文艺会演。1959年，周市乡组织舞狮队，到太仓浏河水利工地，作慰问民工表演。"文革"时期，大型的舞狮活动基本停歇，但民间舞狮并没有间断。改革开放后，随着传统文化的逐步恢复，周市舞狮再次出现在大家面前。但是，家族化和单一师徒传承形式已经不能满足时代的需求，部分村的舞狮队已出现难以为继的传承危机。为此，周市政府开始抢救舞狮技艺，先是成立舞狮培训基地，形成全镇性的舞狮训练中心，培养年轻的舞狮爱好者。作为周市舞狮的总教练，昆山市级传人王建章见证了改革开放后周市舞狮的发展历程：1995年，杨家桥小学率先成立了舞狮队，参加昆山市小学文艺会演，获得了三等奖；1998年，文化站组织对舞狮爱好者进行辅导培训；1999年，组建周市舞狮代表队，参加昆山市国庆50周年文艺晚会演出⋯⋯

2003年4月，为了让舞狮文化能够世世代代传承下去，并进一步发扬光大，文化站建立了"狮王馆"和舞狮训练中心，举办舞狮艺术培训班和小学生舞狮培训班。2004年，按照"一镇一品"的要求，成功创建"苏州市舞狮之乡"。全镇80%以上的村、社区、学校都开展舞狮活动，形成了处处有狮子、村村有传人的局面。在此基础上，一方面成立了15支舞狮队，成为新一代的舞狮骨干；另一方面厘清了7支传统舞狮队的传承脉络——

永共舞狮队：贾志田——贾国仁——贾玉森、贾玉鑫、贾玉春。

东明舞狮队：贾志田——韩世田——韩银根——陈巧园、刘福祖。

杨庄舞狮队：贾志田——韩世田——沈玉堂、石继泉、沈友良——顾元生、刘来义、石红宝——沈月明、王建章、刘平、刘军。

兰泾舞狮队：贾志田——韩世田——顾棣堂——邬阿二——邬定健。

庙泾舞狮队：贾志田——韩世田——严士良、严士林、吴惠明、龚培良。

陆桥舞狮队：贾志田——韩世田——殷金梅、金全福、赵小和、吴阿毛、王二官。

城隍潭舞狮队：贾志田——沈万良、谈永生——唐永康、杨玉世——石瑞元——徐君。

周市舞狮传人许峰是当下周市舞狮队的骨干队员。近几年来，他和队友一起在实践中探索，逐渐形成了一些基本的技巧："狮子抖毛""打羊桩""滚角落""耍娇""翻台子""拜四方""摆尾"等动作，并创造了一些新的套路："打滚""站肩""站背"，以及难度更高的"夹腰甩头""狮子站头"

周市举办的江浙沪舞狮邀请赛

等，还编排了"群狮欢舞"节目。在文化站的带动下，周市舞狮搞得红红火火。学校纷纷组建舞狮队，通过舞狮锻炼身体，培养团队精神。裕元实验学校舞狮队多次参加昆山的大型活动，为周市争得许多荣誉。小泾村的老妈妈们也组建舞狮队，平均年龄超过了65岁，从而形成了老、中、青、少四代舞狮队同台表演的盛况。

"舞狮之乡"后继有人，舞狮艺术为更多百姓所欢迎，并逐渐成为周市镇一张金光闪闪的"文化名片"！

（张银龙 编文供图）

陆家浜鼓手

（2008年入选昆山市级第二批非物质文化遗产名录）

　　陆家浜地处昆山境内的吴淞江畔，那里民风善奏，大致在南宋时代就诞生了"鼓手音乐"，就是鼓手演奏的音乐。鼓手俗称吹鼓手，擅长演奏唢呐、笛、笙等吹奏乐器。"陆家浜鼓手"乐队除了重用唢呐、笙笛等吹奏乐器外，还运用二胡、中胡、琵琶、月琴、三弦等丝弦乐器，及鼓、板、锣、钹之类的打击乐器，乐风粗犷，情绪热烈。《十番鼓曲》就是"陆家浜鼓手"经常演奏的吹打乐曲，其显著特点是乐曲长大，由多个曲牌连缀而成，且在乐曲中穿插各种节奏不同的鼓段，形成了大型套曲结构，因此演奏时气势磅礴，引人入胜，富有艺术感染力。

　　沪剧《芦荡火种》阿庆嫂唱腔中曾有一句"陆家浜鼓手称第一"的唱词，说明了直到抗日战争时期，陆家浜鼓手的影响力还是无与伦比，因此拥有"称第一"的声誉。但到了抗日战争后，由于战乱不断，"陆家浜鼓手"渐渐冷落，至新中国成立前基本销声匿迹。

今日陆家浜鼓手的演出照

　　改革开放后，文艺开始勃兴，虽然"陆家浜鼓手"一直在民间传为佳话，但在陆家范围内还是不见"陆家浜鼓手"的踪影。当20世纪90年代末昆山开展民间器乐曲调查时，县文化馆曾派员深入陆家调研，当地人一致说是早已失传了。但是，有知情人反映说，泗桥村有位叫马金海的老先生，年轻时曾参加过"陆家浜鼓手"的演奏，听说还健在。于是，普查组人员在陆家文体站施波生的带领下，直接去泗桥村登门拜访了马先生。

泗桥是陆家镇的一个较大村落,当在村里找到马金海时,他已是一个花甲老人了,但身体还算矍铄硬朗,经寒暄后,知道他早已不再从事演奏了,但对民间音乐仍很喜爱,曾经饶有兴趣地用塑料管自制了一根笛子,并当场取出试吹几声,竟然音阶还算准确,而且还能吹出旋律来。当向马金海采访"陆家浜鼓手"的往事时,他如遇知音,竟然滔滔不绝地讲起了他曾经历的过去:

陆家浜鼓手相传在南宋时代已经扬名苏沪一带了,还流传着"陆家浜鼓手来得勒来!""陆家浜鼓手真好听""陆家浜鼓手有苗头!"等赞美佳话。听老人说,陆家浜鼓手第三代传人叫陆阿菊,他在苏州观前街乐器店挑选唢呐时,接连试吹了49只,都感到不中意,这就急坏了店小二,立即向店里老板禀报,说是有位陆家浜来的乐手在反复挑剔唢呐的质量不尽如人意,老板顿感吹奏高手来了,就拿出家中50年没有人吹响过的一只祖传铜管大唢呐给他继续试吹,陆阿菊竟然吹出了3个八度的音阶,老板立即跷起大拇指说,陆家浜鼓手来得勒来!佩服得五体投地,立即把这只铜管大唢呐赠予了他,感动于陆家浜鼓手的水平确实名不虚传。

马金海老人还说,南宋时的韩世忠和梁红玉抗金凯旋路经陆家浜时,发现那里粮草充盈,民风热情,就决定驻足休整,养精蓄锐后再披挂上阵。陆家浜的父老乡亲获悉杀敌立功的韩梁兵部将要经过镇区,立即请出当地的著名鼓手,吹起了威武的《将军令》,为抗金官兵歌功颂德,听得全体将士群情振奋,一片欢腾。韩世忠感激不尽,拱手作揖,梁红玉还发出了"陆家浜鼓手真好听"的赞叹。从此,"陆家浜鼓手"的美名不胫而走,闻名遐迩。由于"陆家浜鼓手"曾列队在镇中桥边奏乐迎宾,后来就将这座桥梁改名为"卸甲桥",留存至今,成为文物。

由于"陆家浜鼓手"演奏的旋律激扬热烈,随后就声名大振,如雷贯耳,除了服务于本地的喜庆活动外,陆家浜鼓手的活动范围还扩展到周边的花桥、千灯、玉山、锦溪、周庄等地,还在苏州观前、吴县、太仓留下了他们的足迹,还去过青浦、嘉定等靠近陆家的上海地区,甚至还演到了上海市区,并受到了沪上百姓的衷心拥戴。

马金海先生回忆得很自豪、很激动,但也有遗憾,因为"陆家浜鼓手"已经彻底失传了。据他听老人说,到了清末,鼓手为了赚钱,兼营红白喜事,由于接触白事(丧事)的艺人会给喜事带来不吉利,因此引起了百姓的反感,后来,婚事少请陆家浜鼓手去助兴了,生意逐渐清淡,甚至难以为继。随着老艺人的不断离去,再加上内战爆发局势不稳,"陆家浜鼓手"出现了生存危机。至抗战胜利后,鼓手班子几乎绝迹,唯有一个"陆企班"还在勉强维持生计。新中国成立后,"陆家浜鼓手"被纳入旧风行列而遭禁演,仅存的几位艺人也只能改行,鼓手音乐几乎成为绝响。虽然"陆家浜鼓手"名声很响,但已到只闻其名,难觅踪影的地步了。

参与调研陆家浜鼓手座谈会后的合影,前排右五为马金海老艺人,右六为笔者

马先生还遗憾地说,小时候曾参加过的"陆企班",也在40多年前就解散了。但他讲述了有关"陆家浜鼓手"的演奏规模、演奏程式、演奏曲目等情况。马先生自谦由于文化不多,平常缺少记录,所以只能粗线条给予介绍。但这已让我们掌握了有关"陆家浜鼓手"的很多素材了,如,"陆家浜鼓手"常出现于婚礼、祝寿、庆典、庙会、社庆的喜庆场面上;乐班有请必到,少则六人,多则十人;鼓手一式长衫,头戴礼帽,脚穿布鞋,手执乐器,做列队或坐堂表演;程序和曲目由主人点定。特别在婚庆中入席的"迎亲"仪式、拜堂的"结亲"仪式、行街的"走亲"仪式上,都有相应的乐曲为之烘托气氛。常用的曲牌有《迎宾曲》《喜临门》《普天乐》等吹打曲。每到一地,由于乐种鲜为人见而赢来满堂喝彩。每逢节庆,鼓号齐鸣,"陆家浜鼓手"往往盛装出演,为当地百姓营造欢乐气氛。

接着,我们要求马先生尽量介绍"陆家浜鼓手"的代表性曲目,经他稍停片刻的回忆后,就在那根他自制的塑料管笛子上吹奏了"陆家浜鼓手"的常用曲目《浪淘沙》,我马上打开录音机进行现场采录,经事后记谱,终于留下了一首"陆家浜鼓手"的珍贵传曲。但在当时经济制约的条件下,仍旧没有条件将这首乐曲演奏出来。

后来,等到了国家非常重视"非遗"保护的2006年,昆山的这颗艺术明珠才有了重新闪烁的机会。经过向有关部门宣传、呼吁,昆山市文化馆和陆家镇文体站决定将失传半个多世纪的"陆家浜鼓手"重新展现在当代人的面前。使命虽然光荣，但是任务艰巨。一要有经费保证，陆家镇政府立即拨出专款给予扶持；二要有演奏队伍，只靠陆家的老艺人有些力不从心，于是邀请了昆山城里的多名高手充实进去。而最棘手的是，难有"陆家浜鼓手"的曲目，其演奏形式也难以在当代民间产生共鸣。经过多次论证，最后决定采用"器乐演奏"和"婚俗表演"相结合的形式进行传承，使"陆家浜鼓手"更有观赏性。

陆家浜鼓手在上海世博会的昆山展厅中演出《拜堂成亲》场景

随后，就进入了持之以恒的长期保护和传承过程。这些年来，基本每年推出一个曲目，以传统乐曲《浪淘沙》为基调，根据陆家浜鼓手音乐与昆曲曲牌密切相关、与水乡婚俗密切相关的特点，进行了重新编创，重新整合，并配以情景表演，因此获得了当地百姓的认可和欢迎。

首先策划了《拜堂成亲》进行排练，由笔者整理曲谱，由范汉俊先生导演。因为是器乐演奏节目，排练周期较长，经过了全体演职人员的数月磨合，"陆家浜鼓手"终于重现风采，百姓好评，领导肯定，不但在苏州的市级比赛中获奖，而且还在文化馆组台的《玉出昆冈》文艺专场中精彩亮相，特别是还被选中在上海世博会上连演了一个月，让"陆家浜鼓手"出足了风头，让中外游客领略了"陆家浜鼓手"的粗犷喜庆。由于风格独特而引起了大家的浓厚兴趣。

由于《拜堂成亲》一举成功，大家尝到了传承"陆家浜鼓手"的甜头，信心更足，干劲更大。这几年中，接连完成了"快船接亲""抬轿迎

陆家浜鼓手在《玉出昆冈》中演出《拜堂成亲》

亲""拜堂成亲""洞房闹亲""回门走亲""添丁喜亲"的"婚礼六部曲"。看似六个器乐小节目,却让陆家文体站投入了大量的精力和财力,可谓是一个坚持数年的"大手笔"工程。但看到了失传数十年的文化遗产在这一代人身上得到再现,大家感到再辛苦也无怨无悔。

"陆家浜鼓手"在演奏

在昆山市的"非遗"保护项目中,"陆家浜鼓手"音乐和"花桥江南丝竹"音乐都赫然在目,两者都流行于昆山东部的毗邻地区,又都用于婚庆场面,只是前者属于较粗犷的喜乐,后者属于较细腻的喜乐,虽然风格不同,但是效果相同,都能营造喜气,烘托庆典,因此各领风骚,都受到百姓的青睐。特别是陆家浜鼓手中的《拜堂成亲》由于音乐古朴典雅,表演喜悦风趣,因此经常被邀演,而扩大了"陆家浜鼓手"的影响。

到了2020年的下半年,虽然疫情还没有彻底解除,但仍然没有阻挡住这一任陆家镇文体站领导干部的传承责任,他们很有魄力地在年初引进了两位从中国戏曲学院毕业的男女演员,特邀他们饰演"陆家浜鼓手"中有关"水乡婚俗"中的新郎和新娘,而且政府拨出资金,要求将历年积累起来的六个"陆家浜鼓手"节目全部恢复起来,组合成"精彩非遗"系列节目,全部搬上舞台展演。经过陆家本地乐手和外请昆山乐手组成联合乐队,经过半年时间的修改、训练,终于完成了排练任务。为了留下这份来之不易的传承成果,陆家文体站又决定投资,为六首组曲全部进棚录音,成为永久性的传承档案。同时,情景表演也细致地加工磨合,条件成熟后,于2020年11月13日在陆家影剧院对外公演,当时,百姓欢聚一堂,看到了久违的"陆家浜鼓手"的表演,而且还有与时俱进的亮丽的灯光、服装、舞美作辅助,喝彩陆家浜鼓手更好听了、更好看了。

由于属于失传数十年后重新挖掘出来的非遗项目,所以基础显得还比较薄

陆家浜鼓手乐队在排练 　　　　　"精彩非遗"专场演出节目单

弱,表现在民间艺人数量较少,演奏水平还嫌粗糙,传统乐曲数量不多,这些问题还需得到重视和解决。面对"陆家浜鼓手"民间需求还不多的现实,所以现在大多只能在舞台上表演。而且,"陆家浜鼓手"目前只是昆山市级非遗保护项目,如果要成为苏州市级非遗保护项目,还需做出更大的努力。

(杨瑞庆　编文供图)

泗桥豆制品加工制作技艺

（2010年入选昆山市级第三批非物质文化遗产名录）

泗桥豆制品在吴淞江一带享有"素菜之王"的美誉，在江南民间流传至今已有700余年。"民以食为天"，泗桥豆制品因其"常食不厌，营养丰富，风味独特，品类齐全，价廉物美"的特点，作为江南美食佳肴中的"素菜之王"而载入史册。2010年，泗桥豆制品因其独特的加工制作工艺，入选昆山市级第三批非物质文化遗产保护名录。

泗桥村豆制品，发源于昆山市陆家镇泗桥村。据载，泗桥村曾是一个商贸繁荣的小集镇，原名殷阜镇。南宋时期，战争四起，北方人避乱南迁，有一个叫桑保富的年轻人来到殷阜镇落户。桑保富看到小镇上店铺林立，购销两旺，商贸繁荣，却没有豆制品的生产和销售。于是，桑保富带领家人在市梢头的下浦河旁办起了"桑氏豆制品作坊"。由于桑保富从小跟父母亲生产豆制品，十五岁就掌握了浸豆、水磨、扯浆、点浆、分层、烧煮等技术。他制作的豆腐、油豆腐、干丝、豆腐干及臭坯，真材实料，风味独特，深受广大老百姓喜爱。

后来金兵入侵殷阜镇。抗金英雄韩世忠率部围歼金兵，金兵抵挡不住韩军进攻，把殷阜镇下浦河上的石桥全部拆光，临逃时又一把火烧毁了殷阜镇。战后，殷阜镇居民同心同德重建家园，并且筹资建桥，在下浦河上建造集福东泗桥和西泗桥、南泗桥、北泗桥四座小桥，民间俗称"泗桥"，殷阜镇也因此更名为泗桥镇。桑保富的女婿桑进元带领家人重新在镇上建造起"桑氏豆制品作坊"。桑氏豆制品由于选料精良、配方独特、制作讲究、品质优良、价廉物美，很快成为吴淞江一带畅销的"素菜大王"。

据传，明朝时期，大学士顾鼎臣回到家乡昆山探亲，因为素闻泗桥镇上的豆腐特别有名，于是便装探访"桑氏豆制品"作坊。顾鼎臣一边饮着美酒，一边品尝美食，吃得眉开眼笑，满脸陶醉，称赞这泗桥镇的豆制品果然名不虚传。店家当下就借顾相爷的金口，把"桑氏豆制品"更名为"泗桥豆制品"。

更名后的"泗桥豆制品"因其品质优良，价廉物美，色香味俱全，销售范围很广，主要销往陆家、玉山、花桥、千灯等昆山各乡镇，还有邻近的上海嘉定等地，成为餐饮、熟切、酒家、饭馆的常用菜肴。同时，泗桥豆制品又是民间婚丧喜庆、庙会节场、社会重大典庆活动招待盛宴必备的绿色素菜。

家庭制作泗桥豆制品

作为人们日常餐饮的美味菜肴，泗桥豆制品自古以来一直深受百姓喜爱。泗桥豆制品种类齐全，风味独特，豆腐类有嫩豆腐、老豆腐、豆腐花、豆浆；干丝类有干丝、百叶、香豆腐干、白豆腐干；油炸类有油豆腐、油茧子、油泡、油煎臭坯等。

泗桥豆制品风味独特，受益于得天独厚的地理环境优势。位于陆家镇东侧的泗桥，四面环水，水质清澈，草木繁盛，常年风调雨顺，五谷丰登，是个美丽富饶的水乡村落。

泗桥豆制品的加工制作有一套严格的工艺流程，主要工具为缸、粉碎机、扯浆架、定型架、脱水器、灶头、油氽工具及竹、扁、担桶。主要原料是黄豆，黄豆品种为白毛衣、香子豇、一点红、西风青等优质黄豆。黄豆的主要来源一是立足本地区，收购农户种植的中晚熟黄豆；二是委托朋友在江浙沪地区收购；三是顾客用黄豆调换豆制品。泗桥豆制品主要产品为豆腐干、豆腐、干丝、百叶、油豆腐、油茧子、油泡、臭豆腐等。

泗桥豆制品的生产制作工艺主要有八个方面：

一是浸豆，选择优质黄豆，去杂扬净，把黄豆倒入清水缸里浸8~24小时，掌握黄豆溶水量达饱和状态为宜。然后用竹篾畚箕捞起，用清水漂洗干净，存入容器备用。

二是粉碎，把浸胖的黄豆用磨子或粉碎机粉碎，操作上掌握水磨，边磨边加水，磨成洁白豆浆。水磨标准把胖黄豆所含的豆浆全部磨出来，用清水冲溶在豆浆中，豆浆手检感觉糊润、细腻，无片粒渣为好。

三是扯浆，将豆浆分批勺入扯布，用手腕轻轻扭动，边扯边加清水，把豆渣里豆浆扯净为止，保持百分百纯豆浆。

四是煮浆，扯出的生豆浆，倒入锅子内煮沸，去掉浮渣泡沫，形成熟豆浆，冷却

167

扯浆工序

后备用。

五是点浆，用盐卤点浆，这一关对产品形成起到决定性的作用，技术含最高的一关。点浆后进行分层定型，第一层制作豆腐花、豆腐，分别倒入豆腐花桶或豆腐架定型框内。第二层制作油豆腐、油泡、油茧子、百叶，分别用勺浇入定型架框内。第三层制作干丝、豆腐干、臭坯等，以同样方法定型。

六是脱水，按照不同品种，归类将定型框上下叠放，用挤压工具进行脱水，脱到各品种最低含水量为标准。

七是烧煮，把豆腐干生坯下锅烧煮，按产品需要，分别配制五香、卤汁、香干配方原卤，将生坯倒入原卤里烧煮，烧熟达到原定品类的色香味为止。

八是油氽，即把油泡、油豆腐、油茧子等产品分门别类，倒入油锅里氽，严格把握油温及喷水关，把各类品种氽到各自的规格质量，即可上市销售。

泗桥豆制品的制作工艺非常讲究，创始人桑保富在生产技术上力求精益求精，一丝不苟，始终坚持"一试、一尝、一改"，每个生产环节都要亲自尝试一下，有把握再进行。尤其是豆浆煮沸后，先要喝几口，有不满意的地方，立即采取相应措施调整。在经营中，推出有质量问题包换、包退和视情况赔偿承诺。注重季节、传统节日和特殊应急情况，生产适销对路产品，保证市场需求，并且日产日销，不留隔夜货，保证新鲜产品出售。对老客户和积极参与技术改良、善于提供信息、建议的顾客，试制产品实行免费赠送，为传人起到了表率和引领作用。

泗桥豆制品有着品类齐全、色香味俱全、价廉物美、美味的特征，是劳动大众用自己的智慧与汗水创造出来的符合民众口味的特色产品，有着买了还想买，吃了还想吃的"素菜之王"的美誉。其中豆腐俗称"白马肉"，洁白细嫩；豆干，色褐，一寸方块生吃味鲜略咸，细结

白豆腐干

168

可口，熟吃柔松味美；油豆腐号称"金镶白玉嵌"，外表淡黄色，煮后表层薄而柔韧，豆腐肉软而不烂，松而不粘，雪白细腻，食而不腻。

香豆腐干

泗桥豆制品深受百姓喜爱，销量在吴淞江地区一直名列前茅，有着"出门不带回头货"的说法，意思是上市的泗桥豆制品，都是一销而空，尤其是泗桥豆腐干、油泡、油豆腐、干丝、油茧子，经常供不应求，足以证明豆制品工艺的成功，传统特色和风味兼优的效应。

豆腐白坯

泗桥豆制品在传承发展过程中，坚持生产工艺、制作流程的科学性、合理性和特殊性，保持产品的正宗风味，才能在美食界保持七百余年的辉煌历史。泗桥豆制品的传承经过主要分南宋、明代、清朝、民国、新中国成立后五个历史阶段，并以嫡传、帮传、自传的方式传承，至今已有十八代。从第一代桑保富至第十六代桑阿宝，以嫡传之商规传给自己子女。第十七代开始除嫡传之外，还传给亲朋好友和用工者。

明初时期，新一代传人桑进元扩建生产作坊，增设销售房、美食店，又把工艺传授给近亲属桑宝林、桑来宝、桑来珍、许建明、陆桂林等人，后来他们分别在镇上各自开办了3家豆制品作坊。

明代中后期，泗桥豆制品的传人桑进生、桑建福、瞿阿三、陆建春、陆建华、陆建元、施桂弟、施宝芳、赵进等人，先后又创办了5家豆制品作坊，在坚持"口味正宗"的祖训下，发挥各自优势，生产豆制品特色产品，每个作坊有着生产200公斤豆制品的能力。

清朝期间，泗桥豆制品生产进入鼎盛时期。桑氏后代桑金元、桑心宝、桑士林、桑惠平、桑元青、陆小苟、陆惠兴、施小弟、施保平、瞿水林、瞿介元、赵秋云、赵光明、鞠毛大、胡大元、胡品福等新一代传人，逐步改进生产工具，改进生产流程和生产工艺。他们先后在泗桥镇、陆家浜镇办起14家"泗桥豆制品"作坊，日均生产600~800公斤黄豆的豆制品，保证市场的需求。

民国时期，泗桥豆制品传人桑雪元、桑春鸣、桑秋生、桑桂英、陆大毛、陆三毛、施秋生、施阿小、瞿连生、瞿田芬、赵水林、赵元林、鞠建生、鞠惠明、胡小康、胡福元、许毛二等人开办泗桥豆制品作坊17家，日均每户生产150公斤以上豆制品，满足老百姓家常食用、丧事、节场、饮食、熟切店的供应量。在豆制品质量上保持桑氏豆制品的规格、质量、特色、风味，实现久销不衰，甚至供不应求的态势。

新中国成立后，泗桥豆制品由桑阿宝、慕进元、许小弟、金桂宝、胡小平、许华荣、鞠金元等人办起了10个家庭作坊。集体化时，创办"泗桥大队豆制品加工厂"，生产规模、生产设施比家庭作坊既大又规范。粉碎、供水用上电动设备，脱水也设计制造成半自动挤压脱水机，烧煮柴改成煤料，使用鼓风机，提高生产效率。产品种类有豆腐、干丝、豆腐干、油豆腐、油泡、油茧子、百叶等，全部传承泗桥豆制品的质量、品类、风味、特色。职工实行定额计工，按劳取酬的办法。这是泗桥豆制品在生产历史上的一大转折点。

改革开放后，随着私营经济的发展，泗桥豆制品生产又恢复了家庭型作坊，全村豆制品生产家庭作坊近10家。泗桥豆制品传承至今已有18代。进入新世纪后，陆家镇非常注重民间美食及手工艺人的传承和保护，为此专门申报泗桥豆制品加工制作技艺作为非物质文化遗产保护项目，并专门规划建设集约型工场，为泗桥豆制品传人提供生产经营场所。同时，陆家镇建立了以文化部门为主体的服务机制，会同相关职能部门，加强对泗桥豆制品加工技艺的服务指导，促进其工艺产业的健康发展。陆家镇党委、政府每年投入一定的资金，建立督促、管理、检查、培训、联系、整理、开发等制度，开展经常性的联系指导工作，确保泗桥豆制品工艺传承呈良性发展。

近年来，随着生产力不断提升，有些家庭型作坊已逐渐转型成生产、制作、销售、服务一条龙的现代化企业。泗桥豆制品借着"非物质文化遗产"的美名，统一加工制作工艺，统一标准质量，在产品加工制作、销售、宣传等方面有了明显的提升和进步。泗桥村最多时有近20家生产豆制品，至今还有6家生产泗桥豆制品，其中尤以泗桥"慕家豆腐"最为有名，在新一代掌门人慕晓杰的经营下，"慕家豆腐"已成功打造为一个本土品牌。

如今，泗桥豆制品的加工制作工艺，作为一项非物质文化遗产，被一代一代传承人精心保护和发扬。作为江南美食界的"素菜之王"，泗桥豆制品因其"常食不厌、营养丰富、风味独特、品类齐全、价廉物美、绿色食品"等特征，作为舌尖上的民间艺术，将在历史长河中弥久留香。

（李红 编文供图）

闵氏金黄散制作技艺

（2010年入选昆山市级第三批非物质文化遗产名录）

昆山闵氏六世伤科，近200年来名扬江浙沪。其治疗骨伤疾病的非凡效果，不仅靠其代代相传的正骨、推拿理筋手法，自制小夹板固定骨折等治伤绝技，同时也依赖着闵氏祖传秘方治伤方药和伤膏药的襄助。

闵氏伤科祖传的秘方伤膏药主要有治伤膏和金黄散，一为敷贴硬膏，一为散剂软膏，适应病症不同，作用各有千秋，临证辨证施治，灵活应用，疗效卓越。

闵氏金黄散的显著疗效，来自其独门秘方和严谨合理的药物配伍，同时又由于要求严格的制作工艺，再加上出神入化的使用方法，从而造就了流芳百年的闵氏金黄散。

闵氏金黄散的处方组成：大黄、姜黄、黄柏、白芷、陈皮、苍术、天南星、厚朴、天花粉、甘草、独活、地肤子、芒硝、冰片、丹参、生草乌、皂荚。

中医理论中认为但凡跌打损伤，伤筋动骨，必定破坏了人体内正常的气血运行，形成局部的气血凝滞、经络阻塞，不通则痛，肿痛瘀血症状也就在所难免。气血瘀滞于体内，便会化热

闵氏金黄散药材"全家福"

生邪，热毒壅聚，因此红、肿、热、痛的症状往往就很常见。闵氏伤科在针对这类病症的治疗过程中，就会选择用中医外消的方法，使"热毒蕴结者清之，瘀血停滞者活之，湿阻经络者化之……"，阻止病情进一步发展，使肿消痛止而速愈。"方从法出，法随证立"，闵氏金黄散就是在此治法基础上应运而生的。闵氏金黄散源自古方"如意金黄散"，通过对其药味、药量和配伍的加减变化，使其功效更具独到性和代表性。如意金黄散最早记载于明陈实功编著的《外科正宗》，原方由大黄、姜黄、

黄柏、白芷、陈皮、苍术、天南星、厚朴、天花粉、甘草等十味中药组成,具有清热除湿、散瘀化痰、止痛消肿的功效。《外科正宗》中记载:"痈疽,发背,诸般疗肿,跌打损伤,湿痰流毒,大头时肿,漆疮,火丹,风热天泡,肌肤赤肿,干湿脚气,妇女乳痈,小儿丹毒,凡外科一切诸般顽恶肿毒,随手用之,无不应效,诚为疮家良便方也。"因而,直至今日,如意金黄散仍被各地中医广泛应用着,并且因其显著的疗效被收载入《中华人民共和国药典》。闵氏伤科从起家开始就使用此方,随着临床诊疗实践与用药经验的逐年积累,闵氏传人对原方进行了修改,逐渐形成了现今具有闵氏伤科自身特色的更具针对性的闵氏金黄散。

闵氏金黄散在原方的基础上,增加了独活、地肤子、芒硝、冰片、丹参、生草乌、皂荚等七味中药。综观全方,以大黄为君,清热解毒、逐瘀通经,古时大黄有"将军"的美誉,是因其药理功效能"推陈致新,如戡定祸乱,以致太平",就好比古代一位能冲锋陷阵、平定祸乱的龙门虎将,是一味清热泻火之力甚强的常用药。芒硝清火消肿、泻热软坚,两者为相须配伍使用。然后配以黄柏清热燥湿、泻火解毒,地肤子清热利湿,天花粉清热消肿排脓,从而增强全方清热解毒的功效。丹参活血通经、祛瘀止痛,为活血药。陈皮理气燥湿,厚朴、苍术燥湿行气,姜黄破血行气止痛,此为一组行气药。"气为血之帅,气行则血行",诸药合用,共同推动气血运行,起到散瘀消肿的疗效,使经络通畅,通则不痛。此外,再配以白芷、独活祛风除湿、消肿止痛,天南星燥湿化痰、祛风止痉、散结消肿,草乌祛风除湿、温经止痛,皂荚外用散肿消毒、搜风治疮。最后,配用冰片,一方面清热止痛,一方面利用其辛香走窜的特点,引诸药直达病所;配伍甘草,一方面增强清热解毒、缓急止痛的功效,一方面调和诸药药性,两药均为佐使之药。全方组方严谨,既针对热毒壅盛的病因加以清除,又考虑到气滞血瘀、湿阻经络,久郁而化热成腐的因果联系,诸药通力协作,标本兼治,从而使毒解瘀化,肿结自消。通过精妙的药物配伍,充分发挥出了中医外治的优势。

闵氏金黄散的神奇疗效,正是源于其一丝不苟、精益求精的制作工艺。闵氏认为要制出精良的金黄散,首先必须选择最优质的药材。我国地大物博,古代医药家在长期的实践中,经过观察和比较,发现不同产地的药材,由于气候环境与自然条件的不同,质量存在着优劣差异,因而中药以临床疗效为基础,形成了"道地药材"的概念。道地药材,也称地道药材,是指历史悠久、产地适宜、品种优良、产量宏丰、炮制考究、疗效突出、带有地域特点的药材。例如大黄,要选择青海、四川或甘肃等地所产,质量最佳;苍术,有时又被称为"茅苍术",是因为产于江苏茅山一带者质量最好。

其次,要把握好中药材的采收季节、时间和方法。独活、大黄、苍术、甘草、白芷、天花粉、丹参等根及根茎类药材,必须是农历二、八月采取,因为早春二月,植物新芽未萌;深秋时节,多数地上部分停止生长甚至开始枯萎,此时,植物的营养成分多储存在地下根茎部分,有效成分含量高,采收后,药材质量好,产量高。黄柏,通常是清明节前后,选取树龄10年左右的树,剥取的树皮;厚朴,也要在4~6月间剥取,黄柏、厚朴这些树皮类中药材,在这个时间段植物生长旺盛,不仅质量较佳,而且树木枝干内浆汁丰富,树皮易于剥离。

再次,药材要选择正确的炮制品或使用前进行正确的临方炮制。炮制,是中医药学一项传统而独特的制药技术,古代又称"炮炙""修治""修事"。中药材必须经过炮制才能入药,这是中医临床用药的一大特色。中药炮制的方法多种多样,大致分为修治、水制、火制、水火共制和其他制法几个大类。中药材经过炮制,可以洁净药材便于储藏,可以增强药物疗效,可以改变或缓和药物的性能,可以降低或消除药物的毒性或副作用,可以改变药物作用的部位或增强对某部位的作用,可以矫臭矫味等。中药材炮制工艺是否合理,方法是否恰当,直接影响着中药临床疗效的发挥。一种药材有时因为针对的病症不同,会有多种炮制方法,所以选择何种炮制品或炮制方法,对于中医方剂临床疗效的发挥是至关重要的。

闵氏金黄散中的大黄需要用"酒蒸法"制成熟大黄,丹参用"酒炙法"制成酒丹参,两者都用到辅料"酒"。酒味甘、辛,性大热,气味芳香,能升能散,作用主要有行药势、增强活血通络作用,矫臭矫味,故常应用于一些活血散瘀、祛风通络的药物。用以制药的酒有黄酒、白酒两大类。黄酒古称清酒、米酒,为米、麦、黍等用曲酿制而成;白酒又称烧酒,为米、麦、黍、薯类、高粱等用曲酿制并经蒸馏而成,白酒到元代才开始有所应用。《本草纲目》强调制药用的酒必须为无灰酒,即制造时不加石灰的酒。一般浸药多用白酒,炙药则用黄酒。"酒蒸法"炮制大黄,是取大黄饮片用黄酒拌匀,闷约1~2小时至酒被吸尽,装入容器内密闭,隔水炖约24~32小时,至大黄内外均呈黑色时,取出干燥而成。"酒炙法"炮制丹参,是取丹参饮片加入定量的黄酒拌匀,稍闷润,待酒被吸尽后,置炒制容器内,用文火加热,炒干,取出晾凉,筛去碎屑,称"酒丹参"。大黄、丹参都通过以酒为辅料的炮制,增强了药物活血化瘀的功效。

天南星、草乌，因具有一定的毒性，故内服时必须选择白矾或胆汁炮制过的制天南星或胆南星和用水长时间蒸煮过的制草乌。闵氏金黄散用于外敷，取其峻烈之性，所以选用只经过精选切制的生天南星与生草乌。苍术，气味芳香，辛温性燥，临床使用时常会以麦麸炒制后使用，缓和它的燥性，而闵氏恰利用其性燥以燥湿通络，所以也就使用生苍术。黄柏泻火解毒、清热燥湿，有多种炮制品，盐黄柏引药入肾，缓和苦燥之性，酒黄柏引药上行，黄柏炭偏于止血，可以看出，最适合的即为黄柏炭。芒硝，需用一比较特殊的方法炮制，称为"提净法"。是取适量鲜萝卜，洗净，切成片，置锅中，加适量水煮透，捞出萝卜，再投入天然芒硝(朴硝)共煮，至全部溶化，取出过滤或取上清液，放冷。待结晶大部析出，取出置避风处适当干燥即得，其母液经浓缩后可继续析出结晶，直至不再析出结晶为止。用萝卜汁煮制后所得的芒硝，可提高纯净度，同时也可缓和其太过的咸寒之性。

药师在细心称取与加工药材

制作金黄散时，将各中药炮制品，按处方组成比例，称取相应的分量。传统的称药工具称为戥秤(又称戥子)，是一种小型的杆秤，制作精良，设计精细，结构合理，古代戥秤的称量精度，在世界衡器发展史上是罕见的，已能达到一厘，相当于今天的31.25毫克。戥秤由戥杆、戥盘、戥砣等部分组成，称药时，应"秤杆不过鼻尖，秤砣挂小指端，抓药用前三指"，即在称量时，左手握戥杆，将戥杆放在左手中指端和虎口上，稳住砣线，用右手前三指抓药，放入戥盘内，提起戥纽，目视戥星，靠左手中指和食指的伸屈活动来带动砣线的进退移动，将砣线在戥杆上移动至欲称量的指数位置上随即放开，当戥星的指数和戥杆取得平衡时，即是所称药物的

174

金黄散软膏

重量。随后,将除冰片外的各中药饮片粉碎,传统的有碾子、药杵与臼、石磨等,常用的是药碾,一般为铁制品,称"铁药碾"。铁药碾一般为船型,中间有凹陷的碾槽,配有扁圆形像车轮一样的碾盘,通常一边双脚蹬碾盘,一边往碾槽里添加药材,从而将中药饮片碾碎。冰片需要单独用研钵研细,然后将冰片与药粉用配研法混合均匀。配研法是一种将量小的药物与量大的药物混匀的配制方法,现在也叫等量递增法。就是先取量小的药物(冰片粉),加入等量量大的药物(药粉)混合均匀,然后再取与混合物等量的药粉混合均匀,如此倍量递增,直到全部混匀,色泽一致。混合后的药粉呈棕黄色,金黄散即由此而得名。近年来,为了使用更方便,多将金黄散和凡士林按一定比例混合均匀,调制成金黄散软膏,供临床应用。

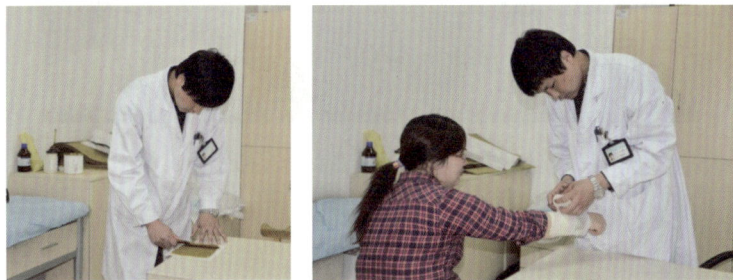
张强医生将药膏细涂于纱布,然后为患者患处敷金黄散软膏并包扎

闵氏金黄散清热解毒,活血祛瘀,行气止痛,消肿散结,主要用于跌打损伤、筋骨扭伤、痈疽肿痛初起而见局部红肿硬块、灼热疼痛者。使用时,根据病症不同,病势不同,可以选用或凉开水,或黄酒,或鸡蛋清,或食醋,或蜂蜜等加入闵氏金黄散调匀后,涂在干净白纱布上,直接敷于患处。损伤早期微有出血,用凉开水调敷能起到凉血止血的作用;鸡蛋清性凉,民间有用外涂治疗急性炎症、无名肿痛初起的习惯,用它调制,可以增强金黄散消肿止痛的作用;黄酒调敷可以加强药物活血止痛作用;食醋能与方中某些药物反应,使其镇痛作用明显增强;蜂蜜本身就有缓急止痛的作用,外敷还有一定的杀菌防腐功效。不同的使用方法产生不同神奇疗效,这也是闵氏金黄散的独特之处。现今,为临床应用方便,已多采用金黄散软膏。

(马一平 汪怡 编文供图)

周庄土布制作技艺

(2010年入选昆山市级第三批非物质文化遗产名录)

旧时的周庄乡村,尽管以种植水稻、油菜为主,但农民们仍要设法种些棉花,或者从外地购买棉纱,自己动手纺织。这样做,一方面解决家人的穿衣、铺盖问题,另一方面可以出售贴补家用,所以,周庄盛行农家自织土布。

周庄水巷

据清人赵昕《苏州官布考》记载:"明万历以后年征官布十九万匹,嘉定县征十二万六千四百余匹,其余六万三千余匹由太(仓)、昆(山)、嘉(定)三州县应办之金花银,令长(洲)、元(和)、吴(县)、常(熟)四县征解。"由此可见,因为昆山出产的土布质量上乘,才能列为官布。其中,周庄土布更为出名。

周庄土布又名老粗布、小布,是数千年来周庄劳动人民世代沿用的一种纯棉手工纺织品,具有浓郁的水乡特色;是乡民用原始的纺纱机和木制的织布机一梭一梭精心编织而成的。在当今社会崇尚绿色、回归自然的消费追求中,由于土布以纯棉质地、手工织造等特点,采用不上浆工艺,质地柔软手感好,冬暖夏凉很舒适,从种棉到织布,不使用农药和染剂,所以,土布成为绿色产品。

周庄地区的纺纱织布具有悠久的历史。据清嘉庆十五年(1810)《贞丰拟乘》载:"小布细密均洁,凡西客必于镇是求。"光绪八年(1882)《周庄镇志》载:"(时出产)棉纱、棉布、綟布、棋子布、雪里青布,以供应四乡八里的民众百姓。"可见旧时周庄无论集市与乡村,人们素有棉制品自给自足的风俗。直至20世纪60年代,村

各种周庄土布

民中仍有纺纱、摇线、织布等棉制品制作工艺。

早些时候，周庄乡间把到镇上去叫卖自织布叫"卖小布"，把用土布缝制的衣服叫"土布衣裳"，把妇女束在腰里的裙子叫"小布裙"。土布的图案品种有很多，有"人字布""秤星布""一字布""蚂蚁布""柳条布""毛蓝布"和"芦菲戗"等等。

周庄土布的编织工艺比较复杂，从采棉纺线到上机织布，要经过数十道工序——采摘棉花→轧花去籽→弹花成絮→搓成棉条→纺纱摇线→浆洗纱线→经线做综→吊机织布→落机成布。主要工序如下：

一、弹棉花。棉花去籽时易板结，且纤维混乱，所以必须经过加工后，使纤维蓬松和纹理一致。其加工过程就是用弓弦弹拨。大木制弓，紧绷弦线，并以细绳系在弓背中间，另一端系在一根有弹性的细竹竿上，竹竿插在弹棉者背后；弹棉者左手握弓使弦线接触棉花，右手持弹棍，然后用力敲拨，击打弦线，使其振动，使棉花纤维在弦线振动中得到发散蓬松。又在弹拨中使棉花铺放均匀，然后用棉拍压平成卷，即成柔软的棉花絮。

二、搓棉条。在平整的台板上铺布；摊开棉花絮卷，用双手撕扯，以求进一步理顺纤维，成为长大致一尺半、宽3至4寸的方块；用棉条杆子顺一长边压住并卷起，再用棉条板顺卷起的边往前推卷，前后均匀轻柔地推搓3至5遍，使其松软，此时抽出杆子，即成棉条。

三、纺纱。纺纱者坐竹椅，与纺车成30度角，面对锭子固定处；把搓好的棉条束挂在纺车内侧大柱上，右脚顺势踏在纺车横梁上；连接锭子与摇车的传动带并装好锭子，在锭子转动部分点上菜油，锭子前部套上用干笋壳剪成的纱芯，逆时针卷紧；左手取一根棉条捏住一头，右手在棉条前头扯拧出少许纤维，边拉边拧成纱头，再把短纱头放在右腿上用右手掌朝前

周庄民间的纺车和织布机

边推,左手边拉至足够长后,把纱头夹在纱芯的卷合处绕上几圈使其固定在锭子的纱芯上;左手无名指、小拇指捏住棉条,大拇指、食指、中指轻管棉条头,右手摇车柄,同时拉、逆时针摇,用力得当,匀称、细密的纱就纺出来了。拉一臂长的纱大约摇二圈车,此时停摇,左手稍抬高、右手将车稍许顺转,使纱回到纱芯中间后再少许逆转,收拢纺好的纱线。依次反复,直至一根棉条纺到只剩下很少时,再取另一根棉条接上继续纺。纱芯装满后,换一根再纺,直至将棉条全部纺成纱线。

四、染色、蒸煮。初秋时节,将纺好的纱,从纱芯上绕到小摇车上,取下成圈并充分晾干。取一长竹竿,一头系上一把勺子,坐船至菱荡中间,把勺子伸向荡底,舀取河底由菱壳、水草腐烂后的黑泥,与纱充分混合使其吸收后,再上蒸笆蒸煮,凉后洗净晒干,就成半成品青纱。"棋子布""雪里青布"就是用这种青、白两色的纱线织成的。

用周庄土布制成的各色服装

在周庄土布中,最具特色的是蓝印花布,那是江南特有的布料,周庄男女十分喜爱制作蓝印花布。蓝、白两色向来就被赋予平和安宁的内涵,在文雅素净中透出含蓄,在含蓄中宣扬着纯净与优雅。蓝印花布俗称"石灰拷花布"或"拷花蓝布",其花纹清新,色彩浓郁沉着,朴素美观。它的雏形可追溯到秦汉,尔后兴盛于唐宋,十三世纪黄道婆把棉纺技术传入江南后,棉质的蓝印花布开始普及。

印染蓝印花布首先是制作染料。地道的周庄蓝印花布的蓝色,须用一种名叫马齿苋的野生植物的叶子为原料。制作时,将叶子浸放在石臼中,几天后去掉腐质,放入石灰或海蛤粉,沉淀后的染料似土状,俗称"土靛"。土靛碾碎成浆,由此得到所需的蓝色染料。这种蓝色染料上色后极为纯粹、天然。制成的布——蓝底蓝得清纯,白花白得朴实,秀气而不落凡俗,典雅而不失明快。

蓝印花布有蓝底白花和白底蓝花两种形式,这两种形式都离不开漏花版。印花所用的漏花版用桑皮纸涂以柿漆后刻制而成。

使用传统的镂空版白浆防染印花,俗称"药斑布",距今已有1000多年历史。涂在坯布上的浆是用水、石灰粉和黄豆粉按照1:1:1的比例调制而成的。染色上浆时,把镂空花版铺在白布上,用刮浆板把防染浆剂刮入花纹空隙并漏印在布面上,干后浸染靛蓝数遍,晾干后刮去防染浆粉,即显现出蓝白花纹。通常每浸泡15分钟左右就须拎出布料晾晒15分钟,如此反复七八次,直到得到需要的深浅色度。最后把浆刮掉,露出原来的白底,白花就这样印在蓝布上了。

至于那身着蓝印花布在水边浣洗的姑娘们,更是一道风景,她们与江南水乡的诗情美韵融为一体,淳朴自然中透出令人怦然心动的素净与秀气……

如今,周庄及周边农村的妇女依然保留着传统民俗服饰:以梳发髻(俗称"头发把")、扎包头巾、穿拼接衫、束小布裙、裹卷膀、着绣花鞋为主要装饰。随着季节的变化,年龄的变换和节日礼仪的需要,式样也有不同的变化。其中,春、秋季节尤为突出。春秋季的服饰以拼接衫为主,面料多以花布、土布、深浅士林布为主要基调,色彩对比鲜明,鲜而不艳、艳而不俗,常用几种色彩的面料拼接而成,剪裁得体,缝工精细,装饰性很强,它的特点也是通过服装的装饰工艺而体现的,有拼接、滚边、纽襻、带饰、绣花等。而裤子多用蓝底白印花布或白底蓝印花布,裤裆用蓝或黑色士林布拼接。这些服饰最初由于受布幅的限制和省料而拼接,拼接时由实际需要的拼接发展到主观意识的拼接,无不讲究整齐均衡和对称的形式美。腰部束的裙子也很有特色,长度齐膝,裙裥极细,裥面和裙带上均有不同工艺的花饰,裙外面系上一条小叉腰,叉腰是与皱裙相连的辅件。叉腰上缝着一个大口袋,叉腰四周及带上绣着各种图案花纹,是服饰中的重要装饰物。裙的设计是很实用的,劳动时束了裙子,腰背不易受风寒,站立时又能增加腰部的力量。下摆较大,不影响行动,有利于水田操作,也适合于野外方便小解的遮掩,既美观又实用。

水乡地区用土布做的鞋也很有特色,鞋的形式颇似小船,不分左右,故称作

周庄纺纱织布场景

周庄土布传承人杨利琴

"船鞋""圆口鞋"或船形绣花鞋,鞋帮由两块合成,鞋面以绣花为主,色彩鲜艳,花样丰富多彩。船鞋做工精细,耐穿实惠。

根据不同的年龄,其花样也有所不同。青年妇女以花哨为主,常利用服饰上的有限空间,巧妙地运用色彩对比、衬托、交错的手法,以达到显眼、花哨的艺术效果,恰到好处地突出了水乡妇女的人体美和装饰美,给人轻盈洒脱之感。

随着现代纺织业的发展,手工生产的土布逐渐失去市场。但是,周庄土布的生产工艺却并未因此失传。20世纪60年代国家对棉纱实行统购后,周庄土布的民间购销只能停止了,但是,周庄乡民仍把自留地上所收获的一点棉花用来纺纱织布,或用于制作衣裤或供家中女儿出嫁时做陪嫁。

2002年,江苏水乡周庄旅游股份有限公司在周庄古镇区中市街开辟"十二作坊"一条街,其中97号便是"土布坊"。今年74岁的店主杨建明夫妇和他们55岁的女儿杨利琴作为周庄土布的传承人,每天在那里劳作,真实地展现了周庄土布的纺纱、织布情景。店里还陈列着许多土布成品和由土布制作的各色服装。很多游客参观后,都对这种纯手工纯自然的土布及服装爱不释手,纷纷争相购买。

许多人怀念土布,是因为怀旧。眼下什么都讲究环保,讲究回归,穿衣打扮也如此。人们穿腻了高档衣料,名贵服饰,反过来倒是对土布越来越青睐了。所以传承这种土布制作技艺是很有价值的。

（陆林根 编文供图）

沈万三传说

（2013年入选昆山市级第四批非物质文化遗产名录）

昆山、苏州、吴江乃至浙江湖州一带，对沈万三这个人物大多耳熟能详，都知道他是元末明初从周庄走出去的大富豪。周庄镇位于昆山市西南，与苏州吴江区接壤，是江南六大古镇之一。春秋时为吴王少子摇封地，名"贞丰里"。北宋元祐元年(1086)，因乡人周迪功捐地修建全福寺，而得名"周庄"。

在周庄民居中，明清和民国时期的建筑至今保存有百分之六十以上，其中保存有近百座古宅院第和60多个砖雕门楼，还有一些过街骑楼和水墙门，堪称典型的江南水乡风貌，因此，周庄有"中国第一水乡"之美誉。

周庄出了沈万三，在相当长的历史时期里成为人们关注的焦点。沈万三的父亲沈佑是一位农业专家。他带领家族从吴兴(今浙江湖州)南浔迁到周庄定居，是因为爱上了这块土地。周庄不仅田地肥沃，民风也好。那时的周庄人少地多，当地人将那些水资源丰富却长期荒废的土地以低价出售给沈佑。沈佑对如何合理施肥，如何有效灌溉，都深有研究。他带领家族子弟精耕细作，故单产较高，家境就开始殷实起来。

沈佑的两个儿子万三、万四都是勤俭朴实的庄稼人，后来接替父亲，把家族的事业做大了。作为长子的沈万三承担了家族主要责任以后，依然勤勤恳恳带领子弟务农，并且乐于助人，接济弱者，因此得到周庄乡亲们的一致好评。

沈万三通过种植庄稼，在周庄掘到了第一桶金，完成了资本的原始积累，史称他"力田致富""田产遍吴下"。应该说，是周庄富

当代周庄祭祀沈万三活动景象

沈万三塑像

饶的土地、淳朴的民风、便捷的水上交通条件，加上沈万三本人的克勤克俭，致使他走上了致富道路。

然后，沈万三由"农而优则商"，而进一步拓展他的事业。据清《盛湖志》载，沈万三先在周庄附近一带作试探性投资。经过考察，他在吴江盛泽镇建南胜坊、北胜坊，相当于如今经营生活资料和生产资料的市场，吸引东西南北各路商家到此租场地租柜台做生意。值得一提的是，沈万三非常关注投资环境和人居环境，认为这与把握商机有直接关系。他在当地大搞绿化，"植红梨万树于湖滨"，让经营者消费者都能够置身于秀丽的风景之中，这不仅是构建人与自然的和谐，也有助于构建买卖双方的和谐，于是就会积聚更多的"人气"。应该说，这是一种全新的经营理念。

资金积累更多了，沈万三的生意也随之进一步拓展。周庄附近的苏州、嘉兴等地当时都是繁华的商埠，太仓的刘家港又是出海大港，这样优越的环境，对经商是非常有利的。康熙《吴江县志》中说："沈万三……富甲天下，相传由通番所得"。所谓"通番"，就是对外贸易。

当时，大明建立，百废待兴，越是富有的人就越是成为朝廷认为可以榨取的对象，俗话说"人怕出名猪怕壮"，沈万三很清楚这一点，于是他小心翼翼地见机行事了——

洪武三年（1370），沈万三运粮到南京出售，明太祖朱元璋亲自召见了他。沈万三有点诚惶诚恐地惴惴不安，猜不透皇帝的心事。于是，沈万三主动向皇室示好，表示愿意出资修建南京城墙。不仅如此，他还表示愿意出钱犒赏三军。不料这个意图让朱元璋怒不可遏：你一个小老百姓居然想要犒赏皇家军队，这不是想要造反吗？那还了得！当场就要推出斩之，还是他的马皇后好言相劝道：这样的乱民还是让老天来惩罚他吧，这才保住了沈万三的性命。《明史·马皇后传》："吴兴富民沈秀者，助筑都城三分之一，又请犒军。帝怒曰：'匹夫犒天子之军，此乱民也，宜诛之。'后曰：'其富敌国，民自不祥。不祥之民，天将灾之，陛下何诛焉？'乃

182

周庄沈万三故居

释秀，戍云南。"抄没家产后，全家被发配到现在的贵州安顺市平坝县天龙屯堡一带，当时贵州尚未设省，此处属于云南。《新增格古要论》载："洪武初，抄没苏人沈万三家。"

实际上，沈万三主动出资修建南京城墙，还积极要求出资犒赏皇家军队，不能简单地去理解为炫富摆阔招摇于众，应正确理解为他之所以主动向皇室示好，乃委曲求全保护自己的无奈之举，说白了，就是想拍拍朱元璋的马屁，求得一时的太平。万万想不到的是，这反而招致朱元璋的忌恨。

沈万三被发配到今贵州平坝地区，定居生活了大约十五六年。在这块土地上，他再次将他的经商才华发挥得淋漓尽致。其在黔中的商业活动主要以马帮运输为业。沈家人很多年前一直在古驿道上跑马帮，实力雄厚阵容庞大，鼎盛时期达200多匹马，乃那一带的首富。穿过安顺的滇黔古商道曾被山洪多次冲毁，都是沈万三出资予以修复。天龙屯堡的老人们也说：驿道沿线的许多古桥至今还能找得到，古道上的石板被南来北往的行人和马蹄踩得十分光滑。贵州缺盐，沈家马帮到四川贩盐过来，一定程度上解决了老百姓的吃盐问题，这是最"惠民"的实事。沈万三在他78岁之时，毅然做出回归大自然的决定，追随道家张三丰到福泉县福泉山修炼，直至88岁那年终老于此。明洪武二十六年（1393），沈万三辞世后葬于福泉山，据传，一百多年后的明弘治十年（1497），沈万三的五世孙沈廷礼将其遗骸运回周庄，葬于银子浜下，如今福泉山上的那座陵园是沈万三的"衣冠冢"。

黔中一带适宜的经商环境使一代一代的沈氏后裔得以兴盛，某种程度上促成了史书中所说的安顺"商业之盛甲于全省"的盛况。平

贵州沈万三故居

福泉山沈万三原葬墓

坝人曾将"沈万三文化"推向了极致，举办了"沈万三暨屯堡文化高峰论坛"，成立了"贵州历史文献研究会沈万三分会"，推出了《天龙秘事——明代江南首富沈万三与贵州平坝》及《沈万三的屯堡后裔》两本书，最大限度上扩大了沈万三的影响。

数百年来，由于受到传播条件的限制，绝大多数人并不了解沈万三充满艰辛的奋斗历程，对他如何成为"天下第一富"充满了各种想象。人们把他看作一位传奇人物，在他身上笼罩了密密一层神秘色彩。民间衍生出很多关于他的传说，单是"获取聚宝盆"的说法就有好几种不同版本。当然，这一类传说用现在的目光去审视的话，大多缺乏积极意义。然而，作为一种文化遗产，还是有价值去搜集、采录、传之于世的。以下选录几则沈万三传说以飨读者。

1. 水里钓来聚宝盆

早先，沈万三除了种田，还以打鱼为生。虽然日子过得"紧绷绷"（比较困难），夫妻俩的感情一直是很好的。有一年过"八月半"，沈万三和老婆坐在船头一边吃糖芋艿，一边抬头看月亮。这月亮的"精魄"虽然高高在上，却感到十分孤独寂寞，它很眼热（羡慕）凡间的夫妻恩恩爱爱充满乐趣，不料一个恍惚，不小心居然从天上掉了下来，跌到沈万三老婆的头顶上面，正在吃糖芋艿的沈万三老婆也一个不小心，居然把它给吞到肚皮里去了。

三个月之后，沈万三的老婆产下了一个血球。夫妻俩非常害怕，战战兢兢将血解剖开来一看，是一只白玉雕成的走兽，横看竖看看不出是啥东西。那个时候是冬天，沈万三别说是鱼了，连一只糠虾也捉不到，夫妻俩饥寒交迫日子过不下去了。没有办法，沈万三只好把那只白玉怪兽拿到镇上一家玉器店里去卖掉。店主一看，不得了，了不得，这是月亮的精魄呀！不敢买下来，怕受到老天的惩罚，那还不大祸临头啊，就跟沈万三如实相告。还对沈万三说：你把它系在绳子上，沉到水里去，可以钓到水中的宝物的。

沈万三听了半信半疑，想：这么好的东西你不敢买下来，怕我是偷来的赃物会连累你吃官司对吧？没办法，只好拿回去。到家一想，不如我试试看放到湖里去，会不会真的钓上来点啥？结果，钓了半天只钓上来一只半新不旧的钵头。唉，那是啥宝物呀，也舍不得扔掉，放在船头盛盛米也好。一看，米袋子里只剩下不到一把米，刚倒进去，立马变成满满的一钵头。再试试，哈哈！放啥变啥。后来的情况就不用说了，沈万三就成了"天下第一富"了。

2. 田鸡发现聚宝盆

沈万三年轻时家里比较穷，但他做人老实，生性善良，做事勤恳。一天，他到镇上去卖菜，看见一位老人身旁放了一只竹笼子，里边挤着好几十只田鸡(青蛙)，坐在那里叫卖。沈万三觉得那些田鸡蛮"作孽"(可怜)，别看现在活蹦乱跳，不消一个时辰就会变成人家桌上盘中美餐了。于是他把身上仅有的几个钱，加上青菜，跟老翁换下那些田鸡，装在一个布袋里带回去打算放生。

回到家门口，把布袋子随手往门口场地上一放，那些田鸡全都从袋子里钻了出来。然而，它们并不往附近的草丛、小河、池塘里逃去，却把场地边上一只不知道是谁在什么时候扔在那里从来也不去留意的破旧瓦盆围了个水泄不通，勿晓得是啥个原因。沈万三觉得很奇怪，就把田鸡都驱赶到小河浜里去了。

沈万三把那只破瓦盆拿进屋里，把刚才的怪事说给老婆听了，老婆想：小时候听外公讲起过聚宝盆的故事，会不会……就把一个铜钱放进了盆里，没一会儿工夫(时间)，破盆里居然满满的都是铜钱。果然是只聚宝盆啊！就这样，沈万三发了大财。后来这个消息不知怎的传到了皇帝朱元璋耳朵里，朱元璋下旨要沈万三把聚宝盆送进宫里，他要亲自试验。他把一锭银子放进盆里，第二天一看，还是一锭银子，粒屑都没多出来一点点。什么聚宝盆，全是瞎传！就要把瓦盆还给沈万三，再想想不对，万一这破盆子对沈万三来说真是聚宝盆呢？不能就这样便宜你让你一个人发财吧？就把盆子充公了。

3. 扳环带来财富盈

沈万三靠种田、打鱼，日脚(日子)慢慢地开始好过了。有一天下半夜，一对流离失所的夫妻不知不觉走到沈万三家大门口。那女的还挺个十月怀胎大肚子，实在走不动了，就坐在街沿石上休息。突然间，那女的肚子痛得不得了，下身已经见红，怕是要分娩了。她在男的搀扶下晃晃悠悠站起身来，两只手扳住沈家大门的门环，产下一个女婴。此时此刻，呼呼大睡中的沈万三做了个梦，梦

周庄沈万三水冢牌坊

中一位白发苍苍的老翁对他说："有个女小囡养在你家大门口了，是她娘扳住你家大门的门环生下来的，你就给她起名'扳环'好了。你家的财富都是这个女小囡带来的，你千万不能辜负她的爷娘啊！"说完，那老翁一下就不见了。沈万三从梦里一下惊醒，勿晓得外面发生了啥事情。

没一会儿，天蒙蒙亮了。沈万三赶紧去开大门。一看，一个女人抱着一个身上还粘着胎血的小囡，一个男人愁眉苦脸坐在旁边。沈万三赶紧把他们请进屋里，喊醒老婆给他们烧几个"水潜鸡蛋"先吃起来，把小囡身上也洗刷干净用"三角包"包好，当下决定把他们三个留下来，给那个刚生下的女小囡起名"扳环"，长大了给自己的儿子做家主婆（老婆）。

果然，正如梦里老翁所说，自从扳环来了以后，沈万三生意越做越大，家境越来越好，成为一方首富。而且这个扳环长大后聪明非凡。沈万三曾跟她比赛设计造一座桥，还是扳环先设计好，非常精致合理，而且还先造好，于是沈万三把这座桥起名"赛公桥"。这座桥造在秀水县北平望，就是现在的吴江平望镇。

（郑涌泉 编文供图）

186

严家班道教音乐

(2013年入选昆山市级第四批非物质文化遗产名录)

蓬朗(现为蓬朗街道)位于昆山之东,地处太仓、嘉定交界。历史悠久,人杰地灵。原镇名"蓬阆"是取"蓬莱阆苑"之意。蓬莱,仙境;阆苑,神仙居住之所。属于典型的江南水乡。传统文化活动丰富多彩,道教历史也源远流长,民间各类斋醮活动十分流行。自19世纪中后期至20世纪中叶,严家道士班(以下简称严家道班)在当地赫赫有名,是昆东地区道班中的杰出代表,其衍生的道教音乐首屈一指,影响深远。

热闹的道教庙会活动

道教是产生和盛行于中国本土的一门宗教,初创于汉魏时期,后来传遍华夏大地,苏州是道教传播的兴盛地区。道教在长期实践中,产生了独特的经典教义、神仙信仰和仪式活动。主要仪规有:斋戒、坛醮和礼仪功课。道教音乐则是道教中的重要组成部分,始于南北朝时期,先是经咒,后改为乐诵,因乐能通神,乐能悦神,所以在进行神仙祝诞,祈求上天赐福,降妖驱魔以及超度亡灵等法事活动中演奏音乐,起到渲染现场气氛,烘托宗教神圣作用,增强信仰者对神仙世界的向往和对神仙的尊崇。历代以来,道教音乐深受皇室贵族的喜爱和推崇,每逢重大祭祀大仪、喜庆场合,都会奏唱道教音乐,祈求风调雨顺,国泰民安,天下太平。道教音乐以其与生俱来的得天独厚优势,深深地扎根于民间的沃土之中。

昆山地处江南腹地,钟灵毓秀,人文荟萃。在明代孕育和诞生了被誉为"百戏之祖"的昆曲,众多的昆曲曲牌为昆山道教音乐提供了丰富的演奏素材。在浓厚的地方道教文化熏陶之中,严家道班在昆东重镇蓬朗应运而生。据《蓬朗镇志》(1992年版)记载:咏霓堂,于1920年由本镇道士严重威创办,全堂有鼓手6—8名,道士11—13人,唱昆曲,专司附近人家的婚丧喜事,有时也为富裕人家作代祭。

清末年间,蓬朗镇南街有一户严姓人家,经营一爿纸作店维持生活。因是小本经营,只能勉强度日。严家夫妇只生养了一个女儿,待女儿成年后,为延续严家香火,经人介绍,招纳邻镇青年金月如入赘严家做上门女婿。

金月如,兵希人,大约出生于1860年,父母以捕鱼为业。在兄弟三人中他排行最小。因家境十分贫困,父母为减轻家庭生活负担,将年仅8岁的小月如送进镇上一座道家庙宇看门打杂。小月如聪明伶俐,深得老道长喜欢,教他读书写字,同时兼学道教司仪时使用的各种乐器。经过几年的刻苦学习和发奋用功,小月如在操作道教音乐的吹、打、拉、念、唱等方面进步神速。婚后,伴随着严重威等下一代陆续出生,单单凭靠纸做生意已无法维持一家生计,为此,金月如投师于蓬朗镇北街的张家道班,做了一名赴应道士。凭着从小打下的基本功,金月如不耻下问、勤学好练,一举成为道班中的佼佼者。于19世纪中后期,金月如自立门户,初创了严家道班。

金月如依次生有严重威、严重敬、严重倪三个儿子,他一直希望儿辈继承父业,做大做强严家道班,就对三个儿子从小给予培养,将道士行当悉心传授。三个儿子逐步掌握了道士技能。其中大儿子严重威更为出色,达到了同父亲金月如平起平坐的水平。后来二儿子严重敬、三儿子严重倪不幸相继夭折,严重威就挑起了壮大严家道班的重担。

道班在演奏道教音乐

严重威其貌不扬,平时不修边幅,生性豁达爽快,是个乐天派。他拥有做道士的全部本领,对于各种行当都能得心应手。文字方面尤为突出,就连镇上的郎中先生(中医师)也经常向他讨教。每逢外出司仪时,总是他挥笔写对,龙飞凤舞的毛笔字跃然纸上,同行都对他刮目相看。严重威还能熟练地使用道士所需的各类乐器,在道士司仪场合上,随便拿起一件乐器,都能轻松自如地演奏。

严重威依次生有严成康、严成亮、严成畅、严成熙四个儿子。作为第二代严家道班班主的严重威,对四个儿子精心培养,从严要求,希望早日成才,继承祖业。按常规,道士外出招揽生意必须有自己的"主客",没有主客只好给其他道班打工。由于严家世代贫困,根本买不起主客,为了拥有主客,严家道班必须技高一筹,否则难以生存下去。功夫不负有心人,严重威的四个儿子都不负父望,才华出众。大儿子严成康以乐器和写字见长,三儿子严成畅一表人才,是做法师的好手。所以,严家道班长期以来在当地领先于同行。

昆山龙王庙正门

1920年,严重威以严家人员为主,组建了咏霓堂,意为道班奏出的乐声优美动听。由于道班人员吹拉弹唱样样拿手,操持道仪精彩纷呈。因水平高,名声好,所以方圆几十里,咏霓堂屡屡应邀,声誉日隆,称雄一方。当时有这样的说法:"南有陆家浜鼓手,北有蓬朗严家道士班。"

随着岁月的流逝,严家道班中的严重威和第三代传人严成康、严成亮相继去世。咏霓堂由严成畅接管,并改名为五柳堂。凭借严家道班的声望,加上严成畅善于管理,在众人齐心协力下,五柳堂生意依然红火。作为班主的严成畅深知"山外有山、天外有天"的道理,因此常有危机感,一心思考着五柳堂如何立于不败之地。他特别重视寻师访友,虚心请教。有一次,听说夏驾桥有一位老法师功底深厚,就连夜赶去讨教。有一天,蓬朗镇街头来了一位衣衫褴褛、蓬头垢面的流浪汉,听说是上海某京剧团的一位鼓师张志斌,因染上吸鸦片的恶习而穷困潦倒,过着到处流浪的生活。严成畅知道底细后热情招待,重金招聘,邀他到五柳堂为道班授艺。他确实是行家里手,对于戏文、唱腔、念白、音乐、鼓点样样在行,

蓬朗严家道教音乐传人
严银涛留影

就把掌握的拿手绝活悉数全部传授。严家得名师,名师传高徒。经他传授,五柳堂道班演奏的音乐更加丰富了,更受欢迎了。

随着严家道班的第四代传人严银涛、严菊初(金家春)、严梅初(金家华)等陆续接班,由于他们从小就接受祖父辈的正规培养,所以个个身手不凡。有了后辈新生力量的加入,严家道班如虎添翼,祖孙三代同台献艺,进入发展的鼎盛时期。严家道班一年到头,天天在外,有口皆碑,生意兴隆。

严菊初生于1927年,是严家道班的第四代传人中最为德高望重和出类拔萃的。1932年,父亲严成亮患病去世,临终前,将严菊初兄弟(时其弟2岁)俩托付给弟弟严成畅,要他照顾好两个侄子,并再三叮咛要学好本事,继承家业。严成畅对严菊初倾注了全部心血,言传身教,一丝不苟。严菊初"夏练三伏,冬练三九"。他的童年几乎在拍曲、诵经,以及练习各种乐器中度过的,这为日后入行打下了扎实的基础。严菊初果然没有辜负父辈的期望,凭借从小练就了"童子功",年纪轻轻就能在大场面中登台献艺,与其堂兄严银涛一起成为严家道班的台柱。10岁开始参加各种斋醮活动和堂名演出。12岁时就到昆山城里半山桥吴家道班去教戏。他特别擅长各种乐器的演奏,尤其擅长笛子吹奏。严菊初还能胜任法师司仪,在斋坛上的功夫非常出众。

新中国成立后,人民政府倡导移风易俗,所以严家道班只能弃业改行。其间,偶尔私下为周边百姓提供简单的道仪服务。在"文革"期间,严家道班受到了严重冲击——乐器道具被毁、经书道服被烧,严家道班被迫画上了句号。

改革开放后,万象更新,包括宗教活动也逐步得到恢复,民间丧事礼仪陆续重启,到了1980年代,在第四代传人严银涛的召集下,阵容残缺的严家道班终于重整旗鼓再次复出,为民间提供服务。

严家道士复出的消息很快传遍了方圆数十里,一时间前来邀请的客户络绎不绝。重操旧业的严家道班,在严银涛操持下,演奏技艺依旧不改当年。严家道班第四代传人严银涛、严菊初先后于1995年、2007年去世。

1990年代末,严家道班第五代传

道教庙会上的民间舞蹈表演

人、严银涛儿子严建华,受邀参加昆山市道教协会的筹备工作,2000 年 8 月,担任昆山市道教协会副会长兼道协秘书长,主持日常工作,2004 年正式担任市道教协会会长兼秘书长,为昆山地方道教事业发挥积极作用。退休后,严建华和同为严家道班第五代传人金耀星一起,在蓬朗及周边地区,继续为民间丧事提供道士礼仪服务,一如既往地延续严家道班传统司仪及演奏特色。

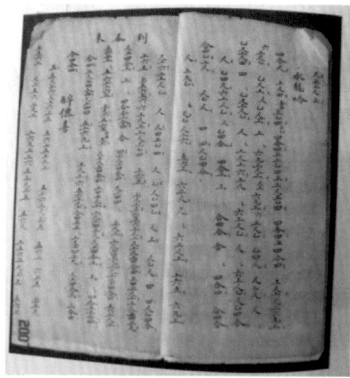

道教音乐工尺谱《水龙吟》

昆山道教音乐丰富多彩,产生"昆派"和"苏派"两种风格,与上海毗邻的花桥、赵屯的"海派"有所不同。昆山道教音乐明显糅合了昆曲风格,使其带有华丽典雅色彩。蓬朗严家班道教音乐以"昆派"为主调,兼有"海派"风韵,吸收了江南丝竹、民间小调的素材,同时融合民间"堂名"音乐的特点,经过几代人的传承和演绎,已形成独特的艺术风格。代表作品有《看灯》《施食》《水龙吟》《步二娇》《大红袍》《万花灯》《下西风》《将军令》《汉亭侯》等。

严家道士兼做堂名、鼓手等行当,自从创始人金月如起始,就注重个人素质的培养和提高,无论演唱和演奏都具独特风格。在红白喜事各种场合演奏中经常高潮迭起,让人拍案叫绝,流连忘返。演奏的器具有:笛子、唢呐、长尖、琵琶、月琴、三弦、二胡、笙、箫、板鼓、云锣、木鱼、磬子、铃子、锣、鼓、钹等。乐队演奏时,以曲笛为主,起到领奏主旋律的作用,司鼓和司笛的位置固定不变,鼓师是整个乐队的灵魂,掌控乐曲的轻重缓急、节奏速度等。第四代传人严菊初被誉为"乐器王",在道教乐器演奏上秀出班行,无人能与之相媲美,被同行公认为昆山东门外的"第一块牌子"。

严家班道教音乐从诞生发展到成长高潮,再由衰落到今天的保护和重振,是在特定历史阶段中,出现的一种具有地域特色文化现象,为研究地方文化,尤其是道教文化传播提供了一个窗口。

严家班道教音乐具有较高艺术价值,是昆山民间传统表演艺术中一朵奇葩,也是昆山道教音乐演奏的杰出代表。其演奏演唱与举行斋醮科仪法事,形成相得益彰的一个艺术整体,司仪在道乐声中进行,营造现场气氛,渲染宗教仪式。其吹奏的各种成套的吹打乐都达到了较高的艺术水准,创树了昆山地方道教音乐艺术特点和艺术风格。

严家班道教音乐具有较高历史价值。1990年代初,昆山市文化馆负责《中国民间器乐曲集成·昆山卷》采编任务,其中有道教器乐类目,严家道班的严银涛、严菊初两人作为昆山地区道教器乐演奏代表,在现场采录了严家道教音乐传承下来的最具特色的代表作《看灯》《施食》两首乐曲。特点鲜明、旋律流畅,曲目入选《苏州民族器乐集成》,丰富了苏州地方民间器乐曲目的宝库,也为严家道班音乐留下一份十分珍贵的文化遗产。

进入21世纪以来,由于道教活动的尚未得到普及,随着外来文化的冲击、现代生活节奏的加快,曾经盛极一时的蓬朗严家道班,人员出现青黄不接的现象,传承出现了断层的困境。近年来,第五代传人严建华正在身体力行地在民间传承,努力将这份弥足珍贵的"严家班道教音乐"项目保护好,弘扬好。

(周长江 编文配图)

巴城宣卷

（2013年入选昆山市级第四批非物质文化遗产名录）

宣卷源于佛教文化。每逢庙会或佛事，正式礼仪结束后，由和尚在庙堂用说唱形式向信众宣讲教义或故事，内容大多是劝人行善积德。其形式是一人主唱，下手敲木鱼，帮唱和歌，所以，最初叫木鱼宣卷，相传初创于明代正德年间。

巴城镇于2004年由原正仪、巴城、石牌三镇合并而成，为昆山西部大镇。巴城境内寺庙很多，其中崇宁寺是香火很旺的佛寺。建于南朝梁武帝天监五年（506），跟昆山华藏寺、周庄全福寺是同时期建起的千年古刹。

凡有寺庙的地方，香客就多，庙堂宣卷是必做的功课，所以宣卷作为一种佛教文化而长期存在，在巴城源远流长，深入人心。后来，宣卷从庙堂走入民间，出现了专职的宣卷艺人，他们牵头组成演出班子，汲取地方小曲的音调，伴奏乐器增加了丝弦，说唱内容增加了历史传说、民间故事，内容大多是劝人为善。

宣卷进入社会后，主唱者说表时可以起角色，但还保留宗教色彩，一人主唱一段后，下手和歌中出现"阿弥陀佛"的衬腔。这种和歌跟故事内容无关，但既保持宣卷特色，又能使主唱者获得休息时间。

宣卷演出场所主要在庙会、民俗节庆或民家结婚、寿诞场面，也有人家为驱灾祛病而请去演出。

在流行过程中，因师承、地域不同，出现了不同流派，昆山就有锦溪宣卷、城北宣卷、巴城宣卷等。

巴城宣卷属于苏州吴地宣卷中的一个支脉，大约产生在清代中晚期。巴城宣卷除了具有深远的佛教底蕴外，还得益于巴城历史文化的孕育。

巴城地处长江下游太湖流域，属于北亚热带南部湿润气候区，气候宜人，是人类宜居之地。早在新石器时代，上古先民就在此繁衍生息，境内史前文化堆积很多，其中绰墩遗址是国务院命名的全国重点文物保护单位，古巴城遗址更是先民发祥地。春秋时吴王阖闾为防淮夷入侵，在此筑城堡，后来就出现巴城镇，所以，巴城至少已有2500多年历史。

唐代,巴城正仪有位梨园子弟黄幡绰,他本是玄宗皇帝身边的滑稽演员,说噱弹唱件件皆能,古人有"玄宗一日不见黄幡绰就怏怏不乐"的说法。就是这么一个笑星,安史之乱后流亡绰墩落户,开启艺事人生,死后葬在村前的土山上,因此命名绰墩山。

据清代《信义志稿》记载,"春有台戏,绰墩最盛,皆因黄幡绰故。"从前阳春三月,各地戏班都要来绰墩山演春台戏,亲戚家还留饭,叫留戏饭,成为一种风俗。于是,绰墩南一里的刀泾村在晚清出现了唱滩簧的花鼓戏班,常在沪西一带演出。新中国成立时,正仪王阿根申曲班投奔太仓,组建了太仓县沪剧团,王阿根任团长。清代以后,昆曲式微,乡镇开始流行不化妆不登台的昆剧堂名,意思是在堂上坐唱昆曲,在节日庙会和富家喜日寿庆场面演出。巴城有记载的堂名班有两家,一是正仪南浜头村的宜庆堂和石牌南横庄的丽声班,除了演唱昆曲外,还唱些宣卷曲调,使只供寺庙法事和庙会赛神演唱的宣卷,开始活跃在传统节日、婚庆活动中,从而形成了具有独特风味的巴城宣卷。原石牌、巴城、正仪都有宣卷班子,这些班子人员精悍、行动灵活,属于轻骑兵式的民间说唱队伍。可以深入家庭、田头、场地表演,更以语言通俗、唱腔优美、故事性强而被听众热爱。在交通闭塞、文化萧条的年代,更为百姓喜见乐闻。

巴城宣卷说唱的曲调不同于其他地方的曲调,吸收当地民歌音调编织而成,独具地方特色。说表用本土方言,宣讲的故事都是上辈传承下来的老脚本。宣卷艺人农忙从事农活,农闲时才被邀外出唱曲,临时组织班子,路远的摇船前去,路近的步行前往。

如今,巴城宣卷有两支队伍,一支在正仪,一支在巴城。

正仪一支有两家宣卷班,一家是家住正仪镇南市梢石塘岸的曹生宝。他家中开了一个小店,以卖日杂用品为主,以前叫南货店。曹家宣卷班的服务地段在塘南,即娄江南岸吴淞江北的村落。抗战后,曹生宝班子星散,只同儿子曹阿汉搭档,生意清淡,即使塘南也很少有人家来请他爷儿俩去演出。从此曹生宝家的宣卷一路滑坡,到新中国成立初,他年老体衰,曹家宣卷名存实亡。

正仪另一家宣卷班是孙晚香、孙惠明父子俩,家住正仪老街西的南浜头村。孙家宣卷班跟昆曲宜庆堂同在一个村,宜庆堂是昆山堂名班中排得上号的老牌子,演员阵容强大,生意也多,所谓背靠大树好遮荫,孙家宣卷借了宜庆堂名声,请去演出的人家也多。宣卷班一般是一人主唱,三四人和歌伴奏,而孙家宣卷只有父子两人,但他们以精湛的表演同样赢得了广泛好评。

他们应邀演出,常是赶早来到主家,先来唱上几曲沪剧、锡剧、越剧,或地方小调,以求营造欢乐氛围,讨得主家欢心。演出的剧目往往请主家点唱,孙家父子俩由于戏路广、脑子活,不怕人家出难题。演出时,爷儿俩各有专长,老孙出口成章,有丰富的表现力,还带幽默,以说表为主,桌上放了醒木、折扇、手帕,作为起角色的导具。而小孙的嗓音特别动听,拖腔甜糯,优美动听,所以以唱为主,和歌时则两人一起唱。

他们唱的曲调以《南方调》《四季调》为主,有时还插入民间流行的《十景调》《小热昏》,以增加滑稽气氛。所谓业精于勤,功夫在戏外,他们父子俩一有空就对脚本认真备课,而且常在旧本上加上新点子,以提升故事容量,所以父子俩演出时,从不把宣

孙惠明(中)在说唱巴城宣卷

卷本子摊在桌上照本宣讲,而是对答如流,配合默契。再加他俩一个说表故事条理清晰,插科打诨恰到好处,另一个唱腔清脆、缓急得当、声调平和。通过孙家父子平易动人的演绎,描绘出典型环境和人物的生动形象。所以孙家班宣卷人虽少,但能量大,在正仪有口皆碑,甚至连原吴县的唯亭和胜浦都有主顾来邀请,所以从抗战胜利到新中国成立初这段时间成为孙家班的黄金时期。

新中国成立后,政府提倡健康的民间文艺,因为宣卷本身从佛教衍生而来,它宣讲的故事、演绎的程式还保留着宗教色彩,特别是和歌的"阿弥陀佛"明显带有迷信,因此宣卷遭到禁演,父子俩只得改行。父亲孙晚香有一手煮五香豆绝活,就挑了担子串街叫卖,直到20世纪60年代去世。

儿子孙惠民,9岁开始跟随父亲学习宣卷《请佛》等,艺成后跟父亲孙晚香搭档,二胡、扬琴、三弦等弦乐器件件皆能,尤以唱功见长,成为宣卷行中的后起之秀。新中国成立后,他只能务农,因爱好文艺,参加了正仪文化站业余宣传队,积极排演富有思想性的小戏,后来加入了中国共产党。成立人民公社后,成为公社文工团的组织者之一,带领大家赴开河工地、田头场地进行慰问演出。在此期间,

他还改革宣卷曲调，古为今用，多次得当地政府和文化部门表扬。但在"文化大革命"中，他因所谓宣扬封建迷信而被打压，家中收藏的100多卷宣卷脚本被烧毁。直至改革开放后，孙惠民退休后才重操旧业，重新开始说唱宣卷。

目前，孙惠民有两个徒弟，一个是60多岁的陈宗梅，另一个是50多岁的赵银龙，两人均已出师，在从事巴城宣卷的传承。

2013年，巴城宣卷列入昆山市第四批非物质文化遗产保护名录，孙惠民成为巴城宣卷的传承人。当时孙惠民已是79岁高龄了，由他演唱、龚谊整理、巴城文体站录制的《巴城调》《夯调》《东乡调》《长沙调》《短调》等宣卷曲调，保存在镇文化中心的音像档案库中，并着手开设宣卷班，准备培养新一代的传承人。

另一支巴城宣卷在原石牌和巴城一带活动，虽然从事宣卷的艺人不少，但绝大多数家有正业，宣卷纯属业余爱好，有人邀请就临时组合。正式组班的只有巴城新开河村孙厚福和东阳澄湖村的朱桂先。

孙厚福，新开河村人，10多岁学宣卷，新中国成立后放弃宣卷，参加了工作，曾担任过新河村党支部书记，如今已92岁高龄，退养在家。

朱桂先，东阳澄湖村人，他的班子的活动时间，大多在新中国成立前，班子成员都是他的徒弟，有金白妹、姚永兴、徐永仙、曹根兴等，阵容比较强。班子于20世纪60年代后歇业，不久，朱桂先去世。

金白妹，也是东阳澄湖村人，1980年代后，她不忘此业，以朱派传人的名义，牵头重新组织班子，在巴城从事半农半艺宣卷活动。金白妹说唱很有风采，群众爱听，而且她自我推荐的办法很多，常把社区、庙会、婚庆作为服务阵地，以面向老年人为主，所以她的班子还能活跃在农村基层。2010年，金白妹收了90后的高中毕业生胡晓晨为徒。胡晓晨平时喜爱民间宣卷曲艺，而且头脑活络。拜师不久他就能独当一面，以宣唱《双富贵》《闹婚记》《白兔记》《珍珠衫》等民间故事为主，并且追求时尚，以全新的姿态传承宣卷，已在当地小有名气，继续传承着巴城宣卷。

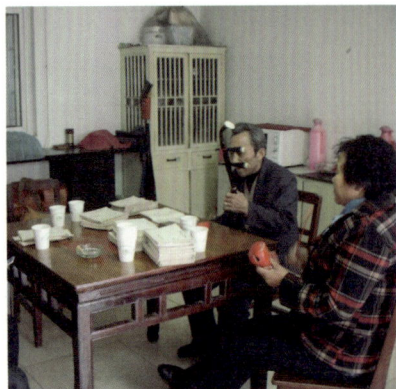

宣卷艺人在家练唱

（周刚　编文供图）

水乡木船制造技艺

（2013年入选昆山市级第四批非物质文化遗产名录）

　　昆山属水网地区，以前人们开门见河，出门靠船，木船是主要的交通工具。从功能上看，船可分为农船、渔船、航船、渡船、游船、快船、龙船等。农船主要用于农业生产，渔船用于撒网捕鱼，航船是运送人或货物的商船，渡船是设在渡口的船，快船和龙船均用于表演或比赛。

　　明清时期是昆山木船打造的兴盛期。中华人民共和国成立前，南港、千灯、锦溪、张浦、巴城等镇都有造船厂或商店，打造、销售农船、渔船和木橹。

　　木船由专门的船匠或木匠中的高手打造，船匠是指从事打船或修船的工匠。以前昆山每个乡镇基本上都有船匠，为当地的农户、商户、私家、公家打船、修船。锦溪虹泽村的钱永良、钱公良兄弟（已故），既是巧手木匠，又是船匠中的高手。如今，周庄、锦溪等地尚有技术高超的船匠在打造水乡木船。

　　石金泉（1944—　），锦溪镇马援庄人，2013年被确认为水乡木船制造技艺昆山市代表性传承人。他小学文化，13岁就跟父亲学手艺，做过八仙桌、床、橱、箱、犁、耙、牵车、牛车、风车等各种家具、农具。大跃进时代，跟随父亲进入陈茂镇造船厂，造过木船、轮拖船。后来常年和他的弟弟石金夫以打造木船和修船为主要

石金泉在修船

职业，在镇之内外奔波忙碌，足迹遍及上海商榻、七宝和吴县车坊、本县张浦和花桥等地。

　　农船逐渐退出交通舞台后，石家兄弟就替渔民打造、修理渔船。随着各地旅游业的发展，打造、修理旅游船也成了他的主要业务。数十年中，兄弟俩为锦溪打

造的各类渔船有100多只、旅游船40多只，为七宝打造的旅游船10多只，为周庄的旅游船20多只。

船体是船只的主体，由船头、船舱和船艄组成。船舱有头舱、中舱、艄舱之分，有的船头还有头夹节，船艄还有艄夹节。明代《天工开物》称："凡造船先从底起，底面傍靠樯，上承栈，下亲地面。"昆山人把制造木船称作"打船"，打船的方法也沿袭了古代的造船技艺。

打船有备料、放样、出料、起底、装梁（梁脚、横梁、面梁）、做鳌势、上旁板、做挡浪、钉腊担头等主要工序。一般由1～2个"大师傅"把关，由3～6名木匠做下手。

备料：打造木船船身的材料主要是杉木，对于需要坚固的部位则需用柏树、榉树等树木。料备齐后要择定吉日开工，开工前要用三牲（羊头、猪头、鸡头等）敬神，以图开工大吉。

放样：确定船只的款式和船底的长短、梁脚的宽狭，按折头（比例）算出各个部位的尺寸。以长3丈6尺的湖边子为例，船底长度是船长的6折（60%），为2丈1尺6寸。梁脚是装在船底板上的横木，中间两根称"前梁""后梁"，两头两根称"头梁""艄梁"。后梁的宽是船长的1折，为3尺6寸；前梁的宽是后梁的9折，为3尺2寸4分；头梁的宽是后梁的6.5折，为2尺3寸4分；艄梁的宽是后梁的5.5折，为2尺。

出料：船样放好后就可出料。出料就是根据画好或弹好的线条锯割木料，做出船板、梁脚等的坯料，并把坯料初步刨光。

打定心板：船底最中间的板称"定心板"。打造农船用2块定心板，称"双定心"。渔船用1块定心板，称"单定心"。打双定心的船，船底板一般为6块；打单定心的船，船底板为5至7块。船底板要锯割得两头略小，这样两头就留有缝隙，拼装时船底就会略带膨势（向外鼓）。拼船底板先要用牵钻打好钉眼，再用两头尖的乒钉拼装。

绞旁板

装梁脚：船底板拼好后装梁脚（长度见上）。4根梁脚把船分成3个舱面。待装上横梁（也称"梁隔板"）后，船就被分隔出头舱、中舱、艄舱。

做鳌势：梁脚装好后做鳌势（拟音）。鳌势是船的头尾向上翘起部分，高数寸，是船只减少阻力的技术环节。做鳌势时，需用圆木或石块压住船艄后梁部，船底用凳子或石头垫高。若发现船底被压过了头，就要把船翻转过来，使底部朝天，用脚踩踏，加以矫正。

上旁板：旁板是两侧的船板，两边成对拼装，各有5～6块板。装旁板从艄上装起，先要把后梁上的隔板上好，作为旁板的依托。后梁隔板上口的长度是船长的2.2折，为7尺9寸2分；前梁隔板上口的长度略窄，为7尺7寸。梁隔板上口的长度就是船只舱面的宽度。旁板之间的拼接是用铲钉从上面的旁板下部内侧斜向打入下面的旁板的。旁板从上到下有一个栈势（弧度），船头和船尾处要向内紧靠。使旁板靠拢的方法为：在船头、船艄的两侧穿上麻绳或铁丝，夹上木棍绞紧。

做挡浪：旁板上好后要装剩下的横梁，然后做挡浪板（也称"兜经"），挡浪板顾名思义是船头、船尾挡浪的船板。挡浪板由一块块横板拼成，船头的称"前挡浪"，船艄的称"后挡浪"。装挡浪板前，要用自制的兜经尺在旁板上画出弧线，再锯割去旁板上多余部分。前挡浪的上面还需装一块1寸多厚的木板，称"二下巴"，主要起装饰作用。

钉腊担头：挡浪板装好后钉腊担头。腊担头是夹在头舱与面貌之间的木条，为两者间的分界线，中间钉有系缆绳用的铁圈。

这时候，就可以量定船的深度。以3丈6尺的湖边子为例，后梁处船舱的深度是船长的6.7折，为2尺4寸2分。前梁处船舱的深度是船长的6.5折，为2尺3寸5分。确定船长的深度要在后梁、前梁、腊担头、前挡浪两侧共设8个标头做测量，然后刨板修正。

接着，装面梁、船腊子口、欠口、艄基角、艄舵盘、面貌、龙骨、水椽、平基、旁椎……面梁，是横梁结

锦溪船匠打的小木船

199

顶稍厚的平板。头舱面梁正中要开一个方形小洞,用于插樯子(桅杆),称"上帆潭"。舱底与上帆潭相应的位置要装一块方木,中间开一个方形小洞,用于固定樯子根部,称"下帆潭"。船腊子口也称"腊栅",是欠口下面的木条。欠口是旁板最上面的木条。船腊子口是用爬头钉直接打入旁板的。欠口是用爬头钉从内侧打入船腊子口的。艄基角是船艄上两只挑出的角,略微上翘,是对船的装饰。艄舵盘是船艄上搁置舵的船板。面貌是头舱和艄舱上的固定船板,由多块木板拼成,是承载人和物的平台。龙骨是紧贴在头舱和艄舱两侧的凹形木板,均为2根。两端各有2个出水口,两头用榫卯结构相接。水橡是搁在头舱和艄舱中间的木条,有5至6根,可活络装卸,上有凹槽,用于搁平基。平基是头舱和艄舱上的活络船板,3丈6尺的湖边子,船头5块平基,船艄6块平基。平基两头搁在龙骨上,遇上水流,水便从平基间的缝隙中渗入水橡,汇入龙骨排出。旁椎也称"隥脚",是与梁脚相连的竖木,随旁板略弯,以加固船体。

锦溪的渔船

船体的打造很少用到榫卯结构,大多是用乓钉和爬头钉拼装的。一般来说,板与板之间的拼接用乓钉,船体的外露部分用爬头钉。船体打好后用刨头刨光。最后断漏和防腐,以保船只经久耐用。

渔船大多是一种尖艄船,长一般2丈2尺,大多搭有船棚。头舱称"活水舱",舱的四角对应开有2个进水洞和2个出水洞,洞的大小在1寸5分到2寸之间。船棚有3档6根弯梁,侧面配木板,上面盖芦席。中舱和艄舱都有替舱。

船只打好后还要设置橹和舵。橹是用划水的方式推动船只行驶的船具,设置在船艄。农船和渔船设置1支橹,快船设3支橹。橹由橹梭、橹脏和橹板组成,橹梭在橹的头部,橹脏在橹的中间,橹板在橹的尾部。橹有大、中、小之分,但打制的方法都一样。

大的橹长度超过1丈5尺,小的橹的长度也在1丈左右。橹梭、橹脏、橹板是分开打制后拼接起来的。橹梭为雌爿,呈弧形内凹;橹脏为雄爿,呈弧形外凸。雌(下)雄(上)爿的相接处,头部要分别由上而下削出斜面,中间内侧都要打一个长方形的小孔,拼合时小孔内镶入一个毛竹销子,这样上下爿就不会前后上下滑动了。橹板上狭下宽,自上向下约1寸6分处开一个见方凹槽,嵌入用硬木打制的"垫脐"(有圆孔的方木)。橹板的下段两边要打上铁襻,以保护橹板。

橹在拼合时,要在地上划好一条直线作基准,将橹梭的头部与橹板上的垫脐处侧放在线上观看,如果橹梭与橹脏的相接部位与直线相距1寸5分许,则橹背的"弓"势正好,否则要将相接的斜面做修正。橹梭、橹脏、橹板的固定,早先用藤箍,后来改用铁箍。安装时,先要按接口的粗细制好箍圈、铁箍,套上后用榔头敲打凿子,使其紧密。

舵主要用在驶风船上,驶风船是支起樯子(桅杆)、扯起布篷(风帆)借助风力行驶的船只。舵搁在艄舵盘上,在船驶风时把持方向。舵由舵叶和舵杆组成。舵叶呈上小下大的扇形,状如大肉斧。舵杆是操纵舵的铁杆。舵叶由舵梗、舵梁、舵板、舵边组成。舵梗是舵叶边上的木杆。舵梁是横在舵板上部的木条,舵边是围在舵板上的木条。

舵

舵梗的长度5至6尺。下端略微外弯;头部9寸处略内弯,4寸处开有插舵杆的圆孔。舵梗上部装有一个搁置舵的小木棍,俗称"舵卵子"。舵的横向距离4尺2寸许;纵向的距离取其9折,为3尺8寸许。每只船的艄高度有差异,舵在设计时要先做好舵梗的坯料,再把舵梗放到艄舵盘上,在舵梗上画出吃水(水平线)。舵梗的最终长度、弯度和舵叶的长度、宽度都要以吃水线为基准来确定。

舵板是一块块木板用铁钉拼合起来的,每块板料要做得上小下大,板的上端用榫卯相接。舵梁的下面要开好卯槽,每块舵板的榫头都要嵌入卯槽。舵梁的外端下部要截去一段,以便与舵边紧密拼合。舵板装好后,用铁钉钉上舵边,然后用斧、刨对舵的各个部位作整修。为了使舵叶坚固,舵叶中间时常开一个横向长方小洞,用一根长度与舵叶阔度相仿的铁杆横贯其中。

木船浸在水中容易腐烂,出行时容易破损,因此每年都要修理一次。修船的时间大多选择在夏天,夏天农活较清闲,加上阳光强烈,上岸的船容易干透。船拔

锦溪木匠在修船

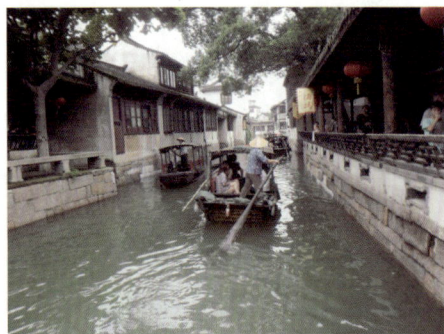
橹声欸乃

起后要用高脚凳子垫高，洗干净，晾干船内的水分。修船从底部修起，因此拔起的船一般先底部朝天，待船的外部修好后再将船翻转过来修理内部。

修船时，先要用铁榔头叩击船板听声音，或用眼睛仔细察看，检查船体各部位的好坏，找出漏水部位。小的修补，是在船缝中填补油灰、麻丝，在船体内外抹抹油而已。油灰是白油和石灰的混合物，放在石臼中打制而成。油灰在打制前先要将油、灰和少许清水拌和，用手掌像粢糕揉粉一样来回搓揉，使油和灰紧密融合，再用木柱捶打。最初打成的油灰是硬油灰，硬油灰要再添加白油炼成"烂灰"才能使用。

如果破损的地方稍大，则要打入麻板；如果船板坏了，就得将坏的地方用凿子凿去，填补上木板。打制麻板时，要将拌烂的油灰涂在麻丝上，用锤子反复折叠捶打、卷紧、敲断，再捶打。打好的麻板呈小块薄板状，十分黏合柔韧，几乎看不出里面的麻丝。外面的船缝填好了，还要将船翻过来填补里面的缝。

船体修补好后开始抹油防腐。抹油前还需用砂皮将船体打磨光滑。油一般要抹5～6遍，直至船体通体发亮。抹油要先将白油和桐油放在镬子里煨热，再用抹布用力来回擦抹，让油由表面渗入板内，使船板坚固耐用。

如今，在锦溪、周庄、张浦、千灯一带，使用的木船主要是渔船和旅游船。即使不年年打造新船，这些船也要每年修理，因此船匠仍在不停地忙碌。木船欸乃的橹声，依然是萦绕在古镇河道两岸的动听歌谣。

(李惠元 编文供图)

202

袜底酥制作技艺

（2013年入选昆山市级第四批非物质文化遗产名录）

锦溪的传统美食种类很多，仅清代地方志中记载的特色糕点就有乳饼、到口酥、麦蚕等10多种，志书称："显饼，以面擦入荤素油，装入椒盐，熬盘炙熟，两面有芝麻，此系朱显章始置制，故名……到口酥，以面入荤素油、胡桃炙熟……麦蚕，用青新麦炒熟，去荤，揉之如小青蚕，故名。"

袜底酥

民国时期，锦溪光茶食、糕点行业就有20多家，其中益泰、公太、万太和、慎丰、裕大都有糕点作坊。糕饼作坊按季应时生产的糕点、茶食，春季有酒酿饼、肉饺、袜底酥、杏仁酥、桃酥，夏季有枇杷梗、绿豆糕，秋季有长隆月饼、巧果、蛋糕，冬季有芙蓉糕、酥糖、寸金糖、芝麻片。此外还有定胜糕、大雪酥、橘红糕、开花饼、海棠糕等。

长隆月饼为苏式素月饼，始于清光绪廿四年（1898），因锦溪孙长隆南货店所制为最佳而命名，有豆沙、椒盐、百果、玫瑰、芙蓉等种类，色泽光亮，外脆内酥，在民国二十五年（1936）曾参加江苏省举办的食品展览会，1952年抗美援朝中作为慰问品慰问中国人民志愿军。定胜糕有元宝、线板、梅花、桃子等形状，外层是精制的米粉，里面夹豆沙馅，有雪白、南瓜黄、玫瑰红等色泽，形态悦目，松仁香润，甜糯可口。大雪酥也叫"如意酥"，呈椭圆形，外露的紫白馅芯与金黄色饼皮夹成美丽花纹，因芯子沙松如雪故名。橘红糕用糯米粉制成，是近似方形的小糕点，色呈橘红，剔透如玉，糯而不黏，甜而不腻。开花饼呈圆形，大小与麻饼相仿，表皮粘有白砂糖，馅芯部分外露，糕面像开放的玫瑰花一样。

在众多的糕点中，袜底酥是最为亮眼的。袜底酥是一种形似袜底的酥饼，酥松香脆，具有薄、香、脆等特点，甜中带咸，入口而化。相传，袜底酥是宋孝宗赵昚为抗金来到了锦溪时,当地人因陈妃的要求,根据宫廷糕点仿制而成的茶点。袜底酥数百年来在锦溪的糕点业中长盛不衰,2013年"袜底酥制作技艺"被列入昆山市非物质文化遗产保护名录。

制作袜底酥的主要原料为面粉,佐料有饴糖(后用白糖)、椒盐(糖、盐相拌)、猪油、芝麻、葱、花生、核桃仁、瓜子仁、松子等,制作工序分成制油酥、制馅芯、制面团、包馅、擀饼、烘烤等。

制好的油酥、馅芯

旧时,锦溪的糕饼师傅制作袜底酥,先要取50斤(市斤)左右的细白面粉,添加作料,做成油酥、馅芯和面皮,再制成饼坯,一气呵成。如今,袜底酥的烘烤尽管采用了现代设备,但配料和制坯仍采用传统方式和手工操作。

制油酥:先将面粉摊放在作台板(工作台)上,从中间扒窝,在窝内加入适量清水,然后在面粉中倒入食用油(旧用熬熟的猪油,今用调和油),油和面粉的比例约为2:5。取1:3的粉料与水油(水和油的混合物)相拌,用手反复搓揉,制成油酥。

制馅芯:油酥做好后,再取1/3的粉料,添加精盐、白糖、小葱或芝麻等作料,反复搓揉,制成馅芯。馅芯的制作十分考究,芝麻和花生都要炒熟后碾打成粉末,小葱要捣成碎末。早先根据馅芯的不同,常将袜底酥做成芝麻酥、花生酥、葱香酥等。如今老街上各个糕饼店做的袜底酥主要是芝麻酥、葱香酥和海苔酥。

馅芯中盐和糖是必须有的,葱油馅是另加了葱,芝麻馅是另加了芝麻,海苔酥是另加了海苔。以前的盐比较粗,因此椒盐也要放在镬子里炒熟,用擀面筒擀细。如今盐和糖常分开放入。不同的馅芯色泽不同,葱油馅和花生馅色泽杏黄,芝麻馅色泽油黑,海苔馅色泽淡青。当地人把盐和糖的混合物(并无辣椒)俗称为"椒盐",因此也有将所有的袜底酥统称为"椒盐酥"的。

制面团:馅芯制好后,将剩下的粉料加入适量的净糖和清水,反复搓揉,制作面团。面团、油酥、馅芯制作的关键技术,除了加料的比例外就是搓揉,每块坯料都要搓揉50多次,使之柔和、上劲。油酥、馅芯、面团全部做好后,要将面团揿扁,放上油酥,用擀面杖擀匀。

擀面团时,先要将油酥和面团分别用秤称一下分量,调整二者的比例(面团略多,油酥略小)。如果比例不当,就会影响酥饼成熟后的色泽、酥松程度和口感、口味。面团被擀成面皮后,要折叠起来再擀,直至油酥和面粉紧密融合在一起。面皮擀好后,要卷起来装入盘子待用,这样做出的袜底酥就成了一层层相隔的"千层饼"。

包馅芯:将饼皮用手滚成圆条后扯成一个个小块,再将馅芯压扁后切成方条,扯下馅芯包入面皮。

擀饼坯:在饼团的表面滚一层白芝麻,用擀面筒将饼团擀成袜底状的饼坯。做好的饼坯放在烤盘中后要用铲子点上若干个气孔,这样烘烤时酥饼就不会膨胀走形了

烘烤:"三分料,七分烤",传统烘烤袜底酥非常严格,师傅要坐在凳上一步不离地盯住炉膛,炉火不能太旺,酥饼要不时翻动,直到呈现出鲜亮的光泽,散发清香时才出炉。

先前,袜底酥烘烤的主要设备是三脚煎盘镲子,用木炭和煤作燃料。烘烤时用两只炉子和两只煎盘镲子:一只先放在炉上加热备用,另一只放入擀好的酥饼烧烤。酥饼微熟后,迅速将一旁备用的煎盘镲子合(罩)到烧烤着酥饼的煎盘镲子上,将酥饼"吊"(闷)熟。

中华人民共和国成立后,陈墓供销社开办了食品加工厂,使用广式炉子烘烤袜底酥。火炉的上边呈圆形,内部用耐火砖做炉胆(内芯),同时改用平底煎盘烘

擀面皮

包馅芯

擀饼坯

烤酥饼。烘烤时炉中腾起两条"火龙",围拢在酥饼的四周,代替了煎盘镙子"吊"熟酥饼的作用。后来,食品厂又改用风车炉子烘烤袜底酥,风车炉子呈风车状,盘子放在输送带上,袜底酥平摊在盘子里,下面是电炉,通上电源后盘子来回转动,师傅们可凭经验根据成熟程度交替着出炉袜底酥。当时,袜底酥的销售量也很大,角直、昆山的食品批发店都来锦溪的食品厂里进货。

进入21世纪后,袜底酥的烘烤不再用火炉和镙子,而是用食品通用的烤箱作业了。用烤箱可设定时间和温度,不再需要像传统烘烤那样守在炉边,频繁地推动镙擀观看饼色了,也不会担心酥饼会发焦,大大提高了生产效率,况且没有了煤屑,饼面比较干净。但美中不足的是,用烤箱烘烤的袜底酥留有一定的水分,其松脆程度和香味比先前略微逊色。

锦溪人不断传承自己的美食文化。改革开放后,人们充分挖掘古镇的美食资源,或继承父业,或寻师学艺,设坊开店,树起了各种传统美食品牌。以袜底酥为"龙头"的传统糕点业十分兴旺。走进老街,不难发现,仅生产、销售袜底酥的店铺就有七八家,其中的长禄斋糕饼店、小毛糕饼店、老同盛糕饼店、张记糕饼店、锦龙糕饼店都是招牌店。

长禄斋糕饼店的师傅是陆泾村村民,名叫陆林根,是现今袜底酥制作技艺的最早传承者之一,曾在村中开办过食品厂,精通芝麻饼、袜底酥、酒酿饼和青团等糕点的制作技艺,后来去千灯石板街开设食品店,近年又常回锦溪传带徒弟。

小毛糕饼店的店主名叫陆培来。20世纪80年代初,他初中毕业后师从父业,同父亲一道在镇西南的窑后头摆炉设摊,做起了大饼和袜底酥生意。1989年,做了10多年糕饼的32岁的陆培来自立门户,在上塘街中和桥南塊,开设了以他父亲

小毛糕饼店

沈小毛名字命名的糕饼店铺,专做袜底酥生意。陆培来的店面虽仅20多个平方米,但制饼、烘烤、销售"一条龙",井然有序。经过多年的努力,他的糕饼店成了锦溪日生产、销售袜底酥最大的店铺。

已是70多岁的张顺生大半生都是伴随袜底酥度过的。1946年,年仅14岁的他就在锦溪"浴大"南货店学生意,既做

亦销大雪酥、袜底酥、开花饼、云片糕。中华人民共和国成立后,他被调到了供销社糕饼厂里做糕饼,经历了从煎底镬子到广式炉再到风车炉的传统烘烤袜底酥的全过程。后来,他的儿子张萍继承父业,在上塘街上开了爿"张记糕饼店",亲手制作袜底酥,如今生意也很红火。

张记糕饼店

十几岁就开始做点小生意的张海荣,1991年果断地选择了做袜底酥生意。他先是开了个家庭作坊,将制作好的袜底酥送到镇上的食品批发店。2001年,随着古镇旅游业的兴起,他在上塘街中段树起了"百年老店——老同盛"的招牌。2006年11月,他参加苏州市农林业局、《姑苏晚报》、苏州市餐饮业商会等5家单位联合举办的首届苏州市农家菜烹饪大赛,获得了单位(个人)制作产品传承奖。

上塘街114号,是谢锦明开设的"锦龙糕饼店"。谢锦明的父亲老谢13岁就在公太糕饼厂学生意。年轻时他子随父业,继承了"公太"的原有配方,如今与袜底酥打了数十年交道。他的爱人姚龙妹也已成为技艺精湛的传统糕点制作的老师傅,袜底酥、开花饼、大雪酥样样精通。

锦溪的袜底酥已经飘香了数百年,也必将成为未来锦溪老街不谢的风景。事实上,锦溪的袜底酥无论出自哪个店铺,口味都基本相同,但是大家都说自己做得比别人的质量好,自己掌握着袜底酥制作的祖传秘方。在配料时都要回避外人,由家人躲进内屋或者阁楼悄悄地进行。

如今,人们在苏州、吴江等地的食品店里也能见到袜底酥,但外地产的袜底酥形状大小不太规则,唯有锦溪的袜底酥是标准的袜底状,与袜底一样大小。外地袜底酥色泽比较呆滞,而锦溪的袜底酥色泽鲜亮、葱香扑鼻。尤其重要的是,锦溪的袜底酥比其他地方的要薄得多,简直可以用"薄如蝉翼"来形容,但它虽薄却不穿孔、不露馅,这在制作技术上是有相当难度的。锦溪的袜底酥不加任何添加剂和防腐剂,完全是一种"生态食品"。

随着锦溪旅游业的发展,袜底酥的名气越来越响,来自天南地北的游客在欣赏了旖旎的自然风光后自然也忘不了品尝锦溪的美食,捎上几盒袜底酥带回去给亲戚朋友成了他们的一大喜好,因此在旅游旺季或者双休日里,锦溪每一家袜底酥店前都是顾客如云。吃惯了袜底酥的锦溪人仍然喜欢吃袜底酥,并且喜欢在枕河的茶馆里接待远道而来的贵客时也点一盘袜底酥,津津有味地讲述袜底酥的典故,细细品味小镇的风土人情。锦溪人在出远门前,也喜欢将袜底酥作为值得骄傲的地方特产,馈赠给亲朋好友。

如今,锦溪街头的特色糕点琳琅满目,袜底酥则成了最耀眼的传统糕点。尽管锦溪的袜底酥还处在自由销售状态——主要还在本镇、周庄、张浦、千灯、玉山等镇销售,但因为锦溪的游客来自天南地北,每当节假日,锦溪游客如云,袜底酥也就随着五颜六色的行李包带到了全国各地。锦溪又是"留学生"之乡,袜底酥的清香也就伴随着浓浓乡情,飘到了日本、美国、加拿大等地。

锦溪的袜底酥现做现卖,新鲜可口,价廉物美。那些大小作坊、店铺成了古镇四季不谢的风景。锦溪人招待朋友、客人,一杯绿茶、一碟熏青豆、一盘袜底酥,所有的情谊尽在不言中了。

(李惠元 编文供图)

小麻糕制作技艺

（2013年入选昆山市级第四批非物质文化遗产名录）

千灯小麻糕，以香而不俗、甜而不腻、脆而不碎、松而不黏为特色，长期以来，受到了各地百姓的青睐。

千灯是一个闻名遐迩的鱼米之乡，南接淀山湖，北连吴淞江，素有"金千灯"之美誉。自古以来，以古老的秦峰塔为轴心，向四周扩展，石板街贯穿古镇，两边商铺林立。千灯钟灵毓秀、人文荟萃，物阜民丰、风物清嘉。今日千灯老街上，各种小吃琳琅满目，受到游客的广泛欢迎，其中，以地产小麻糕最有特色。

今日千灯老街上的商铺

千灯小麻糕历史悠久，据说在明末清初就有人制作了。当年，千灯南大街上就有摊店出售小麻糕。据传，顾炎武离开家乡北游时，曾托家人定做了好多小麻糕，然后作为干粮，用于路途临时充饥。

由于小麻糕别有香甜风味，因此在千灯当地较受欢迎。特别是到了清代中期，小麻糕已经成为千灯独领风骚的特色小吃了。当时的千灯是昆南重镇，商贸交往频繁，前来办事交易的、洽谈生意的、探亲访友的，人来人往，络绎不绝。特别是每逢举办庙会，更是人山人海，热闹非凡，临别时就会买上这种人见人爱的千灯特产小麻糕，不但可供家人品尝，而且还可分送亲朋享用，就这样扩大了小麻糕的影响，更使小麻糕的声誉有口皆碑。

从此，三里长的石板老街上，从南街到北街，为了满足百姓需求，曾有多家商号制作小麻糕。由于小麻糕清脆、香糯、甜美，便于携带，不易变质，所以销路兴旺，为千灯引来了滚滚财源。小镇上的商家们，抓住了这个特色产品，各显神通，摆出了各种小麻糕的式样，有红糖做的，有白糖做的，有粘上黑芝麻的，有粘上白芝麻的,有做成方形的,有做成圆形的,以求口味独特,造型别致,争取赢来更多各取所需的买家。

千灯小麻糕的创始人,通过追根寻源,应是明末清初的袁春时,确切时间已无从查考。当时,在千灯南街上有个规模较大的"稻香村"糖食店,老板袁春时为了拥有独家经营的新产品,就特聘一位姓肖的师傅,制作了这种小型的别有风味的麻糕,人称"小麻糕"。

"稻香村"糖食店每次将小麻糕投入店铺后,店门前就排起了长队,人们争先恐后购买这种最新推出的麻糕——传说袁老板手下那位技艺出众的肖师傅,将麻糕的形状做得像麻将牌一样小巧玲珑,很讨人喜欢。袁老板感激肖师傅这种不落俗套的创意,就为麻糕起"肖麻糕"名,因"肖"和"小"同音,后来人们就传成"小麻糕"了。顾名思义,每块麻糕形态娇小,外裹芝麻,质地是糕点。由于形态讨喜,口味甜美,因此"稻香村"店号如雷贯耳。一时,小麻糕名声在外,供不应求。袁老板为了将这个畅销产品做强做大,就大度地将制作秘方公开推广,让千灯商家都能制作。所以,后来千灯整个石板街上纷纷挂出了出售小麻糕的招牌,有吴家、陶家、范家、肖家、顾家、陆家、盛家、杨家等商号,于是,千灯小麻糕就成为独领风骚的地产食品了。

小麻糕适合男女老少的口味,虽然比起一般甜食糕点价格略高,但由于味道别致,仍然受到人们的欢迎。凡消遣闲吃,小麻糕是首选美食;凡走亲访友,小麻糕是首选礼物。但是,由于小麻糕的制作工序较为复杂,且是纯手工制作,每天生产的数量有限,所以,小麻糕一枝独秀,物稀为贵,到了节日里由于需求猛增,甚至是一糕难求。

今日小麻糕式样

制作小麻糕的主要原料:选择上等面粉、适量精制绵白糖、纯净植物油等,另加少量苏打粉,按一定比例搅混一起,然后加入温开水,再用人工拌和,使其融合均匀,然后用双手反复搓揉20分钟,使得面块如彩泥那样既柔软又不粘手,然后把大面块分成若干小面块,每块做成厚度在2厘米左右,长宽各5厘米左右的形状,再将去壳的当年黑芝麻均匀地撒在小面块上,最后放在烘炉上烘烤,大致经过15分钟时间后就可出炉了。冷却后,称斤包装,贴上店号标签,就能成为拿得出手的馈赠礼品了。后来,小麻糕的制作方法在不断改进——将干面粉放在竹制圆形的蒸格里蒸熟,具体方法是:先在笼格底层衬上荷叶,以免粘底,然后将干面粉倒入荷包内,并在荷包上打上10来个出气洞,便于蒸汽进入,最后将蒸格放在炉子上。炉子是用石灰拌黄泥砌成

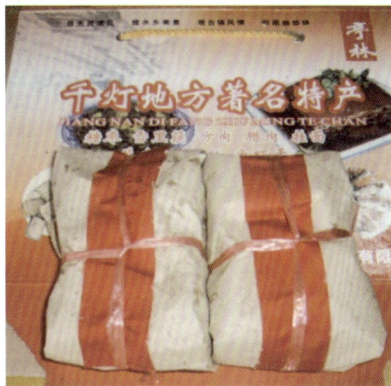
今日小麻糕包扎

的,两眼式样,与旧式家庭的土灶差不多。笼格放在大铁锅上,内放八成热水,然后添柴点火,猛蒸15分钟后,把笼格内的面粉倒入一只大竹筛内,将筛下来的熟面粉趁热放入一定比例的植物油、绵白糖、苏打粉,然后用力拌和,再把揉和的面块放入一只正方形的木架内,用力压紧面块,使其表面光滑,再将芝麻均匀地撒在面块上,最后将大面块切成麻将牌样的小面块,放在烤箱中烤熟。约经过10分钟后,香甜松脆的小麻糕就制成了。

新中国成立后,小麻糕销量有逐年减少的趋势。从1959年下半年开始,我国遭受自然灾害,买小麻糕另外需要粮票,因此,小麻糕销量一路下跌。直到改革开放后,国民经济开始好转,人民生活水平逐步提高,小麻糕的销量又趋于递增,逐渐成为孩子们喜爱的零食,大人钟情的食品,走亲访友的礼品。

如今,由于小麻糕的制作技艺比较烦琐,而且利润不高,因此,千灯经营小麻糕的商家已经不多了,以往的制作能手均已改行,传统意义上的小麻糕制作工艺将面临失传危险,所以必须采取措施,立即加以保护。

2005年,千灯古镇为了开发旅游,寻找了一些传人重新对小麻糕进行恢复制作。由于时过境迁,青年人对小麻糕已经失去了好感,因此生意清淡,入不敷出,商家又纷纷放弃,使转危为安的小麻糕传承又出现了失传危机。为此,当地政府出台了一些激励传承的政策,鼓励一些商家继续开发经营这个非遗产品。2012年,已将制作技艺形成文字档案。2013年,已采录制作技艺流程,形成了影像档案。2014年,已补充完善传承资料……随着千灯旅游业的不断发展,相信千灯小麻糕将会重新受到众多游客的青睐。

(程白弟 编文供图)

石浦白切羊肉制作技艺

（2013年入选昆山市级第四批非物质遗产名录）

昆山市千灯镇的石浦羊肉,可追溯到南宋时就已出名了。当时,韩世忠将军率部抗金挥戈南下路经石浦,百姓就杀羊慰劳他们。由于制成白切,口味独特,而成美食。随后,或过时令节庆,或有红白喜事,石浦都有白切羊肉这道名菜。

制作白切羊肉需要养羊业作为支撑。石浦农村主要饲养山羊和绵羊,由于肉质

收购的原料羊

细腻,市场欢迎,所以从古至今都有养羊风俗。江南水乡青草满地,最适宜发展养羊家庭副业,或许因为成本低廉,所以,旧时的每个家庭都会养羊数只,用以增加收入,改善生活。而且,由于羊粪还是上等农家肥料,所以农家更有养羊积极性。旧时每家的妇女、孩子、老人大多用心养羊。如,在大集体种田时,妇女出工在大田干农活时,总要背一只草篮放在田边,待等收工时,就会抓紧时间,顺路在田埂上割草,然后带回家中,供家羊饱餐一顿。

殷实人家待等家羊长大了,遇上结婚、造房等重大喜事,就要杀羊备酒,或红

石浦白切羊肉

烧或白煮,制作成各种美味羊肉,特别是白切羊肉更是有口皆碑,为了标明出地,就被人干脆称为"石浦白切羊肉"了。

石浦白切羊肉起源在石浦南边的歇马桥小镇上。南宋时,韩世忠将军与金兵作战凯旋,路经歇马桥时,石浦百姓送上土产白切羊肉慰劳将士,由于味道独特,而传出了美食好名声。

后来,石浦白切羊肉伴随着当地百姓的生

活,制法不断改进,口味不断改善。发展到今天,不知经过多少能工巧师的努力,特别是经过叶振华师傅的呕心沥血,才有当代"振华羊肉"好口碑。在同行业中,他别出心裁,制作的白切羊肉味道可口,独具一格,算得上是一头名副其实的"领头羊"了,所以,2013年成为昆山市级的非遗保护项目。

叶振华(1960—　　),歇马桥人,由于从小没有条件读书,十六岁时只得拜师学裁缝。由于家境贫困,没有条件造房娶妻,最后只能"嫁"到马巷村,做了一个上门女婿。

到了20世纪80年代初,政府提倡发展个体经济,为了改善生活条件,叶振华跟随岳父周阿六从事杀羊卖肉的家庭副业了。后来,为了完成"一条龙"服务的产业链,竟然做起了白切羊肉的生意。头脑活络的叶

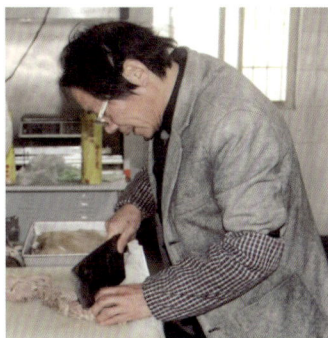
叶振华在制作石浦白切羊肉

振华为了做大业务,他注册了"振华羊庄"商标,其产品当然顺理成章地称为"振华羊肉"了。为了传承家庭产业,叶振华还动员具有本科学历的儿子也参与羊庄管理,并学习制作家传的白切羊肉技术,所以,叶家已有名正言顺的第三代传人了。

叶振华制作白切羊肉已近30个年头。岳父是当年歇马桥制作白切羊肉的能手,学到了他制作白切羊肉必须掌握的关键环节——

在冬至过后的杀羊季节中,先要根据客户订货再定杀羊数量,少时每天30头、多时每天40头。现在,石浦羊肉的品牌名声在外,所以振华羊肉十分畅销,每天的宰羊数量不断增多。

如要制作上等白切羊肉,就必须采购上等羊种。凭靠叶振华多年积累的经验,产自太湖周边江浙地区的湖羊出肉率最高。还要判别肉质是否鲜嫩,只有原料理想,才能制成色、香、味齐全的白切羊肉。所以,叶振华的选羊要求是:一要知产地,二要识品种,三要辨长相,四要看年龄,只有都满意后,才能进货原料羊。

制作白切羊肉的每一道工序,叶振华都直接把关。他说,"悟"是关键,就是必须善于思考,学会动脑。叶振华制作羊肉还有妙招——如果是外地购进的活羊,先以本地青草喂养3~5天,然后再宰杀,这样的处理可以改善肉质,从而提高石浦白切羊肉的质量。

石浦白切羊肉的制作名人,还有原歇马桥老乡长袁永清,他烧出的羊肉别有风

味。还有另外一群制作能手，如沈氏、陆氏、夏氏、陈氏、吴氏、朱氏、高氏等，分布在各村，是他们把石浦羊肉经营得风生水起；是他们撑起了石浦羊肉的一片兴旺天地。

石浦师傅在制作石浦白切羊肉

制作正宗的石浦羊肉，必须认真做把好以下九道工艺：

1. 选羊是关键性的第一步，只有羊好，羊肉味道就好。

2. 放血虽简单，但一定要精准狠，一刀下去就能放完血。

3. 泡羊毛时，水温要适中，不能过烫。

4. 除毛用手工，不能用机械代劳。

5. 清理内脏有讲究，如果处理不当，就有腥味。

6. 生拆大骨是把羊骨与肉分割开来，是技术活，必须精细操作。

7. 烧熟是功夫活，火候要正好，只有时间把握正确，肉质才会美。

8. 羊肉煮熟后在温热中拆小骨，手脚要快。

9. 羊肉冷却下来后，立即切割、称重，最后包装成品。

每年九至十月，石浦白切羊肉就要准备上市了。只见干净整洁的工场厨房内，一口半人高的大锅必不可少。杀好羊后，就将洗干净的羊肉不加任何佐料投入锅中烧煮；出锅后，要用特制的石块，将其连皮带肉一起压紧，以求锁住汁水；冷藏一晚后，才能切片装盘。如果蘸上一点盐花或鲜酱油细细品尝，使原生态的羊肉味更加鲜美，就会反复回味，爱不释口。

待到金秋送爽，西风送凉的时令，石浦羊肉又到了销售旺季。走进石浦的大街小巷，空气中随处飘溢着羊肉的醇香。石浦的农贸市场里排列着七八家羊肉庄，每家都有十几腿羊肉供卖，一会儿工夫就会被抢购一空。如今，石浦的大小饭馆里少不了白切羊肉这道名菜，丰盛的"全羊宴"更是远近闻名，引人入胜。

羊肉和调料

石浦全羊宴不像北方烤全羊那样吃整头羊,而是品尝羊身上的各个部位和各个器官,用红烧、白煮、冷盘、热炒不同的烹调方法,做出色、香、味、形各异的特色菜肴。全羊宴的冷盘由羊肚、羊肝、羊心、羊眼、羊耳、羊舌、羊鞭、羊杂碎、白切羊肉等组成。其中白切羊肉是石浦羊肉中的经典招牌菜,是不加任何作料烧制而成的白切羊肉,没有一丝膻味,只有醇香,全是鲜、香、肥、嫩的至真美味。全羊宴的热炒有清炒羊腰、蒸羊脑、香烤羊腱、红烧羊肉等,其中的红烧羊肉酥而不烂,鲜而不腻,连皮带骨烧得是滋膏漫出,香味四溢,吃起来味道浓郁、口感丰富。用过冷盘与热炒后,最后还有一碗香气飘逸的原汁原味的羊肉汤。羊汤里有羊肉煮羊血,装在青花大碗里,白花花的羊肉,褐色的羊血,浓稠的汤汁,上面还撒些碧绿的蒜叶,吃起来羊血入口爽滑,羊肉细嫩鲜香,汤汁甘美鲜香,真是美不胜收。

"冬吃石浦羊肉赛人参"的广告语越来越响了,石浦羊肉就是靠着人见人爱的口味,而成为世代相传的品牌。前不久,由市政府主办,市商务局和千灯镇人民政府承办的昆山市第二届美食节暨首届千灯石浦羊肉节在石浦大酒店开幕,昆山石浦与太仓双凤、木渎藏书并称为苏州三大羊肉品牌,首次以节庆方式邀请四方宾客前来品尝。这是一个令人激动的让美食影响延伸的举措。

千灯镇政府积极扶持石浦羊肉走出昆山,盼望将这个著名品牌做强做大,通过实施"游千灯古镇,吃石浦羊肉"的攻略,把古镇游、生态游同品尝石浦白切羊肉联系起来,将吃、玩两项乐事结合起来,从而扩大石浦白切羊肉的消费群体。

目前,石浦白切羊肉作为非遗保护项目,经常出现在各类非遗展示的活动中。作为石浦羊肉的传人叶振华,经常参加各类交流活动,在苏州一带经常展示石浦白切羊肉产品,由于质量名副其实,因此深受各地消费者的青睐。

近年来,石浦羊肉店打造"食客至上"的服务理念,在继承传统的基础上,在酥而不烂,浓而不膻,香而不臊,肥而不腻,肉嫩汤鲜的口味上狠下功夫,因此吸引了无数食客,上海、苏州、昆山周边地区的食客纷至沓来,只为满足"冬吃石浦羊肉赛人参"的享受。

人说经济决定地位,文化决定未来。以前吃石浦白切羊肉只是一种地方百姓的饮食爱好,没有想到今天已演变成一个地方富有魅力的美食文化。石浦羊肉所引发出来的美食享受,为文化昆山建设增添了浓墨重彩的一笔。

(程白弟 编文供图)

水乡妇女服饰

（2013年入选昆山市级第四批非物质文化遗产名录）

水乡妇女服饰是江南水乡妇女穿着的传统服饰，按照从头到脚的顺序排列主要有包头布、大襟衫、布裙、围兜、绣花鞋，此外还有抹额、焐斗帽、馋衣、肚兜、卷膀等。

包头，是包在头上的布，长约1尺8寸，宽约7至8寸，用黑色、蓝色棉布做成，面上绣花，四周绲边，两角系带，带端系有红绿流苏。

中年妇女穿的大襟衫

大襟衫，是衣襟在一侧的衣衫。露在外面的襟为大襟，藏在里面的襟为小襟。纽洞缝在大襟上，纽襻缝在小襟上。

布裙，是系在腰间的裙子，有长、短之分。年长者以黑布长裙为多，年轻人的布裙以青蓝色短裙为主。布裙下面为裙片，上面为裙腰，腰间绣有细密的裥，下部和裙摆的相接处有贴边。

围兜，俗称"褡腰头"，围系在布裙上，用黑布或蓝布做成，有双层、单层之分。里层较大，两层之间缝有暗袋，两侧有花饰，四周绲边，腰与带之间有褡腰板。

褡腰头

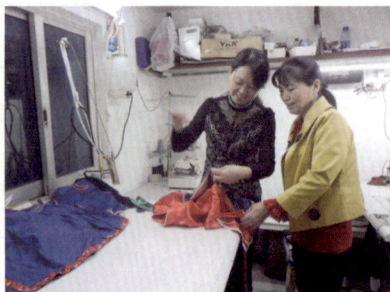

金全宝（右）在向徒弟金银花（左）传承手艺

抹额,俗称"裰头",是老年妇女包在额头上保护额头的布条,以黑色、红色为主。馋衣由多块圆形或桃形衣片组成,围在孩子的胸前,以防胸口的衣服被馋唾(唾液)滴湿。肚兜是年轻女子用于护卫胸腹的贴身内衣,有的还绣花,并嵌有珠玉。卷膀是裹在小腿上的绑布。绣花鞋是鞋面绣有花卉的布鞋。

金全宝(1954—),锦溪人,2013年被确认为昆山市水乡妇女服饰制作技艺代表性传承人。她从小聪明好学,青年时做得一手精细、漂亮的针线活,尤其对制作传统服饰甚是拿手,后来又到邻村投师艺。她特别钟情于水乡妇女服饰,无论是大襟衫、布裙、褶腰头,还是旗袍、唐装、地戏曲中的行头,都能做得精巧、合身。

渐渐地,她成了当地出类拔萃的水乡服饰制作行家里手,名气传到了十里八乡。为了得到中意的装扮,不仅是锦溪,就连苏州的角直,昆山的淀山湖、周庄等地的顾客也常慕名而来。苏州和昆山电视台的晚间新闻和乡情节目里,多次出现她的身影。

水乡妇女服饰的制作大体分为量体、裁剪、缝制、绲边、绣花、盘襻、熨烫等流程。其中的缝制,即将裁剪好的各个衣片缝合起来做成衣裳,旧时全部用手工操作,用引线(细铁针)一针一针地缝;绲边,即在衣裤、裙子、鞋圈等的边沿用引线缝上布条或带子;盘襻,即缝制纽扣、纽襻。

大襟短衫在裁剪时,要将衣料叠成4层,在面层用划粉画出(旧时用粉弹线)领口、大襟、下摆、袖管等形状。如果布料是土布,则门幅(布的宽度)较狭,要将4个门幅拼在一起。裁衣从挖领开始,挖领就是根据衣片上所画的领口弧线,剪去上面2层的布料(下2层不剪)。然后从左侧(穿着时在右侧)的衣袖下端起始,剪出大襟。大襟的大小是胸围的1/4,从底边直达领口中间,其边缘曲线略呈"S"形。裁剪襟片上端的弧度时,先要画出一个斜边在上的三角形,再根据对角线画出弧线。

大襟片上要做出"台角镶"(取名于"八仙桌"台角),台角镶在领口和大襟相合处,呈略微左倾的"V"状。从台角镶的优劣可衡量裁缝手艺的高低。大襟片裁好后依照裁大襟的方法裁出小襟。小襟是盖在大襟内的衣襟,形状呈上大下小的不规则梯形,小襟与袖管拼接处呈弧形,所裁剪的襟片位置要略低于大襟,裁剪时要比大襟落低半寸,以便穿着时被大襟盖住。

大襟衫的袖子和肩膀是连在一起的,腰部裁好后要紧接着向上、向两侧裁剪出袖子。袖口的大小是袖笼的1/5。靠腰处要收缩,下摆要略大。因为受衣料门幅的局限,衣袖往往只能裁一半,下端要另用布料裁剪后拼接上去,形成让人意识不到的拼接。

衣料裁好后,要将裁好的布片一一缝合起来。缝制的线缝要既细密又有立体感,针脚要齐整。大襟短衫的反面边缘都有贴边。贴边先要用引线"定"好,再用引线"秋"(拟音)。下面的贴边是从本身折返到里面,用熨斗熨平后"秋"上去的。"定"指粗线条固定,"秋"指一针一针细密地缝。

金全宝缝的嵌条、盘的蝴蝶纽

领子是最后装上去的,领条可利用边角布料裁出,两片领条要内外拼合起来后缝到领口上。领口和袖口上还要绲边。绲边时用两种色布做嵌条,如果布料本身是藏青色的,那么用浅色布做嵌条,同时在边沿嵌入红色细条。

大襟衫中的布袄,称"扯襟布袄",也以短衫为多。裁剪时尺寸要放得较宽松一些,一般照量好的尺寸放出4~5寸。布袄的中间夹用棉花弹好的细白棉絮,成年人布袄翻棉絮1市斤左右。裁剪时,面子和夹里分开裁剪,面子裁好后再照着样子裁夹里。接着用针线将面子和夹里的反面缝合起来。缝合时,在衣服的一侧腋下留一个豁口,然后将棉絮均匀铺设在夹里上,将夹里从留着的豁口中翻进去后缝合豁口。继而摊平布袄,用针线将布袄的面料、夹里和棉花纵向"行"在一起。"行"(音"hán")是缝纫的一种方法,即缝一针后隔一段距离再缝一针,针脚要细小。

妇女冬天结婚常穿花饰美丽的织锦缎棉袄,春秋季节结婚常穿织锦缎夹衫。织锦缎较柔软,布料裁好后要在反面刮上一层用面粉糊成的浆(称"刮浆"),以增加布料的硬度,便于缝制。

大襟衫的毛坯做好后,还要盘纽扣、纽襻、缝纽扣、纽襻。纽扣有葡萄结、盘香纽、蝴蝶纽等,葡萄结像葡萄,盘香纽像圆盘,蝴蝶纽像蝴蝶。

做葡萄结纽扣,称"打葡萄结",有打勋条、打虎王结、穿鼻头三个步骤。单纯的葡萄结也能当纽扣,但如果在葡萄结的基础上做成盘香纽或蝴蝶结那就更好

金全宝缝制的拼接衫

看。做盘香纽时，先要剪出一条红布条，再将布条对折起来用熨斗熨平，分别紧贴在葡萄结勳条的一侧，用镊子夹住勳条的头部卷成圆圈，再用引线缝住。盘蝴蝶纽方法与做盘香纽相仿，纽扣的头部也要打出虎王结、葡萄结。但在打葡萄结的同时，要在纽扣和纽襻勳条上分别添出两个蝴蝶的触角，这样缝在衣服上就成了一只"蝴蝶"。

大襟短衫中的拼接衫，是用两种（或以上）不同颜色的衣料拼接而成的大襟单衫。周庄、锦溪一带的大部分农村妇女穿着的大襟短衫，除了衣袖一般是不拼接的。即使衣袖拼接，所拼接的布料大多也与本身同一颜色。张浦、南港等靠近用直的农村妇女有的也穿拼接衫。如果说非拼接衫展示的是水乡女子的朴质、宁静之美，那么拼接衫则展示的是水乡女子的清丽、烂漫之美。

拼接衫大多以青色布为主料，拼接花色布料，色差的对比鲜明，但也有花布拼接花布的。拼接部位主要是胸前的大襟和两个袖子。裁剪时，先要裁主体面料，再依据主料裁出拼接的大襟和袖子，然后根据主料做调整和修剪。用花布相拼的拼接衫，纽扣宜用单色、浅色，绲边、做领口的方法与非拼接衫相同，但缝制时要将拼接部位拼接得自然流畅。

布裙系在大襟短衫上。年轻女子布裙的上下长度在1尺3寸到1尺4寸之间，中老年人的布裙上下长度略长。布裙横向宽度的总和为腰身的4倍。如果腰身1尺8寸，则宽为7尺2寸。因此用土布缝制布裙要用4幅门面的布料。布裙前面内外两个裙面是重叠在一起的，每条布裙有2个裥，因此腰间裙面的中间1/3是皱褶起来的。4个裙片裁剪时横向的长度（宽）是不相等的，缝制在身子前后的2片较短，侧面的2片因为要打裥则稍长。宽度为7尺2寸的裙子，第二个裙片和第

金全宝做的布裙

四个裙片裙面的长度各为1尺2寸；另外2个裙片需打裥，长度各2尺4寸。2尺4寸宽的裙片正好是一个狭门幅机织布的宽度，裁剪时只要裁3块布料，然后将其中的1块再对折裁剪就行了。如果用家织土布作布裙，也因门幅较狭，须多个门幅合并起来裁剪。

裥打在布裙腰间两侧裙面的相接处。打裥先要用手将布皱褶成若干个层面，用引线定（粗线条固定）好。再用缝衣针和红绿丝线细缝。7尺2寸宽的布裙，裥的宽度1寸2分许，长2寸6分许，每个裥面的宽度正好是大裙片的一半。裥的上部有多层细密的花纹。花纹有"人"字片、"十"字绞、波浪式、定胜、满天星等。这些花纹都是用"拉疏针法"缝成的。拉疏针法是一种较为简单、疏松的刺绣针法。

裥打好后，将4个裙片缝合起来。缝合时，两边的摆缝要内外重叠起来，叠门长1尺许。继而在裙边上沿（缝）上颜色较鲜艳的贴边，再缝上布裙的腰，在两边缝纽襻，编织好腰带。布裙的腰一般用色彩与本身略有差异的布料竖拼，以显出裙面与腰的区别。

系在布裙上的襕腰头，内层常用青、黑色布料做成，用花布沿边；外层俗称"小盖"，也可用花布做成。内层长1尺3寸许，宽1尺许，外层略小。襕腰头两层裙面的两端都缝有用花布条做成的状如树叶的"叶片"或像琵琶形状的"琵琶头"。襕腰头两侧的襕腰板，呈不规则的多边形，用白色的绒布作外层，配上内层布料。缝制时，要裁剪出襕腰板的基本形状，四周嵌上贴边。然后用红绿绢线刺绣出牡丹、梅花、蝴蝶等图案，中间用刺绣针法绣出花卉，四周或为绲边或为扣边。扣边，即将线打结后缝边沿，有的可缝出"锯齿"，称"锯齿边"。

绣花鞋

布裙和襕腰头上的腰带一般长度过膝，用各色纱线编成，可编出各种花纹，带头常系有流苏。流苏用红绿绒线做成，制作的方法跟做拖把相似，先将绒线的头部扎住，再往外翻转，把颈部扎住。

绣花鞋是在鞋面绣花的布鞋，做绣花鞋有糊底、扎底、做鞋面、绣花等多道工序。鞋底用零星的布片为材料用面粉做的糨糊一层层(5～6)糊贴而成。糊好后要贴在墙上或者门板上,待晾干后揭下来,放在太阳底下晒,用桌面压平。扎底,就是将鞋底用扎底针(长的引线)穿上鞋底线(用棉纱绞成的线)把鞋底横成线、竖成条缝至结实。底扎好后要垫好托底布,缝上鞋帮。鞋帮上一般用红布条绲边。鞋帮上的花样要事先剪好纸样,再"定"在鞋面上。巧手女子鞋样和花样都是自己亲手剪的。花样有兰花、蔷薇、牡丹等。绣花的材料是彩线,花是用细小的绣花针采用刺绣的方法手绣上去的。

如今,在昆山农村,有的家庭仍能从板箱、皮箱、衣橱中找出几件数十年前穿戴过的大襟衫、布裙、围兜、抹额、包头。儿童头戴的上烩斗帽,身穿的馋吐衣、扯襟小棉袄、老虎衫、开裆裤等依然受到人们的青睐。在锦溪、周庄等地仍有裁缝在用传统手法制作水乡妇女服饰,金全宝的徒弟金银花也已熟练地掌握各类水乡妇女服饰的制作技艺。

像大襟短衫、布裙、包头布、围兜等传统服饰,则在民俗表演和群文活动中延续着其作为民俗文化的艺术生命。水乡船娘穿上大襟衫,腰系布裙和褴腰头,摇着木船,唱着山歌,显得更加风姿绰约。中老年人在跳民俗舞蹈时,除了穿大襟衣衫,系布裙、褴腰头外,也喜欢穿绣花鞋。

身穿水乡服饰的阿婆在打连厢

水乡服饰起源于劳动,服务于生活,是衣食住行中的重要部分。在传统服饰中,水乡妇女服饰是最美的,它不仅展示了江南女子的形态之美,而且展示了她们的聪明才智和生命之美!

(李惠元 编文供图)

白家浜划灯

（2013年入选昆山市级第四批非物质文化遗产名录）

今日周庄双桥风光

在周庄古镇东北约2公里处有个高勇村，村内有个白家浜自然村，居有一百来户人家。白家浜村的南边紧靠着一个叫百家渠的湖泊（也叫百家潭），所以，这个村原名叫百家浜。由于"百"与"白"谐音，后来就传为白家浜了，也可以跟附近的张家浜、王家浜、唐家浜、祝家浜等水乡自然村的叫法相协调，其实，白家浜村里没有一家姓白的。

据清代陶煦所著《周庄镇志》卷四"风俗"中记载："镇东北有村曰白家浜，于七八月间有划灯船之胜，然间十年乃一举也。划灯船者，以五色纸，雕镂工细花样，做花篮灯，高悬于船之左右，每船五七十灯，船首尾以纸灯作为龙、狮等形，前后树八角大伞灯各一，亦五色纸雕镂成者，伞之中为走马之戏。伞之上用纸作花果及凤、鹤、兔、鼠诸物，以线索牵制，飞走如生。中舱架一亭，作纸人，长二三尺者数人。中空作灯，演成杂剧。亦以线索牵制。如是七八船划行湖荡中，助以金鼓，往来如梭织。波光灯影，上下激射，必半月而罢。附近诸村及吾镇中皆一至，凡自远方来观者，舟楫舣附，水道为之阗咽焉。"

白家浜村里就流传着这样一种奇特有趣的"划灯"民间娱乐活动——在月明风清之夜，数十条扎满彩灯的船只，在弦乐声中划行于乡间的江河之上，流光闪烁，彩灯摇曳，橹声咿呀，撒欢数里，场面既别致又壮观，人称"江南第一灯"。

白家浜划灯起源于宋高宗南渡时期。1127年,北宋遭遇"靖康之难"后,金兵攻破京城,俘获徽、钦二帝,宋高宗为了躲避金军的追杀,就一路南逃,为了避开追兵不敢走大路,所以来到了比较偏僻的江南水网地区。由于那里历史上从未来过皇帝,听说皇上驾到,当然会引起当地官员和百姓的极大兴趣,想着法子迎接皇上,于是,龙亭的唱宣卷、祁庄的打连厢、全旺浜的挑花篮……这些带有浓郁地方特色的民间活动都登场表演了。白家浜人的拿手好戏便是划灯出游了——

当时正是春夏之交,白天阳光明媚,夜晚月白风清。只见数十条扎满彩灯的农船,牵引着许多由菱桶、浴桶装饰的河灯,在江河中缓缓前行,时不时地在船上还出现了几位才子佳人和文官武将的戏曲人物造型,加上丝竹悠扬,鼓乐喧闹,招摇过市,美不胜收,在水巷中绵延数里,真让人看得如痴如醉。高宗皇帝见之大喜,情不自禁地说:"此乃江南第一灯也!"从此,白家浜划灯声名鹊起,然后世代流传。

到了清朝,康熙皇帝南下出巡时,苏州郡守为了取悦皇帝,广泛征集民间绝技。白家浜划灯展示项目又被苏州府选中,这给村里的划灯爱好者提供了一次可以再次大显身手的机会。他们劈篾扎灯架,面上裹上彩绢,制作成各色造型生动的彩灯,而且,还在彩灯中点燃蜡烛,显现出光彩夺目的观赏效果。别出心裁者还在灯船上搭起了飞檐翘角的亭子,四周蒙上轻纱,纱上描绘山水花卉或飞禽走兽。船架周围挂起数十支灯钩,每支灯钩上挂起各色透亮的彩灯。透过薄纱,可以看到船中用高凳搁起牵谷用的木砻,砻上旋转着引人入胜的灯盘,或是梁祝姻缘的图案,或是武松打虎的造型,或是三娘推磨的戏文,也有松鼠采葡萄、双龙戏珠、凤穿牡丹、刘海砍樵等戏剧模型,真是丰富多彩,漂亮至极。

划动灯船时,人伏舱中推转木砻,彩灯随之转动,戏文人物也随之变换。数十只灯船首尾衔接,配上江南丝竹和笙箫鼓乐,于月夜时分游弋于江湖之中,此时,灯光月色相映辉照,令人赏心悦目。这种别出心裁的娱乐活动,曾让康熙皇帝游

今日周庄旅游节上的灯船

旅游节里流光溢彩的周庄水巷

览以后龙颜大悦。从此，白家浜划灯更加闻名遐迩。

划灯宜选择月朗星稀之夜。届时村头鼓乐齐鸣，几十条艳丽灯船，牵引着长长的河灯，闪烁光彩，划破碧波，徐徐荡入村前的百家渠，此谓"会灯"。灯船在河中或排成一字蛇行，或呈双圈穿绕，时缓时急，时进时退，变化无穷。若指挥者机智敏捷，灯船还能变幻莫测地更换灯光，使观赏者欢蹦雀跃，激动不已。每只灯船大致拥有桨手八九人，个个扣舷盘膝，人人神态怡然。每当经过村落，就会用力划船，招摇过市，以求引来围观，从而扩大白家浜划灯的影响。

透过朦胧的月色，船上华灯璀璨，与倒映在碧波中的星月争辉竞色。一时灯彩缤纷丝竹盈耳，观灯者为之陶醉，恍入仙境。会灯过后，灯船沿着村边的小河划行，两岸观众亦步亦趋、留恋不舍地跟随着灯船的缓慢移动。

旧时，白家浜划灯每隔三五年举办一次，成为远近闻名的娱乐风俗。灯船划到之处，备受欢迎。有一次，灯船一直从周庄划进姑苏城，被围观、被聚焦，叹为观止。几十条熠熠生辉的灯船，荡入小桥流水，划过水关城门，在市河中蜿蜒荡漾，引得城里人纷纷驻足观赏，赢来一片喝彩。他们在城里一连划了十几天，城里人还是热情地挽留，因此难以回乡。有人甚至把城门关闭，要求白家浜划灯继续表演。无奈乡下开始农忙，不能久留。最后，白家浜人只好把船上的彩灯偷偷拆下，才得以脱身还乡。

多少年来，尽管沧海桑田，时过境迁，白家浜划灯风俗仍被保留。当年抗日战争胜利后，中华人民共和国成立时，抗美援朝战争结束后，白家浜划灯都曾进行盛大表演，以抒发喜悦心情。

周庄镇开发旅游后，白家浜村民又扎起了彩灯，在春节、元宵节、旅游节等重大节日里，继续进行划灯表演，使这项民间风俗传承至今，并于2013年入选昆山市级第四批非物质文化遗产名录。

（陆林根 编文供图）

224

苏绣（昆山刺绣）

（2021年入选昆山市级第五批非物质文化遗产名录）

刺绣代表作《母亲》

苏绣，这种流行于江南地区传统的民间工艺，在很大程度上已成为苏州的代名词。苏绣是一幅画，更是一首诗。只有经历千年艺术积累，苏绣艺人才可能站在前人的肩膀上，达到令人瞩目的艺术高度。

在民间传说中，最早将文身的图案搬上衣服，以刺绣服饰将人美化，并免除人们皮肉之苦的，是仲雍的孙女女红。这个少女心灵手巧，能将丝线染成缤纷的颜色描绘猛兽的神态，并能按照自己的构思飞针走线。后来，人们为了纪念这位才女，把这种锦绣针刺的工艺也称为"女红"。日久天长，竟把她的名字取代了。

三国时期，孙权为了与魏蜀两国争霸天下，急切需要绘制一幅山川地势图，用于作战指挥，却找不到合适的人来绘制。有人推荐了丞相赵达的妹妹赵夫人。赵夫人在再三思索后说："丹青容易褪色，不能久藏。我会刺绣，可以列国于方帛之上，用针绣出五岳、河海、城邑、行军的图形。"她夜以继日，埋头绣房，绣成了一幅军用的山川地势图。孙权看了，连声赞叹准确精细，誉为"针绝"。

宋代是苏绣发展的成熟阶段，除宫廷设有刺绣工艺的专门机构"丝绣作"外，许多妇女都学习刺绣，刺绣被称为"女红"。刺绣作品有用于服饰的，也有用于欣赏的，有自用的，也有作为商品出售的。与以往相比，宋代刺绣多注重

昆曲题材的刺绣作品

追求绘画书法效果，有的还制成卷轴卷册。

明代苏州人张应文在《清秘藏》中说："宋木之绣，针线细密。其用绒止一二丝，用针如发细者为之。设色精妙，光彩射目，山水分远近之趣，楼阁得深邃之体，人物具瞻眺生动之情，花鸟极绰约喓唼之态。佳者较画更胜，望之三趣悉备，十指春风盖尽于此。"

明代的苏州地区"家家养蚕、户户刺绣"，苏绣成了一种群众性的家庭副业，不仅穷人家的女儿为了生计日夜忙于刺绣，大家闺秀也以此消遣时光，陶冶性情，更有人将苏绣视作一门艺术，专门学习。苏绣不仅在民间流传，富丽豪华、绣艺工整的绣品也出现在了宫廷中。到了清代，苏绣吸收了明代顾绣部分技艺，在形式上加以变化、改进，图案、针法、色彩、原料等方面得到进一步发展，形成了独特的风格。

巧手细丝

苏绣（昆山刺绣），是苏绣的一个支脉。已知苏绣（昆山刺绣）名家可追溯到清代中叶。昆山人顾春福的妻子，擅长于做精工刺绣。所绣的人物山水植物花卉，颜色艳丽，丝质光滑，如同照片一样。上海博物馆藏有她的作品"金带围图"（高72厘米、宽30厘米）。题材是芍药花，作品细腻，色彩大胆新颖，当时的著名文化人程庭鹭、张愿令等三十五人为之题款。张愿令的题词"画韵针神，可称双绝"，给予极高的评价。

据昆山文史专家程振旅先生介绍，他的祖母是昆山望族王氏后裔，心灵手巧，善于刺绣。民国时期曾组织青年女子，加以培训，积极推广昆山刺绣工艺。她们的部分刺绣作品，至今仍作为文物妥善保管。20世纪50年代初，南京博物院征集顾炎武先生遗履，作为重点文物。她们精心刺绣，根据仅存的一只遗履仿制成另一只，与原物几乎没有差异，显示了昆山绣娘的精湛技艺。

昆山刺绣，既源于苏绣，又不同于苏绣。在绣样取材、表现手法、艺术风格等方面形成了自身的特点。苏绣（昆山刺绣）的作品有两大类：一是实用品，包括被面、枕套、绣衣、绣鞋、戏衣、台毯、床楣、披巾、头巾、台帷和靠垫等；一是艺术欣赏品，包括台屏、挂轴、屏风等。昆绣的总体针法将近六十种，有晕针、掺针、平针、轮廓针、钉线针、锁针、打籽针、刻鳞针、松针，交针、接针、麦穗针等。绣品中反映的祈福、祈财、祈禄、祈寿、纳吉、道德伦理等内容，涵盖了江南普通百姓的美好愿望。

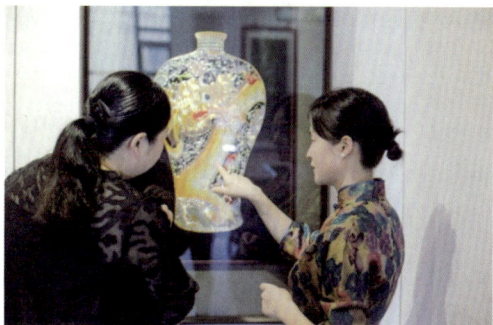
刘昭艳和同事在探讨针法

现当代苏绣（昆山刺绣），在传承苏绣传统技艺手法的同时，注重自身特色，与时俱进，推陈出新。融合昆山特有的地方文化，将昆曲、并蒂莲、昆石、琼花等元素融入刺绣作品中。尤其是昆曲服饰刺绣，通过拜访昆曲名家，查阅相关历史文献，积极探索艺术内涵，研发昆曲与刺绣相结合的文创衍生产品，让昆曲"非遗"在服饰上焕发崭新的光彩。

苏绣（昆山刺绣），是昆山地区刺绣产品的总称，按观感可以分为单面绣与双面绣两类，按用途可分为装饰类和实用类两类。装饰类包括山水、花鸟、动物以及人物肖像等数十种，作品讲究形神兼备。在图形复杂的作品中往往是多种针法同时并用。苏绣（昆山刺绣）的技法将近六十种，主要有错针绣、乱针绣、网绣、满地绣、锁丝、纳丝、纳锦、平金、影金、盘金、铺绒、乔绒、戳纱、洒线、挑花、双面绣、发绣、双面异色异样绣等，技术要求大致是针脚细密，布线均匀，图案光洁，纹理顺畅。一个绣娘必须经过多年勤学苦练，才能拿出合格的作品。至于绣出精品，则还需要数年经验积累。

刺绣是一种历史悠久的民间传统艺术，刺绣所需要的材料，主要是各种材质底布、尺寸不同的手绷或卷绷、绣花针、绣线、绣花剪子、绣架等。不同的底布，对用线、针工和图案各有要求。从布的种类上分，大致有三类：植物纤维布、动物纤维布、化纤布。绣线的种类，与底布的种类一样，有纯棉细绣线、纯棉粗绣线、合股线、麻线、真丝线、机绣线、毛线、金银线和化纤线等。其中以纯棉绣线为主流绣线，用途也最为广泛。

绣花针的选择也不可忽视，挑选绣花针时要特别注意针的两头，即"针鼻"和"针尖"。针鼻应为椭圆形，这样的针鼻不咬线。如果针鼻呈长方形或尖圆形就容易咬线（把线割断）。针尖则是越细越长越好。刺绣用的剪刀也有分类。如剪线头的剪子，剪子尖应往上翘，这样的剪子避免剪针头时剪尖挑到绣花上。用来雕绣和抽丝的剪刀,剪尖则应细尖锋利,最好选用钢口好的剪刀,因为可以反复使用,并且越磨越锋利。

手绷是将绣底夹在圆形的内外双竹圈内,拿在手中绣小件时使用的,卷绷能伸缩绣底的长短、能适合绣者的需要,有大小多种,最大的绷可至丈外,是专绣大幅用的,小绷供绣普通件用。绷架,用三脚凳一副。三脚凳外两脚,内一脚。架的高低须看人的身高酌情增减。过高,则抬臂失平,久之胁酸;过低,则要俯背,久之伤肺。

苏绣(昆山刺绣)非遗传承人刘昭艳,自幼学习刺绣,熟练多种针法和独特技法,从6岁起,她就为刺绣名家做小帮手,前后学习、从业近30年。近年来,刘昭艳获得了江苏省乡土人才"三带"新秀、江苏省乡土人才能工巧匠等光荣称号。她的刺绣作品《禹鼎》,永久珍藏于浙江理工大学丝绸博物馆。刺绣作品《费孝通》,为苏州大学博物馆收藏。刘昭艳将刺绣作为自己毕生的事业去做,不断琢磨昆山刺绣的特色和规律,以"一生一事""一事一生"的理念,满身热情致力于苏绣(昆山刺绣)的传承、研究和创新。

昆绣传承人刘昭艳

早在1998年,刘昭艳就创立了刺绣家庭作坊。2008年刘昭艳创立了刺绣工作室与个人服饰品牌(均为纯手工刺绣的高端定制品牌)。以传承手工刺绣文化为目标,以传统与现代文化相结合为特色。目前团队规模达150人,预计可以带动1000至5000人就业,解决剩余留守劳动力和文化较低的人员就业,其中包括残疾人、留守妇女,无技能低收入劳动者等。

传承刺绣工艺

以刘昭艳为主创办的昭嵋绣馆,努力传承昆山民间针法技艺,旨在提升苏绣(昆山刺绣)的影响力。她们的作品,一是具有悠久的传统文化积淀。二是图形纹饰显现地域民俗特征。三是刺绣针法富含传统民俗特色。苏绣(昆山刺绣)针法精巧多样而又富于变化,一部分来源于生活。如麦穗针看麦子,绕边绣看草的编织,接针看地上动物蚂蚁一个个行走的轨迹。在针法运用上,自由而多变,随物附针、顺势就针,充满着即兴创意。譬如平针的针法是平齐、顺滑;乱针针法以三角形的形式呈现,角度接近45度。苏绣(昆山刺绣)则结合这两种针法,平针稍微交叉,既不是三角针的凌乱,又能体现平齐。角度20度左右。这种20度左右的针,最大的好处就是在平针和乱针过渡时,针法切换变化顺畅,色彩过渡和谐自然。

在长期的发展过程中,苏绣(昆山刺绣)呈现精密、细匀、齐整、纹理顺势等风格。这是绣娘们经年累月无数昼夜千针万线练就的,也是在祖母传授媳妇、母亲传授女儿的世代相承。同时也是邻里乡亲互相交流中,不断延续的生活技巧和文化遗产。

相信在未来的日子里,在各级政府和文化部门的大力支持下,经由非遗传承人的不竭努力,苏绣(昆山刺绣)这枝鲜葩,一定会散发更加鲜活的生命力。

(陈益 编文供图)

金华村腊肉加工制作技艺

（2021年入选昆山市级第五批非物质文化遗产名录）

走进今日金华村的花圃

金华村位于张浦镇北缘,隔吴淞江与玉山镇相望。S339省道穿村而过,地理区位优越,水陆交通便捷。2001年,由原金华、北村两个行政村合并而成。原管辖南华翔、北华翔、坟堂浜、下张浦、泾东、南张、西北里、南朝、北村、盛巷、姚巷、苏巷、三村湾、大窑14个自然村。至2020年,仅保留南华翔、北华翔两个自然村落。金华村是昆山新农村建设中的先进典型,先后荣获"全国文明村""中国美丽宜居示范村庄""全国妇联基层组织示范村""江苏省生态文明建设示范村"等200多项荣誉称号。

"金华村腊肉"也称"金华腊肉",是金华村传承千年的传统腌制美食。因保质期长口感好而享誉四方,销路甚广。至2021年,已经达到年销售量5万方以上的规模,销售总额2000万元左右,可获利润300万元以上,成为一村一品的特色产业。"金华腊肉"激活了传统工艺,从自给走向市场,从民俗走向品牌,使其在新时代展现出新的活力,演绎新的精彩。这是金华人的魄力与智巧。2021年终于入选昆山市级第五批非物质文化遗产名录。

旧时,吴地农家以种植水稻、小麦、油菜为主,施肥都用有机自然肥料,以罱河泥拌以花草(紫云英)、青草、稻草的草塘泥为主。其次是猪窠肥,因此,那时家家户户都养猪,每年少的养一头,俗称"兜年猪"(从春养到冬的猪),大多养2头,大户人家要养3~5头,甚至更多。养猪人家就能积累猪窠,一般一头"兜年猪"所积的肥料可壅8亩水稻田。猪窠壅田能使田脚松软,故农家乐于养猪。其次,也是农家副业,可改善家庭生活。大多农户上半年一头猪供出售,下半年一头猪留作过年宰杀，俗称"年夜猪"。每年冬至过后的"头九""二九"腊月伊始，个个村落杀猪声声不断，有俗语云："起九杀猪叫，年夜眼前到。""年夜猪"除了留好过年用的鲜肉外，剩余的鲜肉要腌制起来，因时值腊月，故称"腊肉"。旧时农家养猪以木渎皱眉头黑猪与常州长嘴滑面黑猪为主。饲料以青糠、麦麸、豆饼、青草、水草为主。猪的体重大多在160斤左右。由于肉质肥嫩，所以腌制的腊肉尤为鲜美。为使腊肉保质，需要晾晒风干，春节前后，家家农户都在屋檐下挂晒腊肉，满村腊肉飘香，成为一道亮丽的民俗风情。

农家大多省吃俭用，平时舍不得享用腊肉，只有到了庙会节庆时的人来客去，大熟(水稻)、小熟(小麦、油菜)农忙盘工(农家自行组织的临时互助合作)时，以及罱泥、挑泥、垦地时，才舍得割一方腊肉招待客人，或慰问重体力劳动的帮工。农家用腊肉做的菜肴有腌笃鲜，即与地产竹笋或毛竹春笋再加适量鲜肉同煮，那时鲜竹笋与咸肉、鲜肉三味交融，可谓绝配，其味道之鲜美可用"打耳光勿肯放"来形容，成为农家招待客人的一道时鲜名菜；其次是腊肉白烧切块，先将大块腊肉烧煮，不加调味，出镬后再切成薄片小块，这样能保持腊肉的原汁原味。切块的五花腊肉可以说三精三肥，肥的颜如玉，精的色嫣红，一上餐桌就香气扑鼻，能使人满嘴生津，一口咬下去肥而不腻，越嚼越鲜，这种感官享受能让人留下难忘记忆；还有菜花头干烧腊肉、马兰头干烧腊肉、黄瓜烧腊肉、萝卜烧腊肉以及腊肉菜饭等，都是上得了桌面的农家土制美食。可以讲，农家腌制的腊肉具有吴地农村的独特味道，成为游子舌尖上难忘的乡愁乡恋。

南华翔、北华翔是金华村域的两个自然村落，它被吴淞江四面包围(吴淞江在此分流后又合汇东去，形成孤岛)，可谓开门见水，出门楫橹，陆上交通闭塞，上甪直、昆山、张浦等集市十分不便，若遇大风大雨，冰雪天气，只能困在家里，因此，对于腌制腊肉尤为讲究，腊肉的质量高，味道好，招待亲朋好友四方来客赞不绝口，在四乡八里颇有名气。至今，华翔仍流传着很多关于腊肉的民间故事。如有个"后娘腊肉计"的故事，说是从前华翔村上一户村民死了妻子，留下幼子，后经人介绍续弦。后母进门后，把继子视为眼中钉肉中刺，一心想除掉他，但害怕会招来乡亲的非议和丈夫的不满而犹豫不决。她听说只要每天吃腊肉，吃满一百天就会中毒死去的传闻，这位后娘就决定用这种办法除去继子，这样不会背上恶名。她想出了这个恶毒计策，不禁暗喜。是年，后妈有意多腌腊肉，春节后今天给继子烧腊肉，明天给继子蒸腊肉，后天给继子笃腊肉，反正每天都给继子吃腊肉。这样过了一百天，继子非但身体无恙，反而长得更加结实。这时，村上人都在赞美继母用腊肉善待继子，继子感恩，丈夫感激。继母因此深受感化，悔恨交加。从此一家人过着和谐、幸福生活。还有一个"打耳光不肯放"的故事。讲的是有一天，兄弟俩在吃饭时为了一点家庭小事发生争吵，哥哥不善言辞，争不过弟弟，一怒之下打了弟弟一记耳

暴晒金华腊肉

光，弟弟却没有还手，因嘴里正吃着一块腊肉，味道实在太好了，正在仔细品味。"华翔腊肉好吃，打耳光不肯放"，就这样传开了。

"金华腊肉"的历史据说始于南宋淳祐年间（1241—1253），屈指算来已有近800年的历史了。据考，华翔是一个古村落，明《嘉靖昆山县志》卷之三"乡保"中明确记载："华翔在朱塘乡（三保·四保）。""宋时尝于华翔置新江驿，今华翔去吴淞江无百步，是其证也。"在其卷之三"水"中又载："剿娘江在县西南十五里（今金华村域），相传昔有老龙，引其子入海，其子到华翔后，一跃而东，反前于娘，故名剿娘，然无据。"

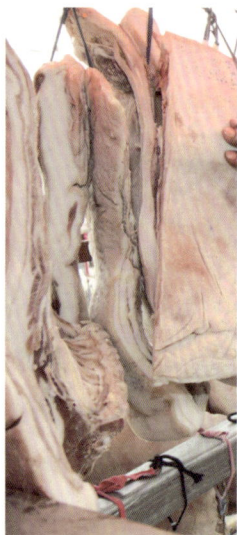

金华腌制的肋条肉

说明华翔自然村在宋时已成规模，是吴淞水系漕运的要塞，并驻有驿站，在当时已有相当高的知名度。其实，用盐腌制肉类可延长保质期，以备食物短缺时食用，是人类文明的重大进步，它可追溯到远古的渔猎农耕时期，年代已经十分久远，这是"金华腊肉"的根脉，因此，"金华腊肉"源于长江下游太湖流域的稻作农耕文化，在宋时已经形成了养猪踏猪窠壅农田，养猪杀年猪腌腊肉的风俗。

"金华腊肉"的腌制工艺：在时间上一定要在冬至起"九"全年最冷的时节腌制，要挑选上好鲜肉原料，腿肉一腿不超过14斤，肋条要求五花肉，并以硬肋为主。鲜肉当天到，当天腌，以确保新鲜。鲜肉通过整理后即抹盐，腿肉要划几道刀口，有利入味。装缸后用石头压实（用大缸腌

232

制,每缸腌600斤左右),10天后第一次翻缸,去血水后再压缸,又10天后二次翻缸,装缸后倒入配置好经烧煮的冷盐水,用石压实后盐水一定要淹过肉面,再腌20天后可出缸晾晒。肉与盐的比例是腿肉在100:15以内,肋条在100:12以内。

压缸的石块要装在用粗麻绳编织的网袋里,这样可压得均匀。肉与石块分量比例掌握在100:150以上,少了压力不够,多了肉头要老。原农家腊肉要晾晒30天以上,直晒到肉皮色透红,肥肉晶莹如玉,精肉色泽嫣红,香气四溢,肉油滴挂后再挂在通风的阴凉处,可以经年不变质。

华翔自然村老农说:晒得最好的腊肉切成薄片是可以生吃的,是水乡农家的一道传统美味。而今"金华腊肉"是时令商品,在春节期间必须完成销售,故一般只能挂晒15~20天,至皮白肉干,口味正当时便装盒销售了。顾客只能或放入冰箱,或边吃(割一刀)边挂起晾晒,以保持其美味不变。

20世纪90年代,精明能干的金华人,以敏锐的眼光,看到了农家的传统腊肉在改革开放大潮中具有销售商机。那时金华村的领导就鼓励村民用传统工艺腌制腊肉,改变千年自给的旧传统,提倡走向市场,增加收

惹人喜爱的清蒸金华腊肉

入,从而发家致富。一些胆子大一点的村民就开始尝试起来,然后村里帮助推销,不料颇受欢迎,并受到市场好评,一时供不应求。

随后,经过了10多年的不断摸索和不断改进,至2003年,金华村开始出现一批"金华腊肉"的制作专业户,而且收入颇丰,获得了初步成功。至2007年,"金华腊肉"已形成规模化制作局面,年销售量达1万腿以上。当时先以出售腊腿为主,随着市场需求的变化,渐以出售肋条方肉为主。2008年,成立"昆山市张浦镇老金华腌制腊肉富民合作社",入股农户182户,出售"金华腊肉"(腿)2万盒以上,获利100多万元。此后,"金华腊肉"生产规模不断扩大,至2017年销售量稳定在5万方左右,并做到统一工艺、统一品牌、统一包装的管理。2020年,因2019年底肉价大幅上涨,专业户根据市场行情,减少了产量,但仍然销售了3.5万方腊肉。2021年,又回升到6万方左右,成为金华村的一项创业增收的特色产业。

"金华腊肉"的经营专业户以自销为主,大多由老客户订购,占销量的80%,还

有慕名而来上门购买的新买主，也有微信公众号宣传推介后获得的网购者。专业户一般以销定产，谨防产品积压，一般在春节前后就销售一空了。对于少数销售发生困难的经营户，村有经纪人帮助推销。"金华腊肉"已经成为当地的一个知名品牌，成为人们春节聚餐、礼尚往来、请客送礼的"宠儿"。而且，已经走出昆山，闯进了苏州、上海。

至2021年，金华村腌制腊肉的专业户大多是头脑活络，善于交际，人脉丰富，敢于投资的能人。他们懂得经营之道，讲信誉、重质量。打响品牌，以销定产，所以市场一直处于紧俏态势。为了传承这个特色制作工艺，金华村已有35%左右的农户在从事腌制"金华腊肉"的产业，并涌现了张祖良、沈月文、陈红、吴月良、王冬泉、张月明、沈觉明、沈学文、邱仁良、李秋生、李金凤等一批年产300~600方以上的大户，成为带头致富的专业户。

包装金华腊肉

至今，"金华腊肉"尚未注册商标，产品仍以农户作坊分散的形式腌制，原料仍以市场订购为主，这在工商管理、质量监管方面存在着不完善的缺陷。为此，金华村今后将用心做好以下三件事：

一是与市工商管理部门联系，创造条件，注册"金华腊肉"商标，然后加强对"金华腊肉"的工商管理，从而保护这个品牌。

二是至2023年前，村里将投资建造"金华腊肉"生产车间，将全村"金华腊肉"生产专业户集中在一起，并辅以冷库，延长销售期，开发新品种。成立腊肉生产协会，更好地做到统一生产工艺，统一质量标准，统一监督管理，达到进一步提高产品质量的目的。

三是根据"金华腊肉"生产季节性强的特点，选择规模生产的养猪单位为原料基地，以保证"金华腊肉"的质量标准统一。

可以预料，"金华腊肉"的明天将更加美好。

（姜志男　编文供图）

234

沈万三食品加工制作技艺

（2021年入选昆山市级第五批非物质遗产名录）

作为国家AAAAA级旅游景区的周庄,不仅以秀美独特的水乡风貌而引人注目,同时也因其悠久的历史,灿烂的文化而令人心仪。周庄是典型的江南鱼米之乡,具有丰饶的物产,包括极富地方特色的美食佳肴。在旧时周庄逢年过节的酒席上,最高档次的菜肴便是"蹄子八样头",看得出,这"蹄子"属于主菜,成为周庄热情待客约定俗成的一种出菜规矩。

元代中期,沈万三从浙江南浔的沈家漾来到周庄,经过躬耕、理财、通番后发家致富,直至元末成为富可敌国的江南富豪。沈万三生意上的朋友遍及四方,几乎天天宾客盈门,因此日日有宴请。为增添待客的隆重气氛,沈万三就依照民间风俗,就以"蹄子八样头"之首的"红烧蹄髈"招待客人。于是,经常提前烧好大锅蹄髈,届时取用,由于筋骨烂酥,有口皆碑。

相传那天大明皇帝朱元璋到沈万三家做客。沈万三照例让家人端上一只红烧蹄髈招待皇上,却发现盘子里没有用于剖开蹄子的刀子,忙问妻子丽娘怎么办,丽娘为难地说,如果拿出刀子岂不犯了大忌——在皇帝面前怎能出现刀子？岂不成了杀人凶器？可是,这囫囵大块红肉怎能下筷呢？无奈之下,沈万三急中生智,从蹄髈的一根大粗骨旁抽出一根一头扁薄的细骨当作了切刀,然后横切竖划地将一块大肉分割开来,随即将一块连皮带脂的瘦肉敬献皇帝。朱元璋尝后称赞:"美哉美哉,酥而不烂,肥而不腻,乃天下之佳肴也。"接着又问沈万三:"那是什么菜?"沈万三当然不敢说"猪蹄",因为眼前的大明皇上姓朱,"朱"与"猪"相谐,必须回避。因此只好说:"在我沈万三家里

昆山市周庄镇万三食品有限公司外景

吃的蹄髈,当然就是万三蹄了!"朱元璋说:"好一个'万三蹄',名菜啊!"从此,"万三蹄"美名就传开了。

周庄名菜万三蹄

改革开放后的1988年6月,古镇周庄成立了旅游服务公司,并在沈厅开办了"沈厅酒家",同时,把在周庄历史上享有盛名的"万三蹄"作为饭店主菜进行开发。为了打出品牌,沈厅酒家在制作技艺上狠下功夫。不但保留传统工艺,而且在选料、调味、烧煮上不断加以改进。按照一定比例加入天然香料及调料,经旺火煮透后再文火焖煮,使之色泽酱红,外形饱满,皮润肉酥,肥而不腻,堪称色香味形俱佳的看馔。

沈厅酒家的万三蹄一经推出,大受食客欢迎。许多游客吃了还想买几只带回家去。于是沈厅酒家专门设置了出售"万三蹄"的窗口。不久,周庄各家饭店争相效仿,一时间,万三蹄迅速在周庄普及开来。

随着周庄旅游事业日渐繁荣,为顺应游客对旅游商品的需求,1995年周庄旅游公司开办了万三食品厂,专门生产以万三蹄为主的系列食品。后来,镇旅游公司邀请李宗源先生对万三蹄进行包装设计、广告策划、科学配方,设定工艺流程、制定岗位责任,根据国家法规制定产品标准。特别是采用高温灭菌真空包装技术后,既保持原有风味,又延长了保质期,成为正规合格的旅游商品。

2004年,周庄镇云南村的青年企业家李永先,在旅游公司调整经营模式时,通过竞拍,取得了"万三"牌系列食品的商标使用权,随后开办了"昆山市周庄镇万三食品有限公司"。董事长李永先高度重视维护"万三"品牌的质量信誉和所担负的社会责任,以"继往开来、传承特色、科学创新"为理念;以"尚德重信、绿色健康、服务社会"为宗旨;以"严格选料、精细加工、安全卫生"为准则,注重提高员工的职业道德和技术素养。从选料到包装,每道工序按照标准严格把关精细操作,确保产品质量。在第四届苏州市优质农产品交易会上

万三食品传人李永先

236

荣获"最佳企业奖",2008年被评为消费者信得过单位。其中,他们生产的万三蹄、腌菜苋成为公司的代表性产品,其制作技艺已入选2021年昆山市级的第五批非遗保护名录。

一、万三蹄制作流程:

1. 选料:选取新鲜猪后臀肉,切割成大致圆形。

2. 漂洗:整形后用清水漂洗、去掉腥气。

3. 腌制:放入容器内撒上食盐、花椒等调料,使其入味。

4. 焯水:去掉剩毛,再次清洗。

5. 煮熟:将整理好的蹄髈放入传统土灶上的大号铁锅内,用木柴烧煮(香樟、柏树最佳)。加入调料及茴香、八角、桂皮等多种香料。经旺火煮透后,再用文火煮3小时以上焖熟,熟透后的蹄子色泽酱红,外形饱满。

6. 冷却:出锅后放入托盘中,让其自然冷却。

7. 包装:冷却后装入铝箔袋,真空密封包装。

除此以外,李永先还根据水乡饮食风俗,深入发掘传统食品,经过反复试制,完善配方,创制出独有周庄特色的腌菜苋,因是民俗"阿婆茶"上的特色茶点,所以俗称"阿婆菜"。

瓶装的阿婆菜

周庄腌菜苋已有600多年历史了,据《周庄镇志》记载:"冬种春生,撷食其荤日,菜苋并可腌藏,三月开黄花,四畴如散金。"东晋文学家张翰洛阳辞官,南湖垂钓,观满圩黄花,吟有"黄花如散金"诗句,这黄花的前期便是菜苋,是腌菜苋的原料。俗话说:"靠山吃山,靠水吃水。"既然周庄盛产菜苋,因此就有了腌菜苋的风俗,并一直延续至今。

周庄人等待菜苋上市后,放在菜缸里腌制一段时日,然后捞出一把,用清水洗净,再在饭锅里蒸熟,吃起来清香扑鼻,还略带酸味,非常可口。一到春天,油菜抽苔的时候,家家户户都会采摘菜苋,然后腌制咸菜苋,以备年内食用。

二、腌菜苋制作流程:

周庄名菜毛豆炒菜苋

1. 采摘：油菜抽苔了，摘下孕花的嫩苔，俗称菜苋。

2. 浸泡：把采摘下来的菜苋放入清水中浸泡15分钟左右。

3. 清洗：把浸泡后的菜苋去除尘土，清洗干净后沥干水分。

4. 腌制：然后放入陶瓷缸腌制，铺一层菜苋再撒上一层盐。

5. 压实：用一块大小适中的石头把腌制后的菜苋压结实。

5. 出卤：腌制的菜苋经一昼夜的重压，会出现菜卤，就可以装罐了。

6. 装罐：将腌制后的菜苋装入小口陶瓷罐中，尽量塞紧不留空隙，让多余的菜卤流出罐口，再把装满咸菜苋的陶瓷罐用稻草封口，并用保鲜膜密封。

7. 发酵：把封好口的陶瓷罐倒置于阴凉处，等待发酵。

8. 开罐：数月后，打开密封的陶瓷罐，一股清香扑鼻而来。

9. 调味：将取出的咸菜苋用清水洗净，切碎，加入调料，做出各色小菜。

10. 装盘：可以根据个人的喜好搭配各种食材，如笋丝、青毛豆、干丝等，凉拌、煮炒、烧汤均可。

用腌菜苋做的菜别有风味。阿婆菜可生食，佐茶；亦可炒菜，做汤。还有一种吃法就是加糖，浇上麻油拌食，口感极为爽脆。

三、万三黄酒制作流程：

清代陶煦著《周庄镇志》载："煮酒，亦名黄酒，冬月以糯米水浸蒸成饭，和麦曲、橘皮、花椒、酿于缸。来春滤去糟粕，煮熟贮于甏，经两三月者谓之新酒；经一年外者谓之陈酒，味亦醇。其酿成未煮者谓之生泔酒，乡村多饮之……"可见，周庄酿酒历史也由来已久。

万三酒庄坐落在周庄北部天花荡南岸的祁浜村，由20世纪70年代的"周庄酒厂"的老厂房改造而成。今日酒庄内设计了躬耕稻田、原酿工坊、万能空间、首富私厨、万里挑三、地下酒窖等多个功能区，以传承"万三黄酒"传统酿制技艺，及研发年轻人喜欢的各种新黄酒为使命，以黄酒为基础，融入文化工艺与美食品尝等独特体验，是一个集传统酿造、休闲观光、文化体验、工艺体验、美食体验于一体的文创景区。

周庄全旺村的王喜伟,是周庄万三黄酒制作技艺的传承人,2018年获得国家一级酿酒师荣誉称号。他除了做好本职工作以外,还积极宣传黄酒酿造技艺,经过不断摸索,已形成周庄万三黄酒的制作技艺,共有十二道工序:

周庄万三黄酒传承人王喜伟

第一步:浸米。浸米的目的是使淀粉吸收,便于蒸煮糊化。一般都选择在腊月进行,腊月里气温较低。米在水中浸泡不易变质。同时低温可以促成慢发酵的环境条件,以免温度过高酒质易变酸。再者腊月天里少蚊虫,可以避免黄酒沾染变质。米粒要求精白,饱满无杂质不霉烂。浸米的水质量要纯清。提前

师傅在制酒

24小时左右浸泡,且要一直浸入水中,保证蒸饭时糊化。

第二步:淘米。在制酒用的米充分浸泡完毕之后,进至淘米洗净的步骤。此步骤需要将米粒反复地淘洗,均匀冲水至无白浆,且达到米粒外形完好,一捏即碎的标准。确认充分洗净后,再以竹杓将米粒捞起,置放在竹筐中,使之完全自然沥干。

第三步:蒸饭。将淘好的米放上蒸笼蒸煮,好让淀粉受热后吸水糊化,有利于酵母菌的生长,易受淀粉酶发挥作用。一般蒸煮20～24分钟,让米粒"糊而不烂,内无白心"呈成熟均匀状,达到制酒的最佳状况。

第四步:淋饭。这是将蒸熟的米饭进行冷却的过程。使用50公斤左右的清水、10公斤左右的淋饭水,一次次均匀浇淋在蒸好的饭粒上,让米饭温度迅速降至30℃左右,以达到最适合后续微生物发酵繁殖的温度。

第五步:落缸发酵。米饭发酵是制酒中的重要环节。在酵母菌等微生物的共同作用下,让淀粉转化为葡萄糖,转化为酒精,产生多元风味物质。麦曲是多菌种糖化剂,其代谢产物极为丰富,能赋予黄酒特有的麦曲香和醇厚的酒味。

第六步:拌曲搭窝。把落缸后的米饭搅拌均匀,摊开堆置成上宽大、下窄小,形状如倒喇叭的窝窝。窝窝的大小、斜度与厚薄,要靠有经验的老师傅才能拿捏到位均匀合适。这样便于观察跟确认液化糖化的状态,以在最好的时机点进行酿酒的下一个步骤。

第七步:开耙。发酵过程中会产生大量的热量和二氧化碳,容易抑制酵母菌作用,导致发酵中止。因此要靠师傅以听、看、摸、尝的方式,及时开耙(把木耙伸入缸内进行搅拌),这样能有效地调节发酵温度,同时能适当供氧,增加酵母的活力。一般说来,当发酵温度达到33℃时,就要进行开耙。

第八步:灌醅发酵。遵循古法,采取一冬一酿的传统工艺,在冬至前后开酿,因为此时温度偏低,会使得发酵的过程比较长。可对发酵醪中酵母进行深入分离,起到一种养精蓄锐的功效,让黄酒的风味更浓郁、醇厚。同时,也在酝酿酒中的营养,使其更加丰厚。开耙后发酵的酒醅,与第一次发酵相比,属于较为后发酵的阶段。在这个步骤中,需将酒醅装入坛中,在室温13℃~18℃下静置,约等待80天的发酵,才能进到下一个压榨的阶段。

第九步:压榨。黄酒在经过至少80天漫长的发酵之后,就要进行压榨了。压榨是要去除黄酒中的酒糟,将醅与酒分离。因为发酵后的酒液,和固体糟粕仍有一定比例的混合。此步骤的目的,就是把固体和液体彻底分离开来,才能得出纯粹的液态酒。黄酒压榨采用传统的重力压榨,以木质酒榨经过黄酒自身的重力,慢慢地透过滤袋释放出来。

第十步:澄清过滤。压榨出来的酒液叫生酒,又称生清。生酒液尚含有浮物而出现浑浊,所以须再进行澄清,减少成品酒中的沉淀物。将压榨后的酒液密封、静置48小时,再次沉淀杂质。通过物理手段去除余下杂质,析出澄清透亮的酒液。为了提升黄酒的质量,黄酒的澄清过滤,虽然费时耗工,但的确是制酒过程里,漫长却又是重中之重的程序。这个步骤,决不能稍有简省。这样才能够有效提升黄酒的口感、品质、香气,得到澄澈清纯的好酒品质。

周庄万三黄酒

第十一步:煎酒。煎酒也称作灭菌。此工序主要有四个功效:一是有利于提高黄酒的生物稳定性;二是促使酒中蛋白质及其他胶体等热凝物凝固而色泽清亮,从而提高黄酒的生物稳定性;三是使醛类等不良成分挥发,促进黄酒的老熟;四是消除生酒的杂味而改善酒质。

第十二步:封坛。将酒坛消毒,加热杀菌后,便可以将酒液灌装至酒坛中,密封储存。装坛后的黄酒,按品类、年份,有序堆放(一般三坛高),经过陈化存储,即可开坛饮用。坛装酒在装酒后,还会继续做后续的发酵动作,所以在相对的时间内,年份越长,酒质更陈香。

周庄万三酒庄中最有影响的是位于周庄古镇中市街86号的源丰顺酒作坊。曾是历史上著名的民间酿造作坊。如今,周庄万三黄酒已形成以周庄为核心,昆山为使用基地,江浙沪为辐射范围的流通渠道,已在商品销售中占有一席之地。

周庄万三食品有限公司的产品除了由本公司销售以外,还在周庄、昆山两地开设四家销售商店。与大润发、欧尚、家乐福、易初爱莲等国内多家大卖场和浦东机场、虹桥机场以及沪杭、苏嘉杭高速公路休息区的各家超市建立了良好的合作关系。还与电商市场合作,已进入京东、淘宝等商城,建立了遍布全国的销售网络,万三食品将成为市场"新宠"。

(陆林根 编文供图)

昆山撂石锁技艺

（2021年入选昆山市级第五批非物质文化遗产名录）

石锁运动在昆山地区有一定的历史渊源。最早可以追溯到南宋初期，昆山出了一个武状元叫刘必成，此人文武双全，石锁是其所擅长的运动之一。刘必成原籍福州长溪县西北乡（今福建福安县）。刘必成十六岁那年，举家迁至昆山溢浦（今属千灯镇）。少年时代的刘必成不仅天分高，而且勤学苦读。在离家乡苏阳村大约两公里远的地方，有一座蕴玉禅寺。禅寺门前有上千级阶梯，为了锻炼体能，刘必成坚持每天用沙袋绑在腿部，手里拎两件石锁，一步一步爬上千级台阶。到了山上，他放下石锁，就坐在寺庙前的一块大石头上看书学习。

独占鳌头练功四石

明嘉靖三十八年（1559），著名将领戚继光为了抗击倭寇入侵，在江浙一带募集兵士3000人，组成了后来赫赫有名的"戚家军"。募兵时，他注重胆量、力量两个方面。士兵必须能扛起200斤重的石锁或铁人，往返步行一里路，才算合格。昆山也是戚家军活动的重要地区，老百姓拥护戚家军，纷纷练习石锁，强身健体，一起打击入侵倭寇。

明末清初爱国主义学者、思想家的顾炎武先生，行千里路，读万卷书，一生为后人留下了《日知录》《天下郡国利病书》《音学五书》等大量著作，同时也是一位热爱体育、膂力出众的习武之人。清顺治二年（1645），清兵大举南下，顾炎武奔走于太湖一带，联络抗清志士，开展抗清活动。他的好友路泽溥、路泽浓兄弟是武林高

戚正兴正在撂石锁

手,也是抗清志士。顾炎武居住在他们家,一面治学,一边习武。每天清晨在路家门前的旷地上,练石锁,舞宝剑,练就了一身强健的体格。

石锁作为一项民间体育运动,在昆山地区的发展过程中,也形成了独特的水乡特色。据《巴溪志》记载,清代阳澄湖一带的村落,人们创造出一种船头石锁。石锁能手分别站立在两条船的船头上,向对方互掷石锁,激起岸上观众阵阵喝彩声。船只在向石拱桥行驶时,石锁能手把石锁高高抛起,让它飞过石拱桥,当船头驶过桥洞,他稳稳地把石锁接住。不难想见船头石锁技艺的高超。

昆山撂石锁技艺的传承人是戚正兴,江苏江阴人,戚家军的后代。1996年来到昆山创业,打拼了二十多年。在贸易和汽车美容养护行业取得一定成绩后,他却把自己的兴趣投向群众体育运动,组织一批热爱体育运动的人士,积极创办了昆山市石锁运动协会,并担任会长。

戚正兴出身于石锁世家,三代人都热衷于撂石锁,从小耳濡目染。参加工作后,他经常去健身房里锻炼身体。由于健身房里空间狭小,室内充满混浊空气,加上训练时动作单一,使他产生了厌倦心理。于是在小区附近的公园里玩起了石锁。在室外锻炼,不仅能呼吸到清新的空气,还能和其他石锁爱好者切磋交流。在实践中戚正兴深刻体会到,石锁运动有一个最大的优点,一旦石锁飞舞在空中,就让人的注意力和精气神本能地、自然地聚焦在动作上。石锁运动爱好者在练习撂石锁时心灵清空,能达到一种真正的心平气和的状态。

2014年7月,戚正兴在电视上看到泰州石锁领军人物王秉荣在意大利米兰举行的世界吉尼斯挑战大会上,首创"用八十斤石锁,在蒙眼情况下成功抛接十三次"的纪录,立即主动跑到泰州去见王秉荣,一片诚心拜王秉荣为师。

老当益壮

被誉为"石锁王"的王秉荣，名不虚传，让戚正兴大开了眼界。以前自己练石锁，动作不规范，也不标准，走的是"野路子"。在王秉荣的指导下，戚正兴技术进步很快，更理解了石锁运动的精髓。2017年，戚正兴在昆山市体育局领导和石锁运动爱好者的支持下，与一批志同道合的朋友，成立了昆山市石锁运动协会，发展了一批喜爱撂石锁运动的会员。戚正兴在电视上看到首届少林无遮大会上少林72绝技中就有撂石锁，更加坚定了他要把石锁运动传承下去、发扬光大的信心。在这期间，王秉荣经常不辞辛苦地从泰州赶来昆山，悉心指导协会发展，为会员示范石锁动作。

弟子们与师父王秉荣合影

2018年6月1日，是泰州"石锁王"王秉荣70岁生日，许多石锁爱好者齐聚泰州泰山公园石锁训练场，包括戚正兴在内的九名弟子正式拜王秉荣为师。同年6月3日，戚正兴获得了江苏省体育局、江苏省社会体育指导员协会颁发的石锁项目一级社会体育指导员专项技能培训合格证书。

经过多年努力，昆山市石锁运动协会在会长戚正兴的带领下，热爱石锁运动的会员已经发展到了500多名，多次参加各地举办的石锁运动邀请赛，取得了不俗的成绩。戚正兴全家，包括妻子、儿子、女儿，都爱上了石锁运动。他们秉承"戚家军"斗志昂扬、永不言败的精神，一边刻苦训练，一边积极推广，赢得了越来越多的荣誉。

2019年6月15日，昆山市石锁运动会荣获苏州市体育局颁发的第十四届"长江经济带"全民健身大联动苏州市传统体育项目展示暨"金港杯"石锁邀请赛优秀集体奖；2019年5月18日，戚正兴荣获了滁州市对接"大江北"融入长三角首届石锁运动传承文化交流华东邀请赛男子力量架肘95公斤级一等奖，会员王建军荣获同级别三等奖。2020年10月，在"长三角"全民健身大联动传统体育项目展示暨"金港杯"石锁邀请赛中，戚正兴带领的"戚家军"荣获一个一等奖，两个三等奖。

这几年，戚正兴和他带领的石锁运动"戚家军"，频频出现在媒体报道中。从中央电视台到安徽卫视、黑龙江卫视、昆山电视台，都能看到他的石锁表演和接受采访的镜头。在黑龙江卫视《一起传承吧》节目中，他与国家体育总局体育文化发展中心研究部主任、博士生导师崔乐泉，同台接受记者采访，崔乐泉热情称赞他用行动带动了身边的人，推动了中国石锁运动的发展。

随着群众性体育的发展，石锁运动受到越来越多的市民青睐。戚正兴每周都带领"戚家军"分别走进社区街道、中小学校、机关团体和园林广场，义务向广大群众表演石锁技艺。2020年夏季，为抗击新冠病毒，推动"复工复产"，"戚家军"不仅开展网上直播，还连续一个多星期在"夜昆山"活动场地表演石锁技艺，吸引了成千上万的观赏者。同时，他们还接受有关部门邀请，前往2020上海书展、安徽明光保安集训、解放军外国语学院学员训练等活动做精彩表演，深受各界好评。

石锁运动"戚家军"的知名度，在长三角地区不断被人们所知晓。

"同心双推技艺"，是昆山市石锁协会在传承石锁左右手推龙、抛接的基础上，创新发展的双人配合传接技艺。这个技艺以两人为基础，多人组合，增加花样趣味性，改变了以往石锁运动单一、机械、重复的枯燥动作，有力提升了练习者的兴趣，更能激发起团队合作精神。

"同心双推技艺"可以分为两种类型：

双人单组抛接，两人相向站立，相距2米左右，所用石锁重量在5到10公斤。动作从简单到复杂，距离由近及远，石锁以抛起180°为宜。熟练后，可适当增加难度，加大抛接力量，使石锁旋转360°，甚至720°，增加了观赏性。

多人多组抛接，两列队伍相向站立，先相向抛接，后蛇形花样抛接，动作具有节奏感，具有很强的观赏性。此动作难度较大，练习者需要注意力高度集中，讲究手到、眼到、心到，除要具备双人单组抛接动作的基本功外，还要进行较长时间的

队员在石锁公园内撂石锁

团队练习配合。

2011 年 6 月 23 日，撂石锁经国务院批准，列入第三批国家级非物质文化遗产名录。2021 年 3 月，昆山撂石锁项目经过专家组的论证和验收，列入昆山市级非遗名录，并正式向社会各界公示。

昆山市石锁运动协会办公室内，收藏着几十种不同材质、不同年代的石锁，最古老的武康岩石锁早于明代，这从一个侧面显现了中国石锁运动的发展史。植根于民间体育，带着乡土气息的石锁，被一双双强劲有力的手撂过漫长岁月，撂过时代变迁，撂过风霜雨雪，如今欣逢盛世，正焕发出动人的光彩。

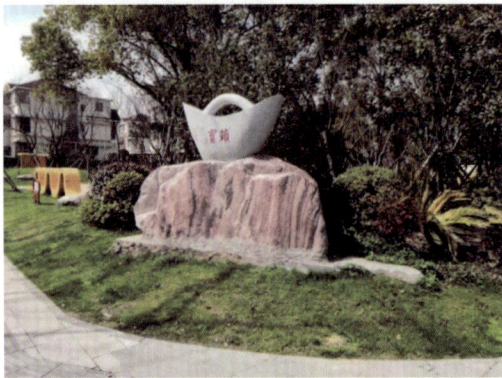
昆山石锁公园外的宝锁石雕

作为非遗传承人，戚正兴深感自己责任重大。他说："传承与发展石锁运动，我一定要付出自己最大的努力！师父经常教导我，做人当如石锁，要沉稳、低调，既要稳如磐石，又能举重若轻。在生活上，我也要像撂石锁那样，追求自然境界，保持谦虚谨慎，这样才能够永远快乐。"

(陈益 编文供图)

沪剧

（2021年入选昆山市级第五批非物质文化遗产名录）

淀山湖镇东临上海市青浦区大盈镇，南接上海市青浦区朱家角镇。旧名杨湘泾，新中国成立后名为杨湘乡，1958年更名为淀东人民公社，1993年由于该镇地处淀山湖之畔而改名为淀山湖镇。

淀山湖镇百姓历来喜好地方戏曲。由于毗邻上海郊区，因此特别喜爱沪剧。

今日风景如画的淀山湖镇六如墩村

沪剧源自上海浦江两岸的田头山歌，在流传中受到民间曲艺及民间说唱的影响后，逐渐演变成具有滩簧特点的地方戏。清末流入上海的茶楼表演。由于上海简称"申"或"沪"，因此初名申曲，大致20世纪40年代初，改称沪剧。

沪剧是以表演现代生活为主要题材的戏曲，也演出一些清装戏和民国戏，因此表演上少了一些程式性的束缚，多了一些生活性的发挥，更适合群众演出。

沪剧采用上海方言演唱，以竹筒二胡为主奏乐器，由于曲调优美，板式丰富，乡土气息浓郁，因此深受上海地区及周围百姓喜爱。沪剧音乐委婉柔和，唱腔旋律优美动听，唱念富有平易近人的口语化，具有江南丝竹的韵味。曲调丰富多彩，主要具有正反两个弓系的唱腔，特别是采用了兼有抒情性和叙述性的"基本调"，还常运用一些富有歌唱性的苏南小调，一百多年来，沪剧唱腔不断革新，已形成了流派纷呈的繁荣局面，因此早已成为国家级的非物质文化遗产保护项目。

现以沪剧"基本调"（又称长腔中板）为例，剖析其唱腔旋律的主要特点。

结构方面的特点：沪剧常以基本调为基础，不断变化其板式，如变换成中板、慢板、流水板、快板、摇板、散板等，从而达到丰富唱腔的目的，形成了简洁有序的板腔体结构。唱腔除了起腔和收腔外,融入了多次反复的上下句结构的清板形式,有利于戏剧情节的铺展和叙述。可用"起腔+清板下句+清板上句+收腔"表示结构。在这个图式中,起腔和清板下句结成一个对应结构,清板上句与收腔又结成一个对应结构,这是沪剧中常用的四句型基本结构。如果是多于四句唱词的较长唱段,可以采用清板下句和清板上句多次反复的手法。起腔及之后的间奏和收腔及之前的间奏常运用乐器伴奏,这样可加强音乐渲染,其余清板由弹拨乐器伴奏,甚至干脆处理成无伴奏清唱的形式。

旋法方面的特点:由于沪剧源于上海郊区,所以其旋法具有浓郁的江南特色和水乡风格。表现在唱腔的音调大多建立在五声性的基础上。为了增强唱腔的抒情性,起腔与收腔的旋律大多婉转曲折,一字多音,与清板的紧凑性、叙述性形成鲜明的对比。沪剧基本调中的清板上下句的落音也有一定规律,一般上句的落音比较自由,下句常落调式主音"1",或调式属音"5",因此产生出相对的稳定感,表现出一起一落的呼应功能。

调性方面的特点:为了使唱腔不落俗套,沪剧在调性处理上也独具特色。基本调的唱腔以宫、徵调式为主,但往往在收腔时转入同宫系统的其他调式,如女腔基本调落"2"音,男腔基本调落"6"音,使唱腔的调式灵活多变,常给人意料之外的感觉。沪剧中的移宫转调手法也经常运用,常是以7为3的转入属调的形态,一方面为了适应男女音腔的最佳音区,常进行上方五度或下方四度的移位;另一方面可改变上下句结构总是简单重复的形态,从而增强调性对比感,致使旋法别有情趣,这种手法在男腔中有着更多的运用。

还有较为年轻的反弓系统的曲调,经过长期的摸索、尝试和创新,已成为沪剧中的主要唱腔。一些锡剧和越剧的代表性音调也常串插在沪剧的唱腔中,致使沪剧唱腔更加丰富多彩。

由于杨湘泾(今淀山湖镇前称)临近繁华的大上海,申曲刚在沪上流行后,就很快进入该镇境内演出了。那种通俗生动的滩簧戏,平易近人的生活戏,立即受到乡民欢迎。而且,沪剧擅长展现现代文明,剧情大多宣传新风尚和新思想,具有触手可及的时代风貌,所以,旧时只要获悉沪剧班团前来杨湘境域演出,就会观者如潮,一睹为快。据《昆山县戏曲资料汇编》记载,1946年3月15日的昆山《旦报》上刊有一则消息,说是杨湘区白米乡乡长邵金根因缺少地方建设经费,而特聘上海著名申曲班子下乡义演。适逢农闲季节,观众十分踊跃,因此圆满地完成了集资任务,加快了地方建设的步伐。

由于淀山湖人的方言接近上海口音,因此学唱沪剧更加得心应手。该镇百姓不仅欢喜观看沪剧,而且还欢喜自编自演沪剧,从新中国成立后庆祝新生,演到了"文革"期间的样板戏普及阶段。在长期开展的群众文艺活动中,培养了大批唱演俱佳的沪剧业余演员。到了改革开放后,淀东公社成立了以演出沪剧为主的文艺团队,由于演出质量颇高,成为那时昆山县内比较有名的文艺团队——

20世纪的70年代末至80年代末,昆山县曾实施"以文养文"的政策,就是在事业经费比较匮乏的背景下,通过亦工亦艺的手段,创办文艺工厂,用于积累利润,不仅养活二十来人的文艺队伍,并且还完成了上级下达的宣传任务。

当时,全县所有乡镇都办起了文艺工厂。在这个大办企业的热潮中,各公社的文化站长首先经受了考验,他们寻找办厂途径,遴选经营项目,义不容辞地担当起了一厂之长。通过筹措资金购买设备后,就开始"招兵买马",组建一支既能生产又能演戏的"两栖"队伍。当时淀东公社创办了玻璃钢厂,还兼营其他文化产品(如销售美术镜框等),不仅效益可观,而且,他们的沪剧演出也有口皆碑。

那时的乡镇上社办企业还不普及,当听说文化站要办厂招工时,男女文艺青年就奔走相告,都想跃跃欲试。一些在"文革"中经受演出样板戏历练的文艺骨干,已有一些是能唱善演的高手了,就纷纷前往文化站报名应考。那时少有歌舞人才,基本都是戏曲人才。由于招录名额有限,只能精益求精地"百里挑一",很多水平不错的考生只能忍痛割爱。在童麟、沈巧英、王美琴、王美华、孙明荣、周建珍、陆亚飞等优秀队员的支撑下,成为该镇早期演出沪剧的中坚力量。

淀东文艺工厂的草创阶段十分艰难,没有经费就动员队员集资,没有厂房就把破落的老剧场作为生产车间,由于大家酷爱文艺而毫无怨言,一群文艺青年不离不弃地集聚在文艺工厂的旗帜下,度过了那段激情燃烧的岁月,有的

淀东文艺工厂演出的沪剧小戏,左一为童麟,右边的两位女演员为王美琴和王美华姐妹俩

从青年坚守到了老年。即使现在退休了,还在从事沪剧演出。

后来,在历任文化站长的运筹帷幄下,在全体职工的苦心经营下,文艺工厂渐入佳境,并迎来了不断发展的好运。淀东文化站通过多年的积累,逐年购买了具有专业水准的戏台、音响、服装、道具、天幕灯、字幕机等演出设施,完全像一个民营剧团那样规范、齐全,演出质量逐步提高,受到了当地乡民的热烈欢迎。

为了检阅和交流文艺工厂的艺术成果,当时的昆山县文教局每年都要举办群众文艺会演,大多在县城的人民剧场里摆开阵势,每镇一场,日夜开演,连演数天,好戏连台。如,20世纪70年代末,淀东公社的沪剧小戏《砍竹》由童麟和沈巧英主演,先在县里会演中脱颖而出,后在苏州开明大戏院的大舞台上展演,获得了嘉奖。

由淀山湖镇文体站编排的沪剧节目在演出

这些年来,淀山湖镇的沪剧传承动作做得越来越兴旺,沪剧已成为当地百姓"油盐酱醋柴"之后的第六件生活需求。无论耄耋老人还是稚幼孩童,无论家庭主妇还是时尚青年,都会喜欢看上几出沪剧,都能即兴哼上几句沪剧。淀山湖镇还有许多值得称道的传承优势:

他们镇上有一个比较正规的剧场,并无偿提供给文体站及全镇的所有文艺团队使用,为小镇戏迷创造了优越的演出条件和观摩条件。

大型沪剧《挑山女人》主演孙明荣和陆亚飞

他们镇上有一个比较全面的创作群体,作曲有金国荣、编剧有徐儒勤、主演有孙明荣和陆亚飞,还有后起之秀吕华锋和沈爱华等。

他们镇上有一支配备比较齐全的伴奏乐队,主胡有金国荣、二胡有姜福其、扬琴有陆川明等,都算得上是水平上乘的乐手。

他们镇上有着一整套繁荣沪剧的激励机制,为了提高演员的演出水平,每年举办培训班,每年举办大会演,受到了沪剧爱好者的拥护。

改革开放后,淀山湖镇文体站和各村戏曲演出队排演大小沪剧100多部,其中文体站创作的沪剧大戏3部、沪剧小戏30多个、沪剧小演唱40多个。

2018年正值改革开放40周年,为与时俱进地推动沪剧的高质量传承,淀山湖镇推出原创现代沪剧大戏《葫芦花开》,以群众喜闻乐见的沪剧形式反映火热的农村生活,弘扬了振兴乡村的时代主旋律。

为了更好地传承沪剧,淀山湖镇每年搭建戏曲周、戏曲演唱赛、

淀山湖镇文体站演出的大型沪剧《葫芦花开》剧照

淀山湖镇文体站演出的大型沪剧《家庭公案》剧照

送戏下乡、群众文化艺术节、小戏会演、百姓戏台周周演六大平台,让全镇百姓一年四季都能听到沪剧,看到沪剧,甚至能有机会上台演出沪剧。

近年来,淀山湖镇文体站联络上海、浙江有关乡镇的戏曲演出团队,成立了"以农为题、以戏会友、交流合作、共谋发展"为宗旨的"江浙沪戏曲联谊会",推动群众性戏曲活动的开展。政府搭台、群众唱戏、自编自演、寓教于乐,广泛参与、繁荣普及,成为淀山湖镇今后进一步传承沪剧艺术的自觉追求。

淀山湖镇的沪剧演出有定点形式,还有流动巡演形式。镇、村、社区都有自己的沪剧演出队,每年演出200余场,观众超过10万人次。特别是淀山湖镇文体站沪剧队、金家庄沪剧队、度城村沪剧队,还被评为苏州市优秀业余文艺团队。全镇紧紧围绕"文化亮镇、戏曲惠民"思路,从贴近实际、贴近生活、贴近群众的需求出发,用沪剧讲好淀山湖故事,用沪剧传播淀山湖声音,使沪剧和淀山湖百姓结伴同行,从而丰富群众的文艺生活,提高群众的思想素质。

经过数十年的努力后,淀山湖镇的沪剧传承已成果累累,因此,淀山湖镇被评为中国民间文化艺术(戏曲)之乡和江苏省特色文化(戏曲)之乡。

(杨瑞庆 编文供图)

附录：
昆山市列入各级非物质文化遗产名录的项目

首批人类口头和非物质遗产代表作（2007年5月23日纳入人类非物质文化遗产代表作名录）1项（联合国教科文组织2001年5月18日公布）：昆曲

第一批国家级非物质文化遗产名录1项（国务院2006年5月20日公布）：昆曲（由中国艺术研究院、江苏省、浙江省、上海市、北京市、湖南省联合申报，编号Ⅳ-1）

第四批国家级非物质文化遗产代表性项目名录扩展项目名录1项（国务院2014年11月11日公布）：锦溪宣卷（由同里宣卷、锦溪宣卷、河阳宝卷、胜浦宣卷组成"宝卷（吴地宝卷）"联合申报，编号Ⅰ-13）

第一批省级非物质文化遗产名录1项（江苏省人民政府2007年3月24日公布）：昆曲（由江苏省文化厅申报，编号JSⅣ-1）

第二批省级非物质文化遗产名录2项（江苏省人民政府2009年6月20日公布）：千灯跳板茶（编号JSⅢ-27）、昆山奥灶面制作技艺（由昆山奥灶面制作技艺、镇江锅盖面制作技艺组成"汤面制作技艺"联合申报，编号JSⅦ-67）

第一批省级非物质文化遗产扩展项目名录1项（江苏省人民政府2009年6月20日公布）：锦溪宣卷（由同里宣卷、锦溪宣卷、河阳宝卷、胜浦宣卷、常州宣卷组成"宝卷"联合申报，编号JSI-7）

第三批省级非物质文化遗产名录2项（江苏省人民政府2011年9月2日公布）：闵氏伤科疗法（由苏州市、昆山市联合申报，编号JSⅧ-9）、郑氏妇科疗法（编号JSⅧ-10）

省级非物质文化遗产代表性项目名录扩展项目名录4项（江苏省人民政府2016年1月14日公布）：昆北民歌（由白洋湾山歌、阳澄渔歌、昆北民歌、石湾山歌组成"吴歌"联合申报,编号JSⅠ-6)、江南丝竹(编号JSⅡ-9)、龙舞(陆家段龙舞,编号JSⅢ-8)、传统砖瓦制作技艺(由昆山市、苏州市相城区联合申报,编号JSⅦ-7)

第一批苏州市非物质文化遗产代表作名录1项(苏州市人民政府2005年6月13日公布):昆曲艺术(由苏州市文联、昆山市文广局、昆山市昆曲博物馆等八单位联合申报)

第二批苏州市非物质文化遗产代表作名录2项(苏州市人民政府2006年6月2日公布):宣卷(由吴江市同里镇、昆山市锦溪镇、张家港市凤凰镇联合申报)、水乡婚俗(由常熟市沙家浜镇、昆山市周庄镇联合申报)

第三批苏州市非物质文化遗产代表作名录2项(苏州市人民政府2007年6月12日公布):千灯跳板茶、昆山奥灶面制作技艺

第四批苏州市非物质文化遗产代表作名录4项(苏州市人民政府2009年6月5日公布):陆家段龙舞、郑氏妇科、闵氏伤科(由昆山市、平江区联合申报)、阿婆茶

第一批苏州市非物质文化遗产代表作名录扩展项目名录2项(苏州市人民政府2009年6月5日公布):昆北民歌、花桥江南丝竹

第五批苏州市非物质文化遗产代表性项目名录1项(苏州市人民政府2011年6月10日公布):古砖瓦制作技艺

前四批苏州市非物质文化遗产代表作名录扩展项目名录2项(苏州市人民政府2011年6月10日公布):张浦民歌(由阳澄渔歌、白洋湾山歌、石湾山歌、张浦民歌组成"吴歌"联合申报)、摇快船

第六批苏州市非物质文化遗产代表性项目名录2项(苏州市人民政府2013年6月5日公布):顾鼎臣民间故事和传说、正仪文魁斋青团制作工艺

第七批苏州市非物质文化遗产代表性项目名录1项(苏州市人民政府2020年4月21日公布):东岳庙会

新增苏州市非遗项目保护单位3个(苏州市人民政府2020年4月21日公布):昆曲(堂名,玉山镇文化体育站)、连厢(张浦镇社会事业发展和管理局)、苏州竹

刻（巴城镇文化体育站）

昆山市第一批非物质文化遗产代表作名录6项（昆山市人民政府2007年2月14日公布）：昆石加工工艺、奥灶面制作技艺、正仪文魁斋青团制作工艺、周市燻鸭制作工艺、花桥江南丝竹、阿婆茶

昆山市第二批非物质文化遗产代表作名录10项（昆山市人民政府2008年8月25日公布）：昆山民歌、周市舞狮、周庄摇快船、陆家断龙舞、陆家浜鼓手、阳澄湖捕蟹、昆曲、周庄水乡婚俗、锦溪宣卷、千灯跳板茶

昆山市第三批非物质文化遗产代表作名录9项（昆山市人民政府2010年8月10日公布）：顾鼎臣民间传说、张浦民歌、古砖瓦制作技艺、周庄土布制作技艺、东岳庙会、泗桥豆制品加工制作技艺、闵氏金黄散制作技艺、郑氏妇科、闵氏伤科

昆山市第四批非物质文化遗产代表作名录12项（昆山市人民政府2013年10月30日公布）：沈万三传说、严家班道教音乐、连厢、堂名、巴城宣卷、苏州竹刻、水乡木船制造技艺、袜底酥制作技艺、小麻糕制作技艺、石浦白切羊肉制作技艺、水乡妇女服饰、白家浜划灯

昆山市第五批非物质文化遗产代表性项目名录5项（昆山市人民政府2021年7月23日公布）：苏绣（昆山刺绣）、金华村腊肉加工制作技艺、沈万三食品加工制作技艺、昆山撂石锁技艺、沪剧

（马一平　汇集整理）

后 记

为了全面、正确地展示昆山"非物质文化遗产"（简称"非遗"）的保护成果，2021年的"昆山文化丛书"决定编撰《昆山非遗》，向全市百姓推介丰富多彩的昆山非遗资源。迄今为止，昆山已有42个非遗项目（每个项目只列最高级）入选各级保护名录，其中联合国教科文组织命名1项、国家级1项（扩展项目）、江苏省级8项（其中4项为扩展项目）、苏州市级10项（其中2项为扩展项目、3项列入保护单位项目）、昆山市级22项。

"目录"中所有文章标题基本采用官方公布的最高级别的项目称谓，但少量标题为了体现地方特色，采用官方公布的下一级别的项目称谓。为了能如实反映每个项目的源流变迁、内容描述和传承脉络，特邀昆山市十多位对各保护项目比较熟悉的作者进行编文，并要求他们撰稿时务必真实，争取成为日后的传承依据。

为了体现各个项目存在着高低级别的不同保护价值，除了在排序先后上表示外，还在文字数量的多少上给予表示，即级别高的项目文字介绍多一些，反之，少一些。限于篇幅有所规定，所以各个非遗项目只做简略介绍，敬请读者理解。

本书仍追求图文并茂的阅读效果。照片基本都由撰稿者提供。

为使文稿内容真实无误，所以大多作者在写稿时就与传承人直接见面，写作前采访他们，写作后请他们审读，然后由局遗产科将全书文稿发给各保护单位过目，集中意见后，再做修改定稿。最后，每一篇文章都由作者认真审定。但是，一定还会存在差错，敬请读者批评指正。

《昆山非遗》属于动态保护过程中的阶段性成果的记述。随着时间的延续，各个非遗项目还会以各种状态传承下去，相信其中的不少项目，只要加强传承，注重发展，一定还能继续晋级。盼望这些老祖宗传下来的优秀文化遗产，能够世世代代传承下去，成为文化昆山的亮丽品牌，成为魅力昆山的亮丽名片。

编者

2021年9月

图书在版编目（ＣＩＰ）数据

昆山非遗 / 杨瑞庆主编. -- 上海：文汇出版社，
2021.10

（昆山文化丛书）

ISBN 978-7-5496-3649-5

Ⅰ.①昆… Ⅱ.①杨… Ⅲ.①非物质文化遗产－介
绍－昆山 Ⅳ.①G127.534

中国版本图书馆CIP数据核字(2021)第192905号

昆 山 非 遗

主　编 / 杨瑞庆

责任编辑 / 熊　勇

封面设计 / 张　晋

正文设计 / 叶玉萍

出版发行 / 文匯出版社（上海市威海路755号　邮编200041）

印刷装订 / 上海颛辉印刷厂有限公司

版次 / 2021年10月第1版

印次 / 2021年10月第1次印刷

开本 / 720×1000　1/16

字数 / 220千

印张 / 16.5

ISBN 978-7-5496-3649-5

定价 / 98.00元